ERLEBE DAS UNMÖGLICHE

ERLEBE DAS UNMÖGLICHE

EINFACHE WEGE, UM
DIE KRAFT DES HIMMELS AUF DER
ERDE FREIZUSETZEN

BILL JOHNSON

Englischer Originaltitel:
Experience the Impossible

Deutsche Ausgabe:

Marienburger Str. 3
71665 Vaihingen/Enz
eMail: verlag@grain-press.de
Internet: www.grain-press.de

Übersetzung aus dem Englischen: Petra Trischler
Satz: Grain-Press
Cover: Grain-Press, Adaption der Originalvorlage.
Druck: CPI Germany 25917 Leck

Bibelzitate sind, falls nicht anders angegeben, der Elberfelder Bibel, Revidierte Fassung © 1985 und 1992 Brockhaus Verlag Wuppertal, entnommen.

Weitere Bibelübersetzungen:

EÜ - Einheitsübersetzung der Heiligen Schrift © 1980 Verlag Katholisches Bibelwerk, Stuttgart, elektronische Fassung © 1997 Verlag Katholisches Bibelwerk GmbH

Hfa - Hoffnung für alle, © 1983, 1996, 2002 by Biblica Inc.TM

Die Bibelzitate wurden der Deutschen Rechtschreibreform angepasst.

ISBN Nr.: 9783944794228

Ich widme dieses Buch Kris und Kathy Vallotton.

Eure Liebe, Freundschaft und Partnerschaft
im Leben und Dienst machen seit über 35 Jahren einen
unermesslich großen Unterschied in meinem Leben.

Ich danke euch und empfinde große Liebe und
Zuneigung für euch.

DANKSAGUNG

Besonders danken möchte ich meinen persönlichen Mitarbeitern, deren unermüdlicher Einsatz so viele Dinge ermöglicht, die sonst nicht machbar wären – Michael Van Tinteren, Judy Franklin, Mary Berck und Kezia Neusch.

Inhaltsverzeichnis

EINLEITUNG

Gott erwartet, dass jeder Gläubige das Unmögliche erlebt. Hört sich allein schon diese Aussage unmöglich an? Sei getrost! Es ist seine Gegenwart auf uns, die das Unmögliche möglich macht. Unsere Aufgabe dabei ist es einerseits, zu erkennen, dass Gott wirklich in uns ist und andererseits, dass wir jeden Teilauftrag des Missionsbefehls in seinem Namen und zu seiner Ehre erfüllen. Unsere Aufgabe ist es, zu erkennen, dass Gott tatsächlich in uns ist, aber auch, dass Gott von uns erwartet, unseren Teil des Missionsbefehls zur Ehre seines Namens zu erfüllen.

Wo fangen wir an? Wo ist der Garten, in dem wir bleiben können, während wir wachsen und die Frucht des Reiches Gottes hervorbringen?

Ich bete, dass dieses Buch mit seinen kurzen Kapiteln eine Hilfestellung gibt, um diese Fragen zu beantworten. Ausgehend von einem der bekanntesten und beliebtesten Verse der Bibel, 1. Korinther 13,13, werden wir erforschen, was Glaube, Hoffnung und Liebe sind. Diese drei Aspekte der Gnade Jesu, die auf uns und in uns sind, sind wie die fruchtbare Erde, der Regen und der Sonnenschein, die unser Wachstum unterstützen, damit wir ihm immer ähnlicher werden und die Kraft des Himmels auf der Erde freisetzen.

Glaube verbindet uns mit dieser Kraft. Durch Glauben kann das Werk Gottes auf effektive Weise durch uns vollbracht werden. Jedem wurde ein Maß des Glaubens gegeben. Unser Umgang damit entscheidet, in welchem Maß wir in dieser Kraft wandeln. Ohne Glauben können wir Gott nicht gefallen.

Hoffnung ist die freudige Erwartung von Gutem. Sie ist der Boden, auf dem Glaube wächst. Sie ist eine der wichtigsten Grundhaltungen und einer der wichtigsten Werte – echte Christusähnlichkeit. Hoffnung entsteht, wenn wir die vollkommene Güte Jesu entdecken und ihm und seinen vollkommenen Verheißungen begegnen. Ohne Hoffnung ist es unmöglich, unser Potenzial im Leben auszuschöpfen.

Liebe verändert alles. Ohne Liebe sehen wir lediglich Hoffnungslosigkeit. Ohne Liebe haben wir nicht den Charakter, der Glauben umsetzen kann. Liebe findet die Verheißungen Gottes. Liebe sucht Lösungen von einem Vater, der vollkommen liebt. Ohne Liebe sehen wir nur das Gesetz und sind blind für sein Verlangen, uns im Sieg zu schmücken.

Jedes der 79 Kapitel in diesem Buch erforscht diese zentralen Themen und endet mit einem Gebet und einem Bekenntnis. Wenn wir wirklich glauben können, dass Gott mit uns ist, dann werden wir seinen Ruf, in der Kraft des Reiches Gottes zu wandeln, nicht nur hören, sondern auch erwarten, uns tatsächlich darin zu bewegen.

Jesus beauftragte uns, die Kranken zu heilen, die Toten aufzuerwecken und noch vieles mehr zu tun. Er sagte, dass uns nichts unmöglich sein wird. Es ist an der Zeit, den Herrn beim Wort zu nehmen und in seinem Namen das Unmögliche zu erleben - zu seiner Ehre.

1

GLAUBE

GLAUBE ENTSTEHT NICHT DURCH ANSTRENGUNG - ER ENTSTEHT DURCH HINGABE.

Gott sucht immer nach der Hingabe unseres Herzens, denn nur ein hingegebenes Herz vermag zu glauben. Glaube kommt aus dem Herzen, nicht aus dem Verstand. Wenn wir ein Leben der Hingabe an Gott führen, kann das nur zu einem stetig wachsenden Glauben führen. Diese Haltung der Hingabe ist ein Ausdruck unserer Abhängigkeit von Gott.

Solche Abhängigkeit entsteht durch Demut. Sie bedeutet im Wesentlichen, dass wir „uns so sehen, wie er uns sieht". Abhängigkeit ist praktizierte Hingabe. So sieht wahre Demut aus. Glaube und Demut gehören also zusammen.

Glaube ist kein Produkt menschlicher Intelligenz oder Bemühung. Er ist kein Produkt unserer Anstrengung, sonst wäre er menschlichen Ursprungs. Glaube ist jenseitig und fest verankert im Wesen, in der Gegenwart und in den Verheißungen Gottes. Um großen Glauben zu erlangen, ist es unerlässlich, zu lernen, mit Ehrfurcht vor Gott zu kommen und dabei zu wissen, dass wir von ihm angenommen sind. Glaube entsteht nicht getrennt von Gott, vielmehr entsteht er durch ihn. Glaube ist das Ergebnis des Einflusses seines Wesens auf das Herz des Glaubenden.

Die Priester im Alten Testament durften in Gottes Gegenwart keine Wolle tragen, weil sie durch Wolle vielleicht ins Schwitzen geraten wären. Sie wurden angewiesen, Kleidung aus Leinen zu tragen. Das Bild ist ziemlich eindeutig – wir können durch unsere eigene Anstrengung (Schweiß) nicht vor Gott kommen. Wir können nur aufgrund seiner Anstrengung vor ihn kommen, durch die wir in seinen Augen angenehm gemacht wurden.

Glaube wird sowohl als Frucht als auch als Gabe des Geistes bezeichnet. Du hast sicher noch nie von einem Obstbaum gehört, der stöhnt und sich abmüht, um Früchte hervorzubringen. Das Wachstum von Früchten ist der Beweis dafür, dass der Baum im Boden fest verankert ist, um genügend Nährstoffe, Sonnenlicht und Feuchtigkeit zu bekommen. Ebenso können die Menschen, die in Christus bleiben, gar nicht anders, als im Glauben zu wachsen. Es ist das Ergebnis davon, dass sie sich durch sein Wort und seine manifeste Gegenwart ständig seinem Wesen aussetzen. Es ist ein so selbstverständliches Resultat wie die Tatsache, dass ein Apfelbaum Äpfel hervorbringt.

Wenn ich feststelle, dass ich mir Sorgen mache, stelle ich mir diese absolut wichtige Frage: Wo habe ich meinen Frieden verloren? Wenn ich diese Frage beantworten kann, bin ich normalerweise in der Lage, die Lüge zu entdecken, der ich geglaubt habe und die diesen Konflikt in meiner Seele hervorgerufen hat. Bekenntnis und die Abkehr von der Sünde folgen, denn diese Dinge gebraucht Gott, um unseren Frieden wiederherzustellen. Und in diesem Frieden kann der Glaube heranreifen.

Kapitel 1

GEBET

Vater, ich bekenne, dass Jesus mir ermöglicht hat, vor dich zu kommen. Dieses Privileg konnte ich mir nicht selbst verdienen. Deshalb ruhe ich in den Errungenschaften, die Jesus für mich erwirkt hat. Ich erkenne außerdem, dass dein Herz aufgrund meiner Hingabe durch mich offenbar werden kann. Und danach sehne ich mich sehr. Verherrliche dich in mir und durch mich an diesem Tag!

BEKENNTNIS

Ich entscheide mich heute dafür, ein hingegebenes Leben zu führen. Ich glaube, dass Gott durch alles, was ich bin und tue, verherrlicht wird. Ich lebe auf diese Weise, weil mir vom Herrn große Gnade zuteilwurde. Sein Friede – die Atmosphäre des Himmels – ist mein Anteil.

2

HOFFNUNG

DIE GEGENWART DES HERRN AUF UNSEREM LEBEN VERSETZT UNS IN DIE LAGE, WUNDER ZU ERLEBEN.

An vielen Stellen in der Bibel sagte der Herr zu seinen Dienern, dass er mit ihnen sein würde. Manchmal wird das sogar folgendermaßen beschrieben: *„Der Geist des Herrn kam auf sie."* Ich erstellte einmal eine Liste von all diesen Begegnungen, die in der Schrift aufgeführt sind. Dabei entdeckte ich eine interessante Wahrheit: Wann immer der Herr zu jemandem sagte, dass er mit ihm sein würde, bedeutete dies, dass die Person gerade einen aus menschlicher Sicht unmöglichen Auftrag erhalten hatte.

Gott gab Mose ein solches Versprechen. Es war mit seinem Auftrag verknüpft, das Volk Israel aus Ägypten und der grausamen Kontrolle des Pharaos herauszuführen und in das verheißene Land zu bringen. Ein ähnliches Wort bekam Josua, der Nachfolger von Mose, als diesem der Einzug ins verheißene Land verwehrt wurde. Josua hatte den Auftrag, sie trotz der Riesen und anderer furchterregender Feinde in ihr Erbteil zu führen. Das gleiche Versprechen erhielt Gideon, der anschließend ein schwaches und gedemütigtes Volk Israel von der mächtigen Unterdrückung der Midianiter befreien sollte. Und auch den elf verbliebenen Jüngern wurde im Missionsbefehl in Matthäus 28 die gleiche Verheißung gegeben. Es gehörte zu ihrem Auftrag, die Nationen zu Jüngern zu machen. Was die verheißene Gegenwart Gottes impliziert, ist atemberaubend. Seine Gegenwart fordert etwas von uns – das Vordringen in den Bereich des Unmöglichen.

Wenn Gott uns offenbart, dass er mit uns ist, erwartet er auch etwas von uns. Es ist ein schwerwiegender Fehler, anzunehmen, der Heilige Geist wäre nur unter uns, um uns zu trösten oder zu ermutigen. Das ist eine Tatsache. Doch er ist auch gegenwärtig, um die vor uns liegende unmögliche Aufgabe möglich zu machen! Vielleicht ist dies ein Bestandteil dessen, was der Apostel Paulus uns zeigen wollte, als er Gott bat, uns die Hoffnung unserer Berufung zu zeigen (siehe Eph. 1,18-19).

Einer meiner Lieblingsverse - einer, der den größten Einfluss auf mich hatte -, handelt von Jesus, dem ewigen Sohn Gottes:

„Jesus von Nazareth, wie Gott ihn mit Heiligem Geist und mit Kraft gesalbt hat, der umherging und wohltat und alle heilte, die von dem Teufel überwältigt waren, denn Gott war mit ihm.“

Apostelgeschichte 10, 38

Dieser Vers fasst das für uns zusammen, was in den Evangelien bereits offenbart wurde: Jesus heilte und befreite alle, die zu ihm kamen. Dieser Vers offenbart außerdem, dass Krankheit vom Teufel kommt. Doch der Heilige Geist wollte uns unmissverständlich verdeutlichen, wodurch Heilung und Befreiung möglich wurden: *„Denn Gott war mit ihm.“* Obwohl Jesus in Ewigkeit Gott ist und niemals aufgehört hat, Gott zu sein, inspirierte der Heilige Geist Lukas dazu, diesen Satz niederzuschreiben: Denn Gott war mit ihm. Diese Aussage zeigt uns, dass für Jesus dasselbe galt wie für unsere Helden des Alten Testaments. Wenn Gott mit jemandem ist, dann wird von ihm erwartet, in den Bereich des Unmöglichen einzudringen. Und dazu wird er auch befähigt. Dies hilft uns dabei, unsere gottgegebene Beauftragung anzunehmen, indem wir seine Gegenwart auf uns entdecken und erkennen. Sie macht das Unmögliche möglich.

Wenn ich auf einer Uhr sehe, dass es 10:38 Uhr ist, halte ich oftmals inne und richte mein Herz auf Gott aus. Ich danke ihm für die Offenbarung des Wesens und der Verheißung Gottes, die im Leben Jesu zu finden ist. Interessanterweise schaute ich in dem Moment, als ich etwas über diese Bibelstelle schrieb, auf die Uhr meines Telefons, und es war genau 10:38 Uhr. Ich bin dankbar für diese Bibelstelle. Sie wird das Herz vieler Menschen in Brand setzen, damit sie in seinem Namen und zu seiner Ehre in das Unmögliche vordringen – denn Gott ist wahrhaft mit uns!

Jesus begann seinen Dienst mit einem mutigen Bekenntnis: *„Der Geist des Herrn ist auf mir, weil er mich gesalbt hat …"* (Lk. 4, 18). Das Bekenntnis, mit dem sein Dienst anfing, offenbarte auch das Wesen seines Dienstes. Er sollte dem Volk Freiheit bringen, und dies war nur möglich durch die Gegenwart des Geistes Gottes auf ihm.

GEBET

Hilf mir, dass ich mir deiner auf mir ruhenden Gegenwart mehr bewusst werde. Sie ist die Hoffnung meiner Berufung, in den Bereich des Unmöglichen einzutreten. Hilf mir, zu erkennen, dass mein Auftrag unmöglich ist, damit ich nicht auf meine eigenen Fähigkeiten vertraue, sondern auf deine.

Lass dies ein Tag des großen Durchbruchs sein, an dem ich das Wunder erkenne, dass ich ein Tempel des Heiligen Geistes bin.

BEKENNTNIS

Der Geist Gottes, des Herrn, ist aus demselben Grund auf mir, weshalb er auf Jesus ruhte. Ich nehme die Berufung an, in das Unmögliche einzutreten, damit Gott überall auf der Welt verherrlicht wird.

3

LIEBE

DERSELBE GEIST, DER JESUS VON DEN TOTEN AUFERWECKT HAT, IST IN DIR, UND ER WILL HERAUS.

Die Metapher von dem uns innewohnenden Geist Gottes, die Jesus in Johannes 7, 38 verwendet, spricht von einem Fluss. Flüsse beginnen irgendwo und sie fließen irgendwohin. In diesem Fall beginnt der Geist des auferstandenen Christus bei Gott selbst, der in uns wohnt und aus uns herausfließen will, um die Welt um uns herum zu berühren. Er ist in uns wie ein Fluss, nicht wie ein See. Er ist ständig in Bewegung.

In Matthäus 10, 8 erklärt Jesus seinen Jüngern, dass sie etwas zu geben haben, indem er ihnen befiehlt: *„Umsonst habt ihr empfangen, umsonst gebt!“* Liebe bedeutet Geben. *„Denn so hat Gott die Welt geliebt, dass er... gab.“* (Joh. 3, 16). Obwohl ich glaube, dass er sich in erster Linie auf die Freisetzung des Heiligen Geistes bezieht, kann diese Lektion auch auf alles andere übertragen werden, das uns gegeben wurde. Dies schließt Dinge wie Gunst, Gnade, Liebe, Zeit und Geld mit ein. Die Liste ist eigentlich endlos. Er gibt uns in der Hoffnung, dass wir das Empfangene an andere weitergeben. Sein

Leben soll sich auf der Erde durch jene ausbreiten, die das Vorrecht haben, dieses göttliche Leben anderen zu vermitteln. Interessanterweise können wir nur das behalten, was wir weitergeben.

Dieses Bild besagt im Grunde genommen, dass wir durch unsere Taten den Geist Gottes freisetzen, also weitergeben. Wenn das stimmt, dann wäre es gut, wenn wir uns Gedanken über sein Wesen und seine Leidenschaften machen würden. Er kooperiert mit denen, die sein Herz in sich tragen. Barmherzigkeit spielt eine große Rolle, wenn wir das Herz Gottes zum Ausdruck bringen wollen. Es handelt sich dabei nicht um Mitleid, und es geht auch nicht darum, sich mit jemandem zu identifizieren, der Probleme hat. Mitleid schließt eine Person in ihren Problemen ein, während Barmherzigkeit sie aus den Problemen herauszieht. Mitleid verstärkt die Identität, die jemand um sein Problem herum aufgebaut hat, beispielsweise hinsichtlich einer Krankheit, wie es bei dem blinden Bartimäus der Fall war. Barmherzigkeit erkennt, was möglich ist und bringt es zum Vorschein.

Diese Metapher über den Heiligen Geist als einen Fluss beschreibt unser Leben als eine Art Strom. Dieser „Strom" fließt, wenn wir andere Menschen lieben. Die Kraft Gottes wird dann sowohl in unserem Leben als auch in unserem Dienst demonstriert und freigesetzt. Und das ist Gott wohlgefällig. Jedes Mal, wenn wir in seinem Namen handeln, seine Wahrheit proklamieren, mit seinem Herzen dienen und seine Kraft demonstrieren, geht ein Strom von uns aus. Auch wenn diese Vorstellung für die westliche, rationale Kultur ein bisschen abstrakt sein mag, spiegelt sie doch sehr klar das Reich Gottes wider. Immer, wenn jemandes Leben und Dienst ihm wohlgefällig sind, geschieht eine Freisetzung seiner Gegenwart in eine bestimmte Situation. Wir wissen instinktiv, dass ein selbstzentriertes Leben nur wenig bewirkt, um die Gegenwart Gottes in einer Situation freizusetzen. Wir würden zum Beispiel niemals erwarten, dass der Schatten eines depressiven Nachfolgers Jesu jemanden heilen würde. Warum? Weil wir alle, ob wir es wollen oder nicht, das Wesen jener Welt in unserer Umgebung freisetzen, der wir uns am meisten bewusst sind. Ein depressiver Gläubiger ist nicht auf Gottes bleibende Gegenwart, sein Reich oder seine Verheißungen ausgerichtet. Deshalb hat die Depression eine so starke Kontrolle über seine Gedanken und Gefühle und bringt eine dunkle Wolke über seinen Geist. Doch jeder, der in Christus bleibt und sein Herz mit seinen Worten füllt, kann das gleiche Ergebnis erwarten, das in der Bibel beschrieben ist. Die Atmosphäre um ihn herum ändert sich entsprechend der Atmosphäre in ihm. Dies ist der großartige Einfluss des Evangeliums, das in Gemeinschaft ausgelebt wird. Aus diesem Grund wird das Reich Gottes auch Sauerteig genannt. Es wirkt unwillkürlich durch alle, die Gott Raum in ihrem Herzen geben.

Wenn wir diese Wahrheit erkennen, befähigt sie uns, bewusster zu leben. Wenn wir den Geist Gottes in uns bewusster wahrnehmen, dann erkennen wir auch viel eher, wann seine Gegenwart durch uns freigesetzt wird. Das Wesen des Übernatürlichen zu entdecken, ist eine der größten Freuden in der Nachfolge des Einen, dessen Name Wahrheit ist.

GEBET

Ich brauche deine Hilfe, damit ich mir vor allem anderen deiner Gegenwart bewusst bin. So viele Dinge kämpfen um meine Aufmerksamkeit und somit um meine Zuneigung, dass es mir manchmal schwerfällt, beständig in dem Bewusstsein zu leben, dass dein Geist in mir wohnt. Doch ich sehne mich wirklich danach. Hilf mir, in der nächsten Zeit hinsichtlich deiner bleibenden Gegenwart an Zuversicht zu wachsen und Liebe so weiterzugeben, wie du es tust. Danke, für den Geist ohne Maß.

BEKENNTNIS

Ich bekenne mit dem Psalmisten: „*Eins habe ich vom HERRN erbeten, danach trachte ich.*“ (Ps. 27, 4). Ich werde mich für immer im Heiligen Geist freuen - an der Gabe, die mir von Jesus gesandt wurde, und ich werde mich danach ausstrecken, dass sich dieser Unbeschreibliche immer mehr manifestiert. Ich wurde geboren, um diesen Herrlichen zu kennen und ihn den Menschen, die ich kenne und liebe, zu offenbaren.

4

GLAUBE

JESUS TAT STETS WUNDER - UNABHÄNGIG VOM LEVEL DES GLAUBENS.

Der Glaube ist in seinem Wort verankert. Die Glaubwürdigkeit seines Wortes wiederum ist eng mit seinem Wesen verknüpft. Um Gott zu kennen, müssen wir ihm begegnen und sein Wesen erfahren. Zeichen und Wunder sind eine Möglichkeit für die Menschen, ihn in der Schrift zu erleben.

Jesus sprach das Thema Glauben häufig an, indem er Unglauben aufdeckte und die Menschen anschließend aufforderte, Glauben zu haben. Doch er hielt niemals ein Wunder zurück, weil zu wenig Glauben vorhanden war. Er heilte jeden, der zu ihm kam, unabhängig von der Herzenshaltung dieser Person. Wenn Jesus Kleinglauben ansprach, dann geschah dies niemals, um jemanden zu demütigen oder zu verurteilen. Er wollte lediglich für die jeweilige Person die Voraussetzungen dafür schaffen, im Glauben zu wachsen, denn ohne Glauben ist es unmöglich, Gott zu gefallen. Die Wunder halfen den Menschen, ihre göttlichen Momente zu erkennen, und sie bewirkten, dass sie Gott größeres Vertrauen entgegenbrachten – und größeres Vertrauen bedeutet größerer Glaube - das Ergebnis dessen, was sie gerade erlebt hatten.

Ich konnte keinen kleineren Glauben finden als bei dem Vater in der Geschichte aus Markus 9, dessen Kind Heilung und Befreiung benötigte. Dieser mitfühlende, aber überforderte Vater hatte gesehen, wie Dämonen versuchten, sein Kind zu töten, während er hilflos daneben stand. Was die Sache noch schlimmer machte, war, dass die Jünger nicht helfen konnten, als er das Kind zu ihnen brachte.

Der Vater sagte zu Jesus, also zu Gott: *„Aber wenn du etwas kannst, ...“* (Mk. 9, 22). Stell dir einmal diesen Glauben vor, der noch nicht einmal sicher ist, ob Gott dazu fähig ist. Sein verzweifelter Schrei berührte das Herz Jesu. Doch bevor Jesus das erbetene Wunder tat, drehte er den Spieß um und sagte zu ihm: *„Wenn du das kannst? Dem Glaubenden ist alles möglich“* (Vers 23). Mit anderen Worten, Gottes Fähigkeit, ein Wunder zu wirken, steht außer Frage. Die einzige Frage, die sich stellt, ist: „Wirst du glauben?“ Aus dieser Geschichte stammt das bekannte Zitat: *„Ich glaube. Hilf meinem Unglauben!“* (Mk. 9, 24). Die meisten von uns sind beim Bibellesen mit mehr religiösen und kulturell bedingten Vorurteilen behaftet als uns eigentlich bewusst ist. Schau dir zum Beispiel diesen Vers an. Jesus sagte: *„Wenn ihr nicht Zeichen und Wunder seht, so werdet ihr nicht glauben.“* (Joh. 4, 48). Ich wuchs in dem Glauben auf, dass er dies mit einer empörten Stimme sagte, weil er sie aufgrund ihres Kleinglaubens rügte, der stets irgendeine Erfahrung machen musste, um tatsächlich zu glauben. Doch was wäre, wenn er damit lediglich betonen wollte, wie der Glaube wächst? Dieser Gedanke wird durch die Tatsache unterstützt, dass Jesus nach dieser Aussage ein Wunder tat. Warum? Zuerst einmal geschahen die Wunder stets aufgrund seiner Liebe für die Menschen. Doch zweitens wollte er, dass sie im Glauben wachsen. Und er hatte lediglich den Weg für diese Entwicklung aufgezeigt – Zeichen und Wunder zu erleben.Jesus gebrauchte das geringe Maß an Glauben, das dieser Vater hatte, und brachte ihn an einen Punkt, an dem dieser Glaube wachsen konnte. Das geschah, indem seine Aufmerksamkeit auf das Herz, das Wesen und die Absichten Gottes gerichtet wurde. Wunder versetzen einen Menschen stets in die Lage, im Glauben zu wachsen. Das gesamte Neue Testament bestätigt diese Tatsache. Wie die Menschen auf das reagieren, was Gott tut, ist ihre eigene Entscheidung. Doch der Prozess ist klar – Menschen glauben aufgrund von Wundern.

Glaube ist unerlässlich. Durch Glauben können wir Gott gefallen – so entscheidend ist Glaube. Doch wenn wir dabei nur unser Maß des Glaubens betrachten, dann lassen wir außer Acht, dass Jesus niemals die Menschen bestrafte, die wussten, zu wem sie kommen konnten, selbst wenn sie nur wenig Glauben hatten. Wann immer wir uns nur auf ein bestimmtes Maß des Glaubens konzentrieren, wenden wir unseren Blick von Gott und seinem Wesen ab, das wir aus seinen Verheißungen erkennen. Stattdessen blicken wir auf uns selbst und das, was wir mitbringen. Dies ist immer eine Sackgasse.

GEBET

Himmlischer Vater, deine Güte und Freundlichkeit übersteigen mein Verstehen. Ich liebe dich so sehr, weil du meine Erwartungen stets übertriffst. Bitte hilf mir aufzuhören, die Dinge aus meiner Perspektive zu sehen. Hilf mir stattdessen, davon eingenommen zu sein, wie du bist und wer du bist. Ich komme so, wie ich bin, zu dir, inklusive meiner Makel und Schwächen. Und ich danke dir im Voraus dafür, dass du das gute Werk vollenden wirst, das du in mir begonnen hast.

BEKENNTNIS

Ich bekenne, dass Gottes Güte nicht durch meinen Glauben begrenzt ist und dass Gott sich dafür entschieden hat, das Schwache zu gebrauchen, um die Klugen zu beschämen. Ich wurde dazu geschaffen, Gott zu glauben. Das ist meine Natur.

5

HOFFNUNG

Es ist unzulässig, die Gegenwart des Herrn zu geniessen, ohne etwas zu erobern.

Als Jesaja vor dem Herrn war und ihn auf seinem Thron erblickte, war er überwältigt von dem, was er sah. Er erblickte Dinge, die er nicht beschreiben konnte. Dann hörte er, wie der Herr eine Frage stellte: *„Wen soll ich senden?"* Jesaja antwortete: *„Hier bin ich, sende mich!"* (Jes. 6, 8).

Anbetung ist der höchste Dienst. Dennoch begegne ich häufig Menschen, die sich selbst als großartige Anbeter betrachten, aber darüber hinaus nichts weiter tun. Ich stelle die Erfahrungen eines jeden in Frage, der sagt, er sei dem Herrn begegnet, aber nicht willig ist, zu dienen. Jesajas Erfahrung im Thronraum wurde durch die Geschwindigkeit beglaubigt, mit der er sich freiwillig meldete, als Gott nach einem willigen Gefäß suchte. Es ist beinahe unmöglich, sein Herz zu erkennen und ihm danach die kalte Schulter zu zeigen, wenn er einen Freiwilligen sucht.

Ich glaube an die Schönheit von Anbetung. Tatsächlich ist es das großartige Privileg eines Glaubenden, in den Thronsaal Gottes eingeladen zu sein, um ihm zu dienen. Man darf das nicht auf die leichte Schulter nehmen. Doch wenn wir ihm dienen und dann nicht auch anderen dienen wollen, zeigt dies, dass wir in unserer Anbetung nicht mit seinem Herzen in Berührung kamen. In einer von Anbetung geprägten Gemeinde kann man leicht das Zentrum aus dem Blick verlieren und die Anbetung anbeten – man liebt die Musik, die Atmosphäre, die Freude daran, dass man als Volk Gottes zusammenkommt, doch in Wahrheit begegnet man nicht dem Angesicht Gottes. Das ist so, als ob man die Party eines wohlhabenden Freundes genießt. Deine Freunde sind da, es gibt gutes Essen, gute Musik und es herrscht eine fröhliche Atmosphäre. Du schaust dich in den Räumlichkeiten um und würdigst den Gastgeber, doch du gehst nie zu ihm hin und zeigst ihm deine Dankbarkeit für dieses Fest, für seine Freundlichkeit und dafür, welche Rolle er in deinem Leben spielt. Es ist leicht, die Vorteile unseres Freundes zu genießen und ihm dennoch nur selten wirklich zu begegnen.

Alle, die sich selbst als hingebungsvolle Anbeter Gottes ansehen, müssen sich folgende Frage stellen: Ist meine Leidenschaft für seine Gegenwart außerhalb der Anbetungszeit messbar? Wenn das nicht der Fall ist, muss sich etwas ändern. Jesus tat nicht all das, was er tat, damit wir untätig bleiben. Unsere Liebe für Gott wird an unserer Liebe für Menschen gemessen. Die unsichtbaren Tatsachen in unserem Leben (unsere Liebe zu Gott) müssen im Sichtbaren (unserer Liebe zu Menschen) erkennbar sein. Unser Leben beinhaltet die Hoffnung auf ewige Auswirkungen, und Jesus machte dies möglich.Große Liebe zu Gott sucht nach Möglichkeiten, um seine Liebe zu demonstrieren, indem wir die Dinge ablehnen und hassen, die er hasst. Das umfasst alles, was darauf abzielt, zu töten, zu stehlen oder das Leben von Menschen zu zerstören. Dies ist der würdige Auftrag, den Jesus vom

Vater erhielt und den er im Missionsbefehl an uns weitergab. Eine der letzten Aussagen Jesu wird uns in Johannes 20, 21 überliefert: *„Wie der Vater mich ausgesandt hat, so sende ich auch euch.“* Jene, die Gott lieben, haben das Privileg, den Sieg zu vollstrecken, der am Kreuz über alle Feinde der Menschheit errungen wurde. Dies ist tatsächlich ebenfalls ein Ausdruck unserer Anbetung.

Der Geist Gottes, der während der Anbetung auf einzigartige Weise auf uns kommt, sehnt sich danach, auch außerhalb unserer gemeindlichen Aktivitäten, unserer „stillen Zeit“ und unserer Anbetungszeiten durch uns sichtbar zu werden. Der Kreis in der Anbetung schließt sich, wenn wir sein Herz für Menschen erfassen und daran mitarbeiten, dass sein Name durch die Siege erhoben wird, die durch das Erlösungswerk Jesu für uns erwirkt wurden.

GEBET

Danke für das Vorrecht, deinen Thronsaal als Anbeter betreten zu dürfen. Bitte hilf mir, nie aus den Augen zu verlieren, warum ich dieses großartige Privileg erhalten habe. Ich bitte dich auch, mir zu helfen, immer mit deinem Herzen verbunden zu sein, damit ich stets von deiner Leidenschaft für Menschen erfüllt bin.

BEKENNTNIS

Der Herr gab mir das Vorrecht, in Anbetung vor sein Angesicht zu kommen. Aufgrund dieser Gunst habe ich die Hoffnung, dass ich sein Herz zum Ausdruck bringen kann, wo immer ich hingehe, damit er auf der Erde erhoben wird.

6

LIEBE

Es ist schwer, die gleiche Frucht wie die Urgemeinde zu bringen, wenn wir ein Buch, das sie nicht hatten, mehr lieben als den Heiligen Geist, den sie hatten.

Nur wenige Aussagen von mir verursachen mehr Kummer als diese. Und ich verstehe warum. Zwischen den Zeilen könnte man herauslesen, dass ich die Bibel nicht oder nur wenig wertschätze. Einige beschuldigen mich, dass ich versuche, den Stellenwert der Bibel zu mindern. Doch nichts könnte der Wahrheit ferner sein. Wäre dies so, dann wären die heftigen Reaktionen gerechtfertigt. Doch dies ist nicht der Fall – und ich habe das so auch nicht gesagt. Wir müssen den Wert der Schrift aufrechterhalten, während wir gleichzeitig unsere Wertschätzung des Heiligen Geistes erhöhen. Es geht nicht um Entweder-oder. Es geht um Sowohl-als-auch. Wenn wir Gott wirklich lieben, dann muss diese Liebe auch gegenüber dem Heiligen Geist zum Ausdruck kommen.

Wir haben das Privileg, den vollständigen Kanon der Schrift zu besitzen – die Bibel. Im Lauf der Geschichte bezahlten sehr viele Menschen einen hohen Preis, um dies zu ermöglichen. Ich liebe die Bibel! Ich bin ständig im Wort, wie viele es ausdrücken würden. Und ich arbeite ständig daran, das Wort zu verinnerlichen. Dieser Prozess gehört zu meinen größten Freuden und Schätzen. Doch der Punkt bleibt: Es ist schwer, die gleiche Frucht wie die Urgemeinde hervorzubringen, wenn wir ein Buch, das sie nicht hatten, mehr lieben als den Heiligen Geist, den sie hatten.

Jack Taylor sagte dazu Folgendes: „Es heißt nicht Vater, Sohn und die Heilige Bibel!" Er drückte das gut aus. Für viele hat die Bibel den Platz des Heiligen Geistes eingenommen. Und dabei ist er der Autor! Die Bibel darf nicht den Heiligen Geist ersetzen. Eigentlich besteht eine einmalige Partnerschaft zwischen Himmel und Erde, wenn wir lernen, wie wir bei unserem Bibelstudium auf den Heiligen Geist hören und mit ihm zusammenarbeiten können. Diese Zusammenarbeit ist auch erforderlich, um unser biblisches Mandat - so zu leben wie Jesus - auszuleben und in das Unmögliche vorzudringen.

Die eigentliche Angst besteht darin, dass wir unsere Erfahrungen über die Schrift stellen könnten. Diese Besorgnis ist legitim. Deswegen gab es schon große Fehler und Irrtümer in den Kirchen und Gemeinden. Doch das Gegenteil dieser Gesinnung ist ein noch weitaus üblicherer und schwerwiegenderer Fehler: Es ist ein Glaube ohne Erfahrung. Einige haben daraus eine Tugend gemacht. Und alles, was wir als Tugend bezeichnen, wird willentlich aufrechterhalten, ganz gleich, wie sehr es auch im Widerspruch zu den biblischen Maßstäben stehen mag. Es wird zur neuen Norm. Und als Folge davon fangen jene an zu definieren, was die Bibel aussagt, denen es an persönlicher Erfahrung mangelt. Wir würden niemals jemanden ohne die Erfahrung der Wiedergeburt lehren lassen, was es heißt, wiedergeboren zu sein. Aus der Erfahrung heraus zu lehren, ist nicht nur in Ordnung, es ist notwendig. Nur wenn unsere Erfahrungen im Widerspruch zur Schrift stehen, müssen wir aufpassen.

Wir sind weitaus privilegierter als die Urgemeinde, weil uns der vollständige Kanon der Bibel in Schriftform zur Verfügung steht. Dieses wunderbare Geschenk – das geschriebene Wort Gottes – gibt uns einen Vorteil, den die Urgemeinde nicht hatte. Doch wenn sie trotz dieses Mangels die Welt auf den Kopf stellte, dann gibt es für uns keine Entschuldigung. Denn wir haben die Bibel und ihr Autor lebt in uns! Die Person des Heiligen Geistes bevollmächtigte und leitete sie. Er gab ihnen Verständnis darüber, wie sie sich angesichts der Dinge verhalten sollten, mit denen sie konfrontiert wurden. Er sprach Leben in jeden Bereich ihres Lebens hinein, denn er war ihr Leben. Dieses großartige Geschenk des Himmels ermöglichte es ihnen, das Leben Jesu genau widerzuspiegeln – nicht nur durch ihren Charakter und ihre Barmherzigkeit, sondern auch durch Zeichen und Wunder. Diese leidenschaftliche Liebe für Gott muss nun auch gegenüber dem Einen gezeigt werden, der die Bibel - das Wort Gottes - inspiriert hat.

Höre auf niemanden, der das geschriebene Wort Gottes abwertet oder herabsetzt. Doch sei auch vorsichtig, wenn du jemandem begegnest, der keine empfindsame Beziehung zum Heiligen Geist entwickelt hat. Das Wort und der Geist gehören zusammen und geben uns einen großen Vorteil. Vielleicht heißt es deshalb in der Schrift: *„Größer wird die Herrlichkeit dieses künftigen Hauses sein als die des früheren …“* (Hag. 2,9).

GEBET

Vater, lass dies ein Tag sein, an dem ich mir der Gegenwart und der Gemeinschaft mit dem großen Schatz des Himmels verstärkt bewusst bin – dem Heiligen Geist. Ich will ihn so feiern, wie du es tust. Und ich will durch seine Kraft leben und den Auftrag erfüllen, der uns in der Schrift gegeben wurde. Ich sehne mich danach, dass der Geist der Weisheit und Offenbarung auf mir ruht, damit ich immer mehr lerne, was in deinem Wort geschrieben steht. Lass diesen Tag wirklich ein Tag zur Ehre Gottes sein.

BEKENNTNIS

Ich proklamiere, dass ich zu diesem Zweck geboren wurde. Ich bin vollständig ausgerüstet, um diesem Tag in Partnerschaft mit dem Himmel und der Erde zu begegnen. Ich nehme mit großer Freude das Privileg an, die Wohnstätte des Heiligen Geistes zu sein.

7

GLAUBE

Glaube ist das, was an uns kleben bleibt, wenn wir der Glaubens-Fülle Gottes begegnen.

Jedem Menschen wurde ein Maß des Glaubens gegeben. Wenn dieser Glaube angewendet wird, um Gott und seine Wunder zu genießen, wächst unser Vertrauen in ihn. Ein gut verwalteter Glaube bewirkt das Wachstum unseres Glaubens.

Anbetung ist insofern eine der tiefgreifendsten Aktivitäten für einen Gläubigen, dass wir allein durch die Auswirkungen seiner Gegenwart auf uns verändert werden. Wenn wir Gott als Ausdruck unseres Glaubens preisen, dann erhalten wir Zugang zu mehr von Gott.

Er ist treu, vollkommen treu. Wenn wir dem Einen begegnen, der treu ist, entwickelt sich unsererseits eine Beziehung des Vertrauens und der Risikobereitschaft. Wenn wir den Einen sehen, der vollkommen vertrauensvoll ist, geschieht etwas mit uns. Stell dir vor, dass du jemanden umarmst, der viel zu viel Parfüm aufgetragen hat. Wenn du weggehst, trägst du den Geruch des Parfüms an dir. Ähnlich ist es, wenn wir uns dem Einen nahen, der vertrauensvoll ist – es bewirkt ein

Wachstum unseres Vertrauens und Glaubens. Um es noch deutlicher auszudrücken, was sein Wesen ausmacht, klebt an mir und hinterlässt Spuren in meinem Herzen und Denken. Glaube ist eigentlich nichts anderes, als dahingehend zuversichtlich zu sein, wer er ist. Das Ergebnis ist vermehrter Glaube. Wenn wir ihm begegnen, entdecken wir, wer er ist und wie er ist. Glaube ist fest verankert in seinem Wesen und Charakter.

Dieses Muster kann man im Leben derer erkennen, die für ihren großen Glauben bekannt sind. Sie entdeckten durch Erfahrungen, was viele bereits durch ihre Theologie wussten: dass Gott zu seinem Wort steht. Diese Glaubwürdigkeit ist sozusagen sein Parfüm. Die Glaubwürdigkeit an ihm wird zum Glauben in uns – der Glaube lagert sich sozusagen ab.

Viele machen den Fehler, dass sie versuchen, ihren Glauben durch Anstrengung und Disziplin zu steigern. Dies führt immer zu Enttäuschung und Frustration. Es kann aber auch zu Mutmaßungen führen. Das ist dann ein verfälschter Glaube – und der ist zerstörerisch. Verwende das dir gegebene Maß an Glauben, um ihn zu entdecken, damit du ihn erkennst. Das Ergebnis davon ist eine Zunahme an Glauben.

GEBET

Vater hilf mir, in der kommenden Zeit den unendlichen Schatz deiner Glaubwürdigkeit zu entdecken. Ich entscheide mich, meine Aufmerksamkeit darauf zu richten, wer du bist, und ich werde der Versuchung widerstehen, mich auf mein Level des Glaubens zu konzentrieren. Bitte lass dies zur Ehre Gottes geschehen!

Kapitel 7

BEKENNTNIS

Ich diene dem Einen, der treu und wahrhaftig ist. Er kann nicht lügen. Dies wird ein Tag sein, an dem ich ihn in einer Weise entdecke, die mein Denken und meine Vorstellungskraft übersteigt. Er ist die Freude meines Lebens! Ich bin ein glaubensvoller Glaubender, der lebt, um ihn zu ehren.

8

HOFFNUNG

Jesus tat die Wunder nicht, um uns zu zeigen, was Gott kann.

Die verblüffenden Demonstrationen von Kraft und Herrlichkeit im Alten Testament gaben uns bereits einen Vorgeschmack auf die Wunder, die Gott vollbringen kann. Die Schöpfung der Welt stellt bereits allein durch das gesprochene Wort einen so hohen Maßstab für Wunder auf, dass wir nur staunen können. Jesus kam, um noch etwas anderes zu offenbaren, etwas ziemlich Unerwartetes. Er kam, um uns zu offenbaren, was ein Mensch tun kann, der in der richtigen Beziehung zu Gott lebt. Diese Offenbarung sollte Hoffnung auf ein sinnerfülltes Leben in uns wecken.

Jesus Christus ist Gott - für alle Ewigkeit. Zu keinem Zeitpunkt seines irdischen Daseins nahm er Urlaub von seiner Göttlichkeit. Mit anderen Worten, er ist und war immer Gott. Doch in seinem irdischen Leben war er gleichzeitig auch vollkommen Mensch. Allein die Tatsache, dass Engel kamen, um ihn zu stärken, bestätigt diese Tatsache, denn Gott würde keine solche Stärkung benötigen. Dies ist bis in alle Ewigkeit eines der größten Geheimnisse. Jesus war vollkommen Gott und vollkommen Mensch. Doch Jesus sprach von sich selbst als dem Menschensohn. Er lebte als der Menschensohn.

Es ist absolut entscheidend, dass wir diesen Punkt verstehen, denn er beeinflusst die Art, wie wir leben. Wenn Jesus die Wunder der Heilung, Befreiung, Brotvermehrung und Totenauferweckung als Gott getan hätte, wäre ich immer noch beeindruckt – doch es wäre nichts, was ich kopieren könnte. Ich wäre ein Zuschauer, und darüber wäre ich sehr glücklich, sofern dies mein gottgegebener Auftrag wäre. Doch wenn ich realisiere, dass er das, was er tat, als ein an Gott hingegebener Mensch vollbrachte, bin ich gezwungen, ihm zu folgen und zu erkennen, dass dies auch mein wahrer Auftrag ist! Und es kann sein, dass ich nicht genau die gleichen Dinge tue, die er tat. Doch ich kann nicht da stehen bleiben, wo ich im Moment bin, weil Jesus einen neuen Standard für mein Leben aufgestellt hat, dem ich folgen und den ich nachahmen kann.

Es gab zwei Dinge, die sein Menschsein übernatürlich effektiv machten: Er war ohne Sünde, und er lebte vollständig in der Kraft des Heiligen Geistes. Diese beiden Qualifikationen – unsere Gerechtigkeit in Christus und unser Leben in der Bevollmächtigung durch den Heiligen Geist – werden zu den notwendigen Bestandteilen für das Leben jedes Mannes, jeder Frau und jedes Kindes, die sich danach sehnen, die überwältigende Einladung anzunehmen, die wir durch das Leben Jesu erhalten. „Folge mir nach" bekommt nun eine neue Bedeutung.

Jesus machte all dieses Leid nicht durch, damit wir in die Gemeinde gehen können. Er tat dies, um für die Sünde zu büßen. Und indem er das tat, machte er es möglich, eine neue Generation von Weltveränderern aufzurichten, die dem Standard folgt, den er im Hinblick auf Liebe, Reinheit und Vollmacht gesetzt hat. Dies ist eine der größten Prophetien, die Jesus aussprach: *„Wer an mich glaubt, der wird auch die Werke tun, die ich tue, und wird größere als diese tun, weil ich zum Vater gehe."* (Joh. 14,12). Nicht nur Jesu Leben nötigt uns, ihm als dem Wunderwirker zu folgen, sondern auch seine Verheißungen.

Das Blut Jesu qualifiziert uns also für den ersten Teil dieser Gleichung. Als Sohn, dem vergeben wurde, bin ich gerechtfertigt, gereinigt, reingewaschen. Diese Wirklichkeit ist größer als meine sündige Vergangenheit. Ich stehe nun in Christus vor dem Vater. Er sieht mich so, wie er seinen Sohn Jesus sieht. Es bleibt also nur noch eine Qualifikation übrig. Wie sehr bin ich bereit, unter dem Einfluss des Heiligen Geistes zu leben?

GEBET

Vater Gott, ich gebe mich dir heute wieder ganz neu hin. Ich will Jesus korrekt repräsentieren. Danke für das Blut deines Sohnes, das mich frei macht von der Sünde und mich für das Unmögliche qualifiziert. Ich bin so hungrig danach, das wahre Evangelium in meinem Leben sichtbarer auszuleben. Ich lade den Heiligen Geist ein, mehr und mehr auf mich zu kommen, bis die Menschen Jesus sehen, wenn sie mich anschauen. Mache diesen Traum wahr – zu deiner Ehre!

BEKENNTNIS

Ich bekenne, dass ich geschaffen wurde, um Teil der „Größeren-Werke-Generation" zu sein. Ich nehme diese

Berufung Gottes auf meinem Leben an, damit der Name Jesu überall auf der Welt in höchsten Ehren gehalten wird!

9

LIEBE

In einer kraftlosen Gemeinde braucht der Teufel nicht viel zu verfälschen.

In einigen christlichen Kreisen lösen die guten Nachrichten von Wundern und einem veränderten Leben keine Begeisterung aus, sondern Warnungen. Gott war so lange abwesend, dass sie denken, es sei der Teufel, wenn plötzlich etwas Machtvolles geschieht. Deshalb erhalten viele von uns, die ein Wunder erleben und anderen die gute Nachricht verkünden, im Gegenzug oftmals Warnungen über die Möglichkeit von falschen Zeichen und Wundern. Dies ist eine berechtigte Sorge, denn die Bibel warnt uns ebenfalls davor. Doch wir müssen uns daran erinnern, dass es zuerst etwas Echtes geben muss, bevor es verfälscht werden kann, denn der Teufel ist kein Schöpfer. Er hat keinerlei schöpferische Fähigkeiten. Stattdessen ist er ein Verzerrer dessen, was bereits existiert. Schon die Tatsache, dass uns die Bibel vor falschen Zeichen und Wundern und falschen Propheten warnt, impliziert, dass es auch echte gibt, mit denen wir sie vergleichen können.

Ein Großteil der Gemeinde lebt mit wenig oder gar keiner Kraft. Die Gläubigen sitzen bequem auf ihren Stühlen und denken, dass alles in bester Ordnung sei, weil sie keinen geistlichen Widerstand erleben. Doch wenn ich nicht ab und zu mit dem Teufel in Konflikt gerate, gehe ich möglicherweise in dieselbe Richtung wie er.

Es ist richtig, dass ein vorschriftsmäßig geparktes Auto kein Gesetz brechen kann. Doch dieses Auto wurde dazu geschaffen, an verschiedene Orte zu fahren und bestimmte Zwecke zu erfüllen. Die Angst, Fehler zu machen und einen bestimmten Dienst nicht gut hinzubekommen, hat viele Gläubige paralysiert, und das ist eine Tragödie. Sie erkennen nicht, dass Perfektionismus eine Religion ist (eine Form ohne Kraft). Vortrefflichkeit ist ein Kennzeichen des Reiches Gottes. Ja zu sagen zu dem König, ist der erste Schritt in der Jüngerschaft. Und wenn wir von Liebe angetrieben sind, können wir unmöglich so bleiben, wie wir sind.

Eine unserer größten Ehren ist, Jesus korrekt zu repräsentieren. Dies geschieht durch Liebe, Reinheit und Kraft. Oft hat das, was wir hier auf Erden wertschätzen, im Himmel nur wenig. Wert. Zum Beispiel hat für viele Christen eine Gemeinde ohne Fehler (das korrekt geparkte Auto) den höchsten Stellenwert. Der Himmel schätzt jedoch eine Gemeinde, die Auswirkungen hat.

Menschen, die im Bankwesen arbeiten, sind geschult, um gefälschtes Geld zu erkennen. Doch ihre Ausbildung hat nichts mit gefälschtem Geld zu tun. Sie verbringen enorm viel Zeit damit, das echte Geld zu studieren, um das gefälschte leicht erkennen zu können. Gefälschte Wunder sind leichter zu erkennen, wenn man inmitten von echten lebt. In einer Gruppe von echten Propheten sind falsche Propheten leicht zu erkennen.

Viele denken, dass ein falscher Prophet entlarvt wird, wenn ein prophetisches Wort nicht korrekt ist, doch dies ist nicht zwingend der Fall. Erforsche doch mal die Prophetien von Agabus in der Apostelgeschichte. Er war ein wahrer Prophet Gottes, wie der Heilige Geist bestätigte, doch nicht alle Details seines prophetischen Wortes für Paulus waren korrekt. Aus diesem Grund hat jeder Gläubige den Auftrag bekommen, das prophetische Wort zu beurteilen, nicht den Propheten. Der falsche Prophet und der falsche Wundertäter sind unter den echten leicht zu erkennen, weil der „übernatürliche Bereich", in dem sie wandeln, die Aufmerksamkeit ihrer Nachfolger auf sie selbst und nicht auf den Herrn lenkt. Sie leben, um ihr eigenes Königreich aufzubauen, ihre eigenen Nachfolger zu haben und um Menschen zu ködern, damit diese ihnen dienen.

GEBET

Himmlischer Vater, hilf mir, Jesus heute gut zu repräsentieren. Ich verpflichte mich seinem Maßstab von Liebe, Reinheit und Vollmacht. Lass diese Realitäten in zunehmendem Maße durch mein Leben sichtbar werden, zur Ehre Gottes.

BEKENNTNIS

Ich erkläre, dass ich zu diesem Zweck geboren wurde, und dass es bereits beschlossene Sache ist, Jesu Gegenwart und Absichten in mein Umfeld zu bringen. Ich werde seine Liebe täglich demonstrieren und danke ihm bereits im Vorfeld für das, was geschehen wird! Ich tue all dies zur Ehre Gottes.

10

GLAUBE

Ein Leben aus Glauben bedeutet, entsprechend der Offenbarung zu leben, die wir empfangen haben, trotz der Mysterien, die wir nicht erklären können.

Ich liebe Offenbarungen. Sie waren für Paulus wichtig genug, um für die Gemeinde in Ephesus zu beten, dass sie Offenbarungen empfangen würden. Ich liebe es, wenn Gott unser Herz öffnet, damit wir Dinge sehen, die wir ohne seine Hilfe nicht sehen könnten. Eine der großartigsten Erfahrungen im Leben ist es, wenn Gott einem Menschen sein Wort offenbart. Aus seiner Perspektive zu sehen, ändert alles, angefangen bei uns selbst. Doch genauso wichtig wie die Erkenntnis im Leben eines Gläubigen, ist auch das Verborgene. Es ist sogar genauso wichtig wie Offenbarung. Man könnte es auch so ausdrücken: Was ich nicht weiß, ist genauso wichtig wie das, was ich weiß.

Der Bereich des Verborgenen bestimmt, wie ich mein Vertrauen in Gott im Alltag auslebe. Voller Freude inmitten von Unerklärlichem zu leben, zeugt von einem großen

Glauben. Deshalb ist dies ein notweniger Bereich für jeden Gläubigen, der sich danach sehnt, in Christus zu wachsen. Vielleicht wird das Evangelium deshalb „der Glaube" und nicht „die Erkenntnis" genannt. Es liegt in unserer neuen Natur, dass wir Gott glauben.

Es gibt Menschen, die es ablehnen, zu viel Wert auf das Verborgene zu legen und uns vielmehr an den biblischen Auftrag erinnern, nach Erkenntnis zu streben. Sie haben Recht, denn dieses Streben wird in der Schrift jedem Nachfolger Jesus eindeutig nahegelegt. Besonders wird das im Buch der Sprüche betont, und es wurde von den Jüngern Jesu ausgelebt. Auch wenn dies absolut richtig ist, so ist dennoch eine siegessichere, aufrichtige Reaktion unsererseits erforderlich, die wir ihm in der Zwischenzeit geben, bis er die Fragen unseres Herzens beantwortet. Das ist die große Stärke des Glaubens. Er bleibt bestehen, wenn jegliche verstandesmäßige Überlegung versagt.

Das eigentliche Thema hierbei ist Gehorsam. Für Gehorsam benötigen wir nicht Erkenntnis, sondern Glauben. Wenn ich nur gehorche, wenn ich etwas verstehe, habe ich Gott auf meine Größe reduziert. Er wird zu jemandem, der sich immer zuerst erklären muss, bevor ich reagiere. Das ist für wahre Glaubende eine gefährliche Haltung, denn wir wurden zu einem Leben der Hingabe und des vollkommenen Vertrauens berufen. Auch wenn so ein Standpunkt möglicherweise als Weisheit angesehen wird, zeugt er eigentlich von großer Unreife, denn er basiert auf verstandesmäßigen Überlegungen.

Wenn jemand von Krebs geheilt wird, ist das für mich nachvollziehbar. Es wird zur neuen Norm. Ein Glaubender, der an Krebs stirbt, ist ein Rätsel - etwas, das ich nicht verstehe. Doch was ich verstehe, ist Gottes Güte. Ich verstehe, dass der Preis für unsere Heilung aus dieser Güte heraus komplett bezahlt wurde. Und ich werde mein Verständnis über das Wesen Gottes nicht auf dem Altar der menschlichen Vernunft opfern, damit ich eine Erklärung dafür habe, warum jemand an Krebs stirbt. Krebs ist falsch. Im Himmel existiert er nicht, und es kann nicht in Ordnung sein, dass er hier auf der Erde existiert. Das stünde vollkommen im Widerspruch zu unserem im Vaterunser enthaltenen Auftrag. Und ich muss mich dafür einsetzen, dass der Name des Herrn nicht missbraucht wird, indem Krebs und andere Gebrechen leichtfertig als Dinge akzeptiert werden, die Gott angeblich gebraucht, um uns stärker zu machen. Jesus ist den Kranken niemals mit einer solchen Haltung begegnet. Wir müssen seinem Beispiel folgen.

GEBET

Vater, ich sehne mich nach der Erkenntnis deines Wortes, deines Wesens und deines Herzens für mich. Ich bekenne, dass du gut bist. Du bist besser, als ich jemals zu hoffen wagte. Mich verlangt danach, dass du mir die Gnade gewährst, inmitten von allem Unerklärlichen an dir festzuhalten, damit mein Vertrauen in dich nicht ins Wanken gerät. Hilf mir, gemäß dem zu leben, was du mir gezeigt hast, ohne über die Dinge zu stolpern, die ich mir nicht erklären kann. Ich will dich zu jeder Zeit gut repräsentieren, indem ich den Menschen, denen ich dienen darf, deine Güte demonstriere.

BEKENNTNIS

Ich werde Gottes Güte verkünden, wenn alles gut aussieht, aber auch insbesondere dann, wenn es nicht gut aussieht. Mein Gott verändert sich niemals. Ich bekenne seine großartige Verheißung, dass er jede Situation zu seiner Ehre und zu meinem Vorteil verwandeln wird. Er ist ein absolut wunderbarer Vater, jemand, an dem ich mich freue und den ich feiere!

11

HOFFNUNG

Jeder Verlust ist zeitlich, jeder Sieg ist ewig.

Eines der größten Mysterien im Leben ist, dass guten Menschen schlechte Dinge widerfahren. Es gibt Verluste und Rückschläge, sogar für Gläubige. Man braucht nur den Apostel Paulus anzusehen, um dies zu erkennen – Schiffbruch, Schläge, Hunger, Lügen, Widerstand in jeder Stadt und so weiter. Dennoch geht unser Weg vorwärts und aufwärts in Richtung des Auftrags und der Absichten Gottes für unser Leben. Wir werden nicht durch unsere Umstände definiert. Das ist die alles übergeordnete Hoffnung eines jeden Nachfolgers Jesu. Solche Momente erinnern uns daran, dass wir nicht vollkommen sind, sondern vollkommen gemacht werden.

Wir haben festgestellt, dass einige Menschen irrtümlicherweise annehmen, Gott würde uns schwierige Situationen schicken, um uns im Glauben zu stärken. Seine Fähigkeit, eine düstere Situation umzukehren, hat dazu geführt, dass einige Menschen das Problem von vornherein ihm zugeschrieben haben. Das ist jedoch ein ungesunder, unlogischer Gedankengang, denn das würde bedeuten, dass Gott das Böse kreiert, um anschließend seine Güte demonstrieren zu können. Dies wäre so, als ob Eltern ihr Kind schlagen würden, um es hinterher lieben und trösten zu können. Das Böse existiert getrennt von Gott. Viele von uns müssen ihre Ansicht über seine Souveränität ändern.

Bei vielen Menschen führen Unglaube und mangelnde Leidenschaft oftmals dazu, dass sie düsteren Umständen Tür und Tor öffnen, weil sie davon ausgehen, Gott habe ihnen diese geschickt. Doch wenn es sich um ein gesundheitliches Problem handelt, werden dieselben Leute zum Arzt gehen, damit er das in Ordnung bringt, was ihnen ihrer Meinung nach Gott geschickt hat. Es ist normal, gegen das Böse anzukämpfen. Aber unsere Schlussfolgerungen müssen biblisch fundiert sein und mit dem übereinstimmen, was wir instinktiv als richtig erkennen.

Die Ewigkeit ist der Grundstein der Logik und der Vernunft. Ohne diesen schlichten Anker unserer Seele gleichen alle Gedanken und Lebensarten einem Fluss ohne Ufer. Tragischerweise „funktionieren" viele Menschen ohne tieferen Sinn oder Verantwortungsbewusstsein. Ein Leben in der Erkenntnis, eines Tages Rechenschaft über unser Leben ablegen zu müssen, beschert uns ein Maß von Weisheit, das wir nur auf diesem Weg erreichen werden.

Mit diesem Gedanken im Hinterkopf, bedenke Folgendes: Die Ewigkeit weist Verluste in ihre Schranken. Verluste sind zeitlich begrenzt. Jeder Rückschlag und jede Niederlage wird durch die Ewigkeit an ihren Platz verwiesen. Und dann füge dies der Erkenntnis hinzu, dass uns durch das Werk des Erlösers jede schwierige Situation zum Guten dienen muss. Jeder Verlust ist also nicht nur zeitlich begrenzt, auch die Auswirkungen werden tatsächlich in Segen verwandelt und bilden letztendlich eine Grundlage für persönliche Entwicklung und Bereicherung. All das trifft im Fall eines Verlustes zu. Aus diesem Grund kann jeder Glaubende mit einer beständigen Hoffnung leben. Nicht einmal unrechte Dinge können uns zu Fall bringen.

Alle positiven Dinge, die geschehen, sind Bausteine für unsere ewige Bestimmung, denn dieses Leben ist eine Schule für die Ewigkeit. Wir werden geschult, um mit Christus zu herrschen. Wir werden nicht auf einer Wolke sitzen und Harfe spielen. Gott ist ein Gott der kontinuierlichen Weiterentwicklung. Die Braut wird zu seiner Ehre wunderschön geschmückt sein. Und sie wird in die Fülle dessen hineinkommen, was er für sie geplant hat. Das gehört zu den Dingen, die wir vermutlich nie geglaubt hätten, wenn sie uns jemand erzählt hätte. Es übersteigt unsere kühnsten Träume. Dieses Leben ist die Vorbereitung auf diese Aufgabe.

Siege offenbaren die ewige Bestimmung, indem sie Gottes Belohnungssystem aufzeigen. Manche sagen, ihnen läge nichts an Belohnungen, sie wollten einfach nur Gott kennen. So nobel das auch klingen mag, es untergräbt Gottes Glaubenssystem auf gravierende Weise. Glaube setzt voraus, zu glauben, dass er ist und *„denen, die ihn suchen, ein Belohner sein wird“* (siehe Hebr. 11, 6).

All unsere Siege sind Teil unserer Geschichte – unseres Zeugnisses. Diese Zeugnisse werden für alle Ewigkeit wertgeschätzt werden, denn jedes von ihnen ist ein Baustein unserer Geschichte. Wir werden einander so kennen, wie wir erkannt sind, und wir werden die Geschichte des anderen erkennen. Wir werden staunen und den Einen immer wieder preisen, der solche Wunder im Leben von Menschen vollbringt. Endlich werden wir einen Blick auf das wundervolle Gemälde namens Menschheitsgeschichte werfen. Siege sind unvergänglich, denn sie geben uns einen Vorgeschmack des Himmels und trainieren uns für die Ewigkeit.

GEBET

Vater, bitte hilf mir, im Hinblick auf meine Verluste deine Perspektive einzunehmen. Und hilf mir, zu erkennen, dass all diese Dinge zum Guten wirken, weil du ein guter Gott bist. Bitte vertiefe auch mein Verständnis für meine ewige Bestimmung, denn ich will hinsichtlich der Dinge, die du mir zur Verfügung stellst, nicht unverständig sein.

BEKENNTNIS

Ich bekenne, dass Gott alles zu seiner Ehre und zu meinem Besten wirkt. Ich übergebe ihm all meine Schwachheit, mein Versagen, meine Triumphe und meine Erfolge, damit er verherrlicht wird!

12

LIEBE

Ein herz, das bereit ist, Gottes Stimme zu hören, ist viel wichtiger als die Fähigkeit, seine Stimme zu hören.

Mein ältester Sohn Eric ist hochgradig schwerhörig. Er ist der Hauptleiter unserer Ortsgemeinde und hat eine erstaunliche Lehrgabe und eine Salbung für Wunder. Gemeinsam erlebten wir Hunderte von Wundern bezüglich Taubheit. Das war einfach wundervoll. Doch er wurde nicht geheilt – noch nicht.

In einem Ohr trägt er ein Hörgerät, aber im anderen ist es nicht möglich. Sein Gehörverlust beträgt 85 bis 90 Prozent. Du kannst dir also vorstellen, wie sehr dies sein Leben beeinträchtigt. Dennoch ist er in der Lage, ein normales Leben zu führen, und das ist ein unglaubliches Gnadengeschenk Gottes. Alle, denen diese Tatsache bekannt ist, staunen darüber.

Ich habe nie von ihm verlangt, dass er mich besser hören muss. Ich spreche nie leise und werde dann ärgerlich, weil er mich nicht hört. Es ist meine Verantwortung, hörbar zu sein. Aus Liebe zu ihm passe ich mein Verhalten seinen Fähigkeiten an. Das bedeutet, dass ich manchmal lauter spreche als mit anderen Personen. Wenn wir in einem lauten Raum sind, achte ich darauf, dass er mich ansieht, damit er zusätzlich von meinen Lippen lesen kann.

Wir alle hören Gottes Stimme. Sonst hätten wir nicht errettet werden können. Er rief uns zu sich, wir antworteten und wurden wiedergeboren. Nur so funktioniert eine Bekehrung. Jesus sprach von unserer gottgegebenen Fähigkeit, als er sagte, dass seine Schafe seine Stimme kennen. Durch seine göttliche Gnade hören wir seine Stimme. Doch viele Gläubige richten ihr Augenmerk viel zu sehr darauf, wie schlecht sie hören, weil sie sich mit jemandem vergleichen, den sie aufgrund seiner Gabe bewundern. Obwohl das vielleicht stimmt, ist es im Kern destruktiv. Ein Herz, das bereit ist, zu hören, ist wichtiger als die Fähigkeit, seine Stimme zu hören. Warum ist das so? Weil Gott die Verantwortung dafür übernimmt, dass er gehört wird, wann immer er jemanden findet, der sich danach sehnt. Dafür müssen wir vielleicht bildlich gesprochen einen „lauten Raum" verlassen. Mit anderen Worten, wir brauchen Zeit, um Gott in der Stille mit der Bibel in der Hand zu suchen. Ihm zu danken und seine Gegenwart (sein Angesicht) zu genießen, ist eine wunderbare Möglichkeit, um unsere Fähigkeit, zu hören, zu aktivieren, egal, ob sie schwach oder sehr ausgeprägt ist. Wenn wir in sein Angesicht schauen, fällt es uns leicht, ihm „von den Lippen zu lesen". Zu hören, wie er durch die Schrift zu uns spricht, hilft uns dabei, ihn zu unserem Herzen reden zu hören.

Jakobus 1,21 beschreibt diesen Prozess auf eine sehr schöne Weise: „*... und nehmt das eingepflanzte Wort mit Sanftmut auf, das eure Seelen zu erretten vermag.*" Demut ist die Voraussetzung, damit das Wort auf fruchtbaren Boden fallen kann.

Man könnte es auch so ausdrücken: Demut ist der Herzenszustand, der Gottes Stimme in unserer Situation förmlich anzieht. Und wenn Gott redet, dann pflanzt er die Antwort in die empfindsamen Herzen seiner Kinder. Der Same ist das Wort. Das Wort besitzt die Kraft, uns zu retten. Mit anderen Worten, sein Wort hat die Kraft, sich in unserem Herzen zu entfalten. Ein demütiges Herz hört gut.

GEBET

Vater Gott, bitte hilf mir, nicht in die Falle zu treten, dass ich meine Fähigkeit, zu hören über deine Fähigkeit, dich mitzuteilen, stelle. Stattdessen richte ich meine Aufmerksamkeit darauf, wie sehr du mich liebst! Ich will meinen Blick auf dich richten, nicht auf meine Fähigkeiten, egal ob sie groß oder klein sind. Ich will darin wachsen, deine Stimme zu hören. Doch mehr als alles andere bitte ich dich, mir zu helfen, ein demütiges Herz zu bewahren, damit du immer einen Platz findest, um die Samen der Hoffnung und der Verheißung zu pflanzen. Ich danke dir im Voraus, dass du mir hilfst, all das zu sein, wozu du mich geschaffen hast – jemand, der die Stimme Gottes hört.

BEKENNTNIS

Ich wurde mit der Fähigkeit geschaffen, Gottes Stimme zu hören. Diese Fähigkeit ist in meiner neuen Natur enthalten, die mir in Christus gegeben wurde. Und sogar in meiner Schwachheit ist er stark und durchaus in der Lage, laut genug zu sprechen, damit ich ihn hören kann. Ich richte mein Herz darauf aus, seine Stimme zu hören, weil ich weiß, dass ich durch jedes Wort lebe, das aus seinem Mund kommt. Und ich verkünde, dass ich als jemand, der seine Stimme hört, alles tun werde, was er mir aufträgt.

13

GLAUBE

WENN DU VORSICHTIG LEBST, WERDEN DEINE FREUNDE DICH FÜR WEISE HALTEN. ALLERDINGS WIRST DU NICHT VIELE BERGE VERSETZEN.

Auch wenn es Bedachtsamkeit gibt, die auf Weisheit gegründet ist, stehen wir vor der Herausforderung, jede Fälschung von Bedachtsamkeit oder Vorsicht zu erkennen. Gemeint ist die Art von Vorsicht, die auf Menschenfurcht gegründet ist. Diese Furcht ist ein Problem, das in unserem Herzen entstanden ist. Sie lässt unseren Mut verstummen, weil wir uns fragen, was andere wohl über uns denken werden, wenn wir einen mutigen Schritt machen. Ich glaube, dass dieses Problem, mehr als jedes andere, zu einer Wachstumsverkümmerung im Volk Gottes geführt hat.

Die Vorsichtigen sind oft für ihre Disziplin und ihre Bibelkenntnis bekannt. Sie sind normalerweise gute Lehrer der Prinzipien des Wortes Gottes. Doch außerhalb ihrer öffentlichen Verantwortung - sollten sie eine haben -, sind sie recht still. Alle diese Charakterzüge können sehr wertvoll sein. Doch so jemand hat, bildlich gesprochen, nur selten eine

Auswirkung auf einen Berg. Vielmehr wird er uns lehren, wie wir mit unseren Bergen leben und sie ertragen können. In diesem Zusammenhang wird Furchtsamkeit nicht beim Namen genannt – dennoch handelt es sich um Furcht. Ein besonnener Geist entspricht dem Reich Gottes; Furchtsamkeit und Kleinmut nicht.

Die Geschichte ist voller Geschichten über mutige Männer und Frauen Gottes, die aus der akzeptierten Norm ausbrachen, um den Maßstab des als normal angesehenen christlichen Lebens höher zu legen. Ihre Durchbrüche veränderten unsere Einstellung zum Leben und, was noch wichtiger ist, unsere Erwartungen daran, was durch unser Leben bewirkt werden kann. Doch dafür bezahlten sie einen Preis. Heute sind sie die Glaubenshelden. Doch zu ihrer Zeit wurden sie oftmals abgelehnt und von ihren Kollegen verleumdet. Viele von ihnen starben einsam und von der Kirche verachtet. So tragisch das auch ist, es zeigt ein Problem auf, mit dem jeder von Zeit zu Zeit konfrontiert wird. Doch nicht jeder ist bereit, sich dieser Herausforderung zu stellen. Wir müssen das Leben Christi in vollkommener Liebe, Reinheit und Kraft demonstrieren - egal, was es uns kostet.

Smith Wigglesworth war so ein Mann. Meine Familie mütterlicherseits wurde von seinem Dienst stark beeinflusst. Mein Großvater erzählte mir einmal, dass nicht alle Wigglesworth mochten. Natürlich wird er heute als ein legendärer Apostel des Glaubens hoch geschätzt. Doch das liegt daran, dass er tot ist. Israel tat dasselbe mit seinen Propheten: Sie wurden zu ihren Lebzeiten verschmäht, aber nachdem sie gestorben waren, wurden sie verehrt. Es ist leicht, Errungenschaften aus der Distanz zu bewundern (egal, ob es geografisch oder zeitlich ist). Doch es ist etwas völlig anderes, die Menschen zu erdulden und zu respektieren, die mit

Leidenschaft ein authentisches Evangelium in ihrem Leben verfolgen, das außerhalb unserer Komfortzone liegt. So sieht das Wesen des echten Glaubens aus. Es ist ein Ärgernis für jene, die den Status quo bewahren möchten.

Echten Glauben findet man nicht in törichten Handlungen, genauso wenig zieht er die Aufmerksamkeit auf sich. Er muss sich nicht selbst beweisen, denn das endet normalerweise in Enttäuschung. Glaube fokussiert sich ganz auf Gott und existiert durch ihn. Glaube ist aktiv, und er ist vollkommen unzufrieden mit Theorien und Idealen, die nicht bewiesen werden können und keine Frucht bringen. Er hat seinen Ursprung im Reden und im Wesen Gottes. Es geht um Gott und darum, ihm Freude und Ehre zu bringen. Solch ein Leben ist alles andere als komfortabel und zurückhaltend. Es ist kühn, tapfer, mutig und risikobereit.

GEBET

Vater, ich möchte, dass mein Leben Bedeutung hat. Damit dies geschieht, musst du mir große Gnade gewähren. Ich bekenne, dass ich mich davor gefürchtet habe, was andere über mich denken könnten und habe dabei übergangen, auf was du Wert legst. Vergib mir. Ich bin es leid, mit Bergen zu leben, die nicht von dir vorgesehen sind. Vergib mir, dass ich ihnen wohlklingende Namen gab, die es ihnen erlaubten, in meinem Leben zu bleiben. Durch deine Gnade werde ich mutig sein und ohne Scham oder Furcht verkünden, wer du bist.

BEKENNTNIS

Durch mein neues Wesen in Christus bin ich mutig und voller Glauben. Ich werde keine Menschenfurcht haben, sondern nur Gott fürchten und mein Leben nicht lieben, bis hin zum Tod. Ich nehme dies als das Privileg eines jeden Nachfolgers Jesu an. Die Berge sollen sich nun hinwegheben - zur Ehre Gottes!

14

HOFFNUNG

WARNUNGEN VOR MÖGLICHEN EXZESSEN SCHENKE ICH KEINE BEACHTUNG, WENN SIE VON MENSCHEN KOMMEN, DIE SICH MIT MANGEL BEGNÜGEN.

Die spannendste Zeit im Leben der Gemeinde ist dann, wenn der Heilige Geist anfängt, in Kraft zu wirken. Dann passieren so viele Dinge außerhalb der gewohnten Erfahrungen, dass es eine enorme Untertreibung wäre, dies lediglich als eine Zeit des Lernens zu bezeichnen. Es ist der Beginn der Ausbildung, und große Veränderungen liegen in der Luft.

Inmitten von Wundern und veränderten Menschen gibt es immer eine Gruppe, die stets das in Frage stellt, was gerade geschieht. Das ist nicht von vornherein schlecht – nicht wenn Demut und Hunger mit diesen Fragen und den daraus folgenden Konsequenzen einhergehen. Tatsächlich reagiert niemand auf die Bewegung des Heiligen Geistes genau gleich und jeder braucht unterschiedlich lange, um sich darauf einzulassen. Und genau hier beginnt der Prozess. Für uns als Einzelne und als Gemeinschaft bekommt das Leben eine neue Bedeutung. Tragisch wird es, wenn die Fragen von selbsternannten Wachhunden kommen, die entschlossen sind, für unsere Sicherheit zu sorgen. Ihnen fehlt sowohl der Hunger als auch die dazugehörige Demut. Erweckungen beginnen nie mit den Wachhunden. Niemals.

Die Sorge darüber, dass etwas nicht biblisch sein könnte, nimmt einen zentralen Stellenwert ein, während wir versuchen, „das Fleisch zu essen und die Knochen wegzuwerfen“. Wir alle neigen dazu, die Dinge anhand unserer Kenntnis der Schrift zu interpretieren. Das Problem ist, dass wir alle nur eingeschränktes Wissen und Erkenntnis der Wahrheit besitzen. In der Hoffnung, dass unsere Erkenntnis richtig ist, wissen wir, dass sie dennoch begrenzt ist. Das gilt für uns alle. Aus diesem Grund kann das, was geschieht, hundertprozentig von Gott sein, und dennoch wird es von einigen abgelehnt werden, weil es ganz anders ist als das, was sie bisher erlebt haben. Es ist schon komisch, dass die meisten von uns wollen, dass Gott neue Dinge tut, solange er sie so tut, wie er sie schon immer getan hat.

Einige schalten in den Angstmodus um. Sie denken, dass emotionale Erfahrungen Exzesse sind und Exzesse die größte Gefahr für uns darstellen. Es ist wahr, dass Gefühlsbetontheit im Laufe der Geschichte viele Probleme in der Gemeinde verursacht hat. Doch eine extreme Gefühlsbetonung lässt sich leicht erkennen. Der stille Unglaube und der Widerstand der Skeptiker sind jedoch eine sehr viel größere Bedrohung. Sie sind eine machtvolle Täuschung, denn sie wurden in großen Teilen der weltweiten Kirchenkultur als Weisheit und geistliche Einsicht angenommen. Doch sie sind weder das eine noch das andere. Wenn wir etwas Falsches wertschätzen, bekommt es die Erlaubnis, bestehen zu bleiben.

Was ist gefährlicher – die Schrift aufgrund von Erfahrungen oder aufgrund fehlender Erfahrungen zu interpretieren? Wir würden niemals eine Lehre über Gebet von jemandem annehmen, der noch nie gebetet hat. Ich will damit nicht sagen, dass jede Erfahrung, die jemand angeblich mit Gott hatte, tatsächlich auch von Gott ist. Und wir sollten auch nicht die Bedeutung der Bibel neu definieren, weil ein Engel aufgetaucht ist und zu irgendjemandem etwas anderes gesagt hat, als wir bisher für wahr gehalten haben. Die Bibel stellt die uneingeschränkte Norm für unser Leben und unseren Dienst dar. Doch die Tatsache bleibt, dass wir die Schrift entweder aus unserer Erfahrung heraus interpretieren - oder aufgrund fehlender Erfahrungen.

Ich weiß, dass es für manch einen ein wenig erschreckend sein mag, eine Bewegung Gottes auf diese Weise zu betrachten. Doch wenn ich mir das Leben Christi anschaue und die Beziehung, die er zum Vater hatte, sowie die Demonstration von Reinheit und Kraft des Heiligen Geistes, dann werde ich eifersüchtig – eifersüchtig auf das, was mir durch sein Beispiel und seine Bestimmung ebenfalls zur Verfügung gestellt wurde. Es wirkt fast unrechtmäßig, sich nach weniger auszustrecken. Solange ich denken kann, fürchtet man sich vor Exzessen. Ich habe mich entschieden, den Spieß umzudrehen und mir dann Sorgen zu machen, wenn sie fehlen.

Wenn ich mich auf die Suche nach seltenen Ausdrucksformen des Evangeliums begebe, die in der Person von Jesus Christus gefunden werden können, dann tue ich dies mit Menschen, die so denken wie ich. Menschen, die verantwortungsbewusst und demütig bleiben, aber gleichzeitig bereit sind, alles zu riskieren, um einen Lebensstil zu erreichen, der all denen verfügbar ist, die seine „Co-Mission“ annehmen. Der Herzschlag der Hoffnung macht jegliche Furcht zunichte und befähigt uns, uns an dem zu orientieren, was Gott sagt und tut. In dieser Gewissheit kommen wir zur Ruhe.

GEBET

Vater, bitte gib mir wahres Unterscheidungsvermögen hinsichtlich der Herausforderungen dieser Zeit, mit denen ich konfrontiert bin, damit ich das Evangelium besser zum Ausdruck bringen kann - so, wie es mein Herr Jesus Christus vorgemacht hat. Ich sehne mich danach, all das zu erkennen, was du in meinem Leben beabsichtigt hast – sowohl im Hinblick auf Reinheit als auch auf geistliche Kraft. Dies ist meine Hoffnung. Bitte umgebe mich mit Menschen, die ähnlich empfinden und denken, damit ich dieses Leben in der Gemeinschaft veranschaulichen kann. Ich bete dies, damit der Name Jesu überall auf der Erde erhoben wird.

BEKENNTNIS

Gott hat die Absicht, mehr in und durch mich zu tun, als ich mir jemals vorstellen könnte. Deshalb erwarte und erhoffe ich, dass das außergewöhnliche Leben von Jesus ungehindert durch mich fließt. Ich wurde zu diesem Zweck geboren - zu seiner Ehre.

15

LIEBE

JESUS BRACHTE JEDE BEERDIGUNG, DIE ER BESUCHTE, DURCHEINANDER, SELBST SEINE EIGENE.

Es gibt wahrscheinlich nur sehr wenig Gläubige, die von den in den Evangelien dokumentierten Werken Jesu nicht begeistert sind. Die Evangelien enthalten das lebendige Zeugnis des Wesens und Herzens Gottes, der die Menschen mehr liebt als wir uns jemals vorstellen können. Die Herausforderung besteht darin, wie wir auf das reagieren, was er getan hat. Das wiederum hängt von unserer Antwort auf einige relevante Fragen ab. Endeten die Wunder mit dem Tod des letzten Apostels? Oder endeten sie, als der Kanon der Schrift abgeschlossen war? Diese Lehre des Cessationismus ist in keiner Weise auf die Offenbarung der Schrift gegründet. Und wir finden sie sicherlich nicht im Leben, in den Lehren oder Prophetien von Jesus, der die perfekte Theologie verkörpert.

Auch wenn einige immer noch diese Sichtweise haben, geht deren Anzahl jedoch ständig zurück, während der wunderwirkende Dienst Jesu in der heutigen Gemeinde überall auf der Welt immer sichtbarer wird. Dies gilt insbesondere dort, wo die Anzahl der Gläubigen täglich so zunimmt, wie es in der Apostelgeschichte beschrieben wurde. Dass Wunder angeblich nicht mehr geschehen, ist eine vom menschlichen Verstand kreierte Lehre. Sie wurde entwickelt, um mit der Überzeugung in Einklang zu stehen, die Zeit der Wunder sei vorbei.

Wenn wir nun glauben, dass Wunder heute noch geschehen, werden wir mit einer weiteren Frage konfrontiert: Geschehen sie nur als souveräne Tat Gottes (die er initiiert und die wir beobachten), oder spielen wir dabei eine Rolle? Viele Befürworter der erstgenannten Gruppe wenden sich nun der Gruppe zu, die sagt, dass Wunder zwar möglich seien, jedoch nur, wenn Gott sie initiierte. Ich bin dankbar für diese Entwicklung, doch dieses Verständnis scheint die Tatsache für nichtig zu erklären, dass den Jüngern befohlen wurde, die Kranken zu heilen, die Toten aufzuerwecken, usw. (siehe Mt. 10,8). Ihnen wurde nicht befohlen, das souveräne Eingreifen Gottes in unmöglichen Situationen zu beobachten. Das geschieht immer wieder - zur Freude jedes Gläubigen. Aber dennoch existiert ein Befehl, der unseren Gehorsam und die Umsetzung durch uns erfordert. Ob es nun um ein Heilungswunder oder die Erlösung einer Seele geht, Gott reagiert oft auf unseren Gehorsam.

Eine andere Frage, die an dieser Stelle noch zu bedenken ist, lautet: Wenn Jesus uns dazu bestimmt hat, an der Heilung von Kranken, an Totenauferweckungen und dergleichen beteiligt zu sein, welchem Maßstab folgen wir dann? Hat Jesus uns gezeigt, was Gott tun kann? Oder hat er uns gezeigt, was jemand tun kann, der in der richtigen Beziehung zu Gott steht? Ich glaube, es ist das Letztere. Obwohl Jesus immer vollkommen Gott war, entschied er sich, innerhalb der Begrenzungen des Menschen zu leben.

Das bringt uns zu folgendem Punkt: Hat uns Jesus eigentlich ein Beispiel gegeben, dem der durchschnittliche Gläubige folgen kann? Ich glaube, die Antwort ist zweifellos Ja!

Jesus Christus verkörpert die perfekte Theologie. Er ist Liebe. Und Liebe bringt Veränderung. Es gibt keinen Bericht von einer Beerdigung, an der er teilnahm und die verstorbene Person tot blieb. Das bedeutet natürlich nicht, dass Menschen nicht sterben sollen, denn die Schrift sagt, dass es den Menschen bestimmt ist, zu sterben (siehe Hebr. 9, 27). Doch Jesus war anscheinend in Situationen geraten, in denen Menschen vor der von Gott bestimmten Zeit starben. Wir sollten zumindest versuchen das tun, was Jesus tat – inklusive der Auferweckung von Toten.

Die Angst, sich vor anderen lächerlich zu machen, hielt viele davon ab, auf diesen Befehl des Herrn zu reagieren. Zudem könnten wir diese Aufgabe vielleicht nicht entsprechend der Anforderungen lösen. Doch das gibt mir nicht das Recht, aus dem Auftrag etwas zu machen, worin ich gut bin, um es anschließend als meinen Dienst zu bezeichnen.

GEBET

Vater, bitte hilf mir, mich nicht in einem Leben der menschlichen Möglichkeiten zu verfangen. Ich will dich gerne so repräsentieren, wie Jesus das tat, um die mir zur Verfügung stehende Auferstehungskraft Jesu zu demonstrieren. Ich will anders über scheinbar hoffnungslose Situationen denken und erkennen, dass für dich nichts unmöglich ist. Nur wenn du sagst, dass es vollbracht ist, will ich von meinem Streben nach Durchbruch abweichen. Bitte hilf mir dabei.

BEKENNTNIS

Ich beabsichtige, den Rest meines Lebens zu nutzen, ein Leben aus der Kraft und Realität der Auferstehung zu führen. Ich weiß, dass ich den Vater des Lebens auf diese Weise am Besten repräsentieren kann, so wie Jesus das tat. Das Beispiel, das Jesus mir gab, ist zusammen mit seinem großen Auftrag genug für mich, um mit einem lauten Ja zu antworten! Ich werde diesen Weg von ganzem Herzen verfolgen - zur Ehre Gottes, unseres Vaters.

16

GLAUBE

GLAUBE WÄCHST, WENN WIR IHN ANWENDEN.

Da ich viel Zeit in Flugzeugen und bei Veranstaltungen sitzend verbringe, sind gesundheitliche Probleme vorprogrammiert. Sowohl Training als auch eine gesunde Ernährung sind unverzichtbar für einen gesunden Lebensstil, insbesondere, wenn man so ein dynamisches Leben wie ich führt. Ich bin es Gott schuldig, in bester Verfassung zu sein. Ich habe festgestellt, dass diese beiden Bereiche sowohl für den Körper als auch für die Seele fundamental sind. Es hat nicht lange gedauert, bis ich bemerkte, dass ich mental sehr viel aufmerksamer und kreativer bin, wenn ich regelmäßig trainiere. Es gäbe auch genauso viel über die Auswirkungen eines aktiven Lebens und einer guten Ernährung auf das emotionale Leben zu sagen.

Vor einigen Jahren begann ich, Gewichte zu stemmen, weil ich nicht mehr aktiv an den Wettkampfsportarten meiner Jugend teilnehmen konnte. Dabei stellte ich fest, dass es mir unglaublich viel Spaß machte! Wir begannen mit diesem Sport als ganze Familie und bemerkten sehr schnell die Auswirkungen auf unser gesamtes Leben. Wir waren nicht nur mental scharfsinniger, wir begannen sogar, anders zu denken. Zum ersten Mal in meinem Leben begann ich, Nahrung als Treibstoff anzusehen. Das heißt nicht, dass der Geschmack unwichtig war, denn Gott hat Nahrung zu unserem Vergnügen geschaffen. Vielmehr ging es um den Effekt, den eine Mahlzeit am frühen Nachmittag auf mein Training am Abend hatte. Ich mache nicht gerne halbe Sachen, deshalb begann ich, die Einflüsse von bestimmten Nahrungsmitteln auf meine Kraft und meinen Energiehaushalt zu studieren. Als Folge davon fing ich an, speziell für das Training zu essen.

Entsprechendes kann man auch wunderbar auf das Thema Glauben übertragen. Der Glaube ist für unser Herz und unseren inneren Menschen das, was die Muskeln für unseren Körper sind. Der Glaube ermöglicht, dass die Werke Gottes durch uns erfolgreich getan werden. *„Glaube ohne Werke ist tot“* (Jak. 2, 26). Wir arbeiten nicht, um Glauben zu bekommen. Diese Art Anstrengung ist kontraproduktiv. Doch wir arbeiten dafür, dass er wächst, denn Glaube wächst durch Anwendung. Jedem wurde ein Maß des Glaubens gegeben. Was wir mit dem anfangen, was uns anvertraut wurde, bestimmt, wie wir als Jünger Jesu heranreifen.

Eine zusätzliche Erkenntnis zum Thema Glauben, die ich aus der Welt des Trainierens und der Fitness gewonnen habe, ist die Tatsache, dass wir manchmal eine Ebene in unserem Training erreichen, wo die Muskeln ohne neue Herausforderungen nicht weiter wachsen würden. Dies kann auf unterschiedliche Weise geschehen. Eine Möglichkeit ist, den Muskel mit einem anderen Trainingsgerät zu trainieren. Manchmal stagniert unser Glaube, weil wir in der Routine gefangen sind. In unserem Leben mit Christus haben wir uns daran gewöhnt, Dinge auf eine bestimmte Weise zu tun.

Das Training von gestern, das großes Wachstum hervorgerufen hat, ist zur Routine von heute geworden. Von all den in der Schrift dokumentierten Wundern Jesu wurde nicht eines auf dieselbe Weise gewirkt wie das andere.

GEBET

Vater, ich glaube dir. Ich vertraue dir. Auch wenn ich die Lektionen von gestern liebe, will ich nicht, dass sie mich auf eine Routine oder eine Formel begrenzen. Aus diesem Grund bitte ich dich um die Gnade, stets deine Stimme zu hören. Sie ist mein Leben. Ich will immer wissen, was du sagst und was du tust, damit ich in meinem Glauben nicht stehen bleibe. Danke im Voraus für die Antwort auf mein Gebet.

BEKENNTNIS

Ich bin ein Mensch des Glaubens. Ich wurde geboren, um Gott zu glauben. Deshalb gibt es für mich keinen Grund, im Glauben stehen zu bleiben. Ich habe mein Herz darauf ausgerichtet, ihn zu verherrlichen, indem ich mich auf seine Stimme in meinem Leben verlasse.

17

HOFFNUNG

Manchmal beantwortet Gott unser Gebet in Form einer Verheißung.

Oftmals behandeln wir das Gebet wie einen Automaten: Wir stecken unsere Anliegen hinein und erhalten, wenn wir Glück haben, die Antworten, die wir uns wünschen. Wir beten und Gott antwortet. Obwohl das so natürlich auch zutrifft, entspricht es keinesfalls dem Gesamtbild.

Gebet ist ein Ausdruck einer Beziehung. Es ist eine Interaktion des Schöpfers mit seiner Schöpfung und bringt uns in unsere ewige Bestimmung. Es ist die Schule Gottes, in der er sein Volk lehrt, mit Christus zu herrschen und zu regieren. Allein dieses einfache Prinzip zu kennen, gibt uns Hoffnung für unser gesamtes Leben mit dem Herrn.

Es liegt in Gottes Natur, Gebet zu beantworten. Er liebt es, den Schrei unseres Herzens zu erhören. Er ist ein Vater – der ultimative Vater. Gebet ist ein Ausdruck der Partnerschaft zwischen ihm und denen, die nach seinem Bild geschaffen sind. Doch die Sehnsucht seines Herzens für uns ist wesentlich größer, als nur unsere Bitten zu beantworten, damit wir in der Lage sind, unsere Stromrechnung zu bezahlen. Seine Sehnsucht, Menschen durch den richtigen Gebrauch von Autorität und Kraft nach seinem Bild heranzubilden, steht im Mittelpunkt. Bei allem, was Gott tut, geht es um diese Sache – um Menschen, die ihn gut und akkurat repräsentieren. Ein großer Teil des Planes Gottes für uns besteht darin, dass wir lernen, verantwortlich zu leben. Das beinhaltet natürlich, dass wir ein rechtschaffenes Leben führen und uns nicht nur um uns selbst drehen. Doch es geht um mehr. Verantwortlich zu leben bedeutet, mit göttlicher Verantwortung zu leben. Es geht darum, so zu handeln, wie Jesus handeln würde, wenn er an unserer Stelle wäre. Doch auch dies bedarf einer Erklärung, denn es geht um das, was Jesus als der Auferstandene, Aufgefahrene und Verherrlichte an unserer Stelle tun würde. Das Leben eines Gläubigen soll die Kraft und Absicht der Auferstehung über jeden Feind der Menschheit demonstrieren.

Unsere Aufgaben ändern sich in den verschiedenen Phasen unseres Lebens. Vielleicht ist es in diesem Moment unsere Aufgabe, einfach bereitzustehen und zu sehen, was Gott für uns vollbringt. Doch dann ändern sich die Dinge und wir müssen uns dieser Veränderung bewusst werden. Statt ihn bei seiner Arbeit zu beobachten, müssen jetzt wir etwas tun. Doch unser Handeln ist nicht unabhängig von ihm. Im Gegenteil, er handelt durch uns.

Er rüstet uns mit einer Bestimmung aus, indem er uns eine Verheißung anstatt der Antwort gibt. Auf diese Weise sind wir gezwungen ihm zu glauben, bevor die Antwort kommt. Anschließend lernen wir, seinen Willen unter widrigen Umständen auszuführen. Dies ist Teil dessen, was es bedeutet, ein „Mit-Arbeiter" von Christus zu sein. Er arbeitet, und wir arbeiten mit ihm.

Jesus bildete seine Jünger ständig aus - bis zum Schluss. Deshalb lehrte er sie, zu einem Berg zu sprechen, damit er sich hinweghebt. Mit dem Verfluchen des Feigenbaums, der keine Früchte außerhalb der Saison trug, verfolgte er eine bestimmte Absicht. Er führte sie in Stürme, um zu sehen, ob sie die machtvollen Lektionen hinsichtlich ihrer Fähigkeit, zu den Umständen zu sprechen, gelernt hatten. In diesen Lektionen, die zahlreicher waren als seine Lektionen über Gebet, wurden seine Jünger geschult, den Willen Gottes auf der Erde umzusetzen und zu vollstrecken. Dies ist der Auftrag jedes Gläubigen.

Die Antworten auf unser Gebet offenbaren seine Güte. Wenn er uns eine Verheißung statt einer Antwort gibt, dann offenbart dies sein Verlangen, uns unsere ewige Bestimmung zu verdeutlichen. Er sehnt sich danach, Menschen in ihre gottgegebene Verantwortung hineinzubringen.

GEBET

Vater, ich brauche Weisheit, um den Unterschied zwischen den verschiedenen Phasen in meinem Leben zu erkennen. Ich möchte wissen, wann ich einfach zurücktreten und beobachten soll, wie du meinethalben wirkst, und wann ich meine Verantwortung wahrnehmen und deine Absichten auf der Erde vollstrecken soll. Bitte gib mir Klarheit in meinem Herzen und Denken, damit ich stets mit einer felsenfesten Hoffnung leben kann.

BEKENNTNIS

Ich habe das Privileg, zu beten und zu sehen, wie Gott meinethalben handelt. Und ich habe die große Ehre, seine

Verheißung zu nehmen und mit ihm zu arbeiten, damit sein Wille auf der Erde geschieht. Ich nehme diesen Auftrag mit ehrfürchtiger Begeisterung an - zu seiner Ehre.

18

LIEBE

DURCH GNADE EMPFANGEN WIR DIE FÄHIGKEIT ZUM GEHORSAM - UNTER DEM GESETZ LIEGT ES ALLEIN AN DEINER LEISTUNG.

Eine der besten Botschaften der guten Nachricht ist, dass wir frei vom Gesetz sind. Das ist vielleicht sehr einfach ausgedrückt. Doch im Wesentlichen bedeutet es, dass wir nicht länger versuchen müssen, uns durch Taten unsere Gerechtigkeit zu verdienen - was übrigens unmöglich ist. Dafür brauchen wir einen Retter. Das Gesetz stellt Anforderungen an unser Verhalten, denen noch niemand gerecht werden konnte – abgesehen von Jesus. Er erfüllte tatsächlich die Anforderungen des Gesetzes an unserer statt und damit ein für alle Mal auch dessen Forderungen.

Einer der größten Fehler, der in der Diskussion um Gesetz oder Gnade gemacht wurde, ist die Vorstellung, dass Gnade keine Anforderungen an den Gläubigen stellt. Das Gesetz fordert Werke, die Gnade hingegen möchte, dass wir einfach nur „sind". Und das stimmt so nicht. Wenngleich das „Bleiben in Christus" für den Jünger, der Jesus liebt, eine erstaunliche Position der Ruhe ist, entbindet ihn dies nicht von der Notwendigkeit, zu handeln und zu gehorchen. Das Gesetz verbietet zum Beispiel, jemand zu töten. Doch Jesus lehrte, dass es genauso falsch ist, zornig auf einen Bruder zu sein und ihn zu beschimpfen.

Wow! Sind wir doch mal ehrlich. Es ist viel leichter, nicht zu töten als nicht wütend zu werden und andere Menschen zu beschimpfen. Dennoch sieht Gott in den Feindseligkeiten eines schimpfenden Menschen den Samen für Mord. Wenn dieser wächst und in einer Atmosphäre der Ehrlosigkeit und Ablehnung von anderen Menschen heranreift, bis er schließlich vollständig entwickelt ist, dann wird am Ende Mord stehen. Obwohl dies selten geschieht, ist aus Gottes Perspektive der Same genauso verunreinigend wie die Frucht. Und durch die Gnade werden wir davor gewarnt.

Wie kann also die Gnade fordernder sein als das Gesetz? Gnade im eigentlichen Sinn bedeutet nicht, dass keine Anforderungen an uns gestellt werden; vielmehr beinhaltet jedes Gebot die Fähigkeit, es auch zu halten. Man könnte dies auch folgendermaßen ausdrücken – und vielleicht ist es so leichter verständlich: Das Gesetz fordert, die Gnade befähigt. Dies ist der gewaltige Unterschied zwischen den beiden. Wenn Gott spricht, bevollmächtigt er. Das ist eines der herrlichen Beispiele für das Vaterherz Gottes. Sein Wohlgefallen an uns inspirierte das Konzept der Mit-Arbeit.

Diese wunderschöne Partnerschaft zwischen dem Grenzenlosen und seiner begrenzten Schöpfung wird in Hesekiel 2, 1-2 sehr gut dargestellt: *„Und er sprach zu mir: Menschensohn, stelle dich auf deine Füße, und ich will mit dir reden! Und als er zu mir redete, kam der Geist in mich und stellte mich auf meine Füße; und ich hörte den, der zu mir redete."* Gott befahl Hesekiel, aufzustehen. Das Nächste, an das er sich erinnern konnte, war, dass der Heilige Geist ihn aufrichtete. Die Botschaft darin ist nicht, dass Gott Dinge für uns tut, zu denen wir selbst in der Lage sind. Bevor der Geist sein Werk an ihm tat, lag der Prophet Hesekiel auf dem Angesicht vor dem Herrn der Herrlichkeit und konnte sich nicht bewegen. Also gab der Herr ihm einen Befehl und befähigte ihn, diesen auszuführen. Das gleiche Schema wiederholt sich in diesem Evangelium des Reiches Gottes ständig. Er befiehlt uns, die Kranken zu heilen, obwohl wir die Fähigkeit dazu nicht besitzen. Unsere Einwilligung in den Befehl, das Unmögliche zu tun, verbindet uns mit der befähigenden Gnade Gottes. Wenn wir in seiner Liebe bleiben, werden wir befähigt, zu lieben.

Jakobus unterstreicht dieses Konzept durch folgende Aussage: *„Nehmt das eingepflanzte Wort mit Sanftmut auf, das eure Seelen zu retten vermag!“* (Jak. 1, 21). Worin liegt die Fähigkeit zur Errettung? Im Wort Gottes. Dies ist das beste Bild für den Prozess der Gnade. Demut ist der Zustand eines empfindsamen Herzens. Das Herz empfängt Samen, das Wort Gottes. Und dieses Wort der Gnade versetzt uns in die Lage, das auszuführen, was uns aufgetragen wird.

GEBET

Himmlischer Vater, ich liebe deine Stimme und ich lebe, weil du zu mir sprichst. Vielen Dank für dein großzügiges Wort der Verheißung und der Hoffnung. Hilf mir, zu erkennen, wann du mit mir über Dinge gesprochen hast, von denen ich weiß, dass ich sie nicht umsetzen kann. Doch durch deine Gnade kann ich es. Ich will mein Potenzial nicht durch mein Kleindenken einschränken, wenn du die Dinge anders siehst als ich. Ich empfange dein Wort mit Demut und bekenne, dass jeder Durchbruch zu deiner Ehre ist!

BEKENNTNIS

Ich bekenne wie Maria, als sie den unmöglichsten Auftrag bekam, den es jemals gab: *„Es geschehe mir nach deinem Wort“ (Lk. 1, 38)*. Das Unmögliche ist nun möglich, weil mein Vater mich dazu beauftragt. Ich nehme sein Wort mit demütigem Herzen an, damit ich ihm die Frucht des Unmöglichen präsentieren kann. Und ich bleibe in seiner Liebe für mich, die mich wiederum befähigt, zu lieben - zur Ehre Gottes.

19

GLAUBE

Deine Denkweise bringt entweder Glauben zum Ausdruck oder sie untergräbt den Glauben.

Der Glaube beeinflusst unsere Gedanken. Unsere Gedanken beeinflussen unseren Glauben. Es ist entscheidend, den Kampf in unserer Gedankenwelt zu gewinnen, wenn wir einen christusähnlichen Lebensstil entwickeln wollen. Es wäre jedoch ein grober Fehler, anzunehmen, der Glaube käme aus dem Verstand. Das tut er nicht, er kommt aus dem Herzen.

Das Wesen des Glaubens ist nicht intellektueller Natur. Die Schrift sagt in Hebräer 11,3: *„Durch Glauben verstehen wir …"* Es ist nicht umgekehrt. Der Glaube hilft dem Verstand, Dinge zu begreifen, die normalerweise unverständlich wären. Er unterstützt unser Denken, damit wir uns auf gesunde Weise entwickeln können. Wahrer Glaube steht über der Vernunft. Doch ist das erneuerte Denken ebenfalls wichtig. Es unterstützt das Glaubensleben ähnlich wie die Ufer eines Flusses das Wasser beeinflussen. Es gibt uns eine Richtung, die durch göttliche Absichten bestimmt ist.

Der Glaube beeinflusst meine Gedanken, weil mein Denken im Einklang mit den Verheißungen Gottes für mein Leben steht und dadurch geformt wird. Nun werde ich nicht länger von Furcht bestimmt, weil ich davon überzeugt bin, dass Gott die Antwort für jede Situation hat. Doch es endet nicht mit der Überzeugung, dass es für jede schwierige oder unmögliche Situation eine Antwort gibt. Ich muss auch im Einklang mit seinem Herzen anders über mich und andere denken. Der Glaube korrigiert unsere Wahrnehmung und bringt uns in Übereinstimmung mit dem Herzen Gottes für andere. Dies erlaubt uns, so zu handeln, wie Jesus es tat, als er den eifrigen, aber wankelmütigen Petrus einen Felsen nannte. Im Gegensatz zu den anderen sah Jesus ihn auf die richtige Weise.

Ein erneuertes Denken sieht die Dinge aus einer göttlichen Perspektive. Buße ist ein Zeichen von erneuertem Denken, weil Buße eigentlich bedeutet, unsere Denkweise zu ändern. Buße zieht Möglichkeiten in Betracht, die nicht natürlich, sondern genauer gesagt, übernatürlich sind. Menschen, die Christus nicht im Zentrum ihres Denkens haben, leben in einem Gefängnis voller Einschränkungen, die Gott niemals geplant hatte. Häufig wird die Denkweise der Menschen von Furcht bestimmt. Doch Furcht trägt niemals die Frucht des Übernatürlichen. Weisheit sollte mehr Auswirkungen als das reine Überleben haben. Weisheit sollte zu Durchbrüchen führen, die dem Reich Gottes dienlich sind.

Wie würde sich dein Denken verändern, wenn nichts unmöglich wäre, wenn du dich nicht mehr mit bedauerlichen Dingen aus deiner Vergangenheit herumschlagen müsstest? Wie sähe es aus, wenn du unbegrenzte Ressourcen hättest, um deine Bestimmung auf der Erde zu erfüllen? Glaube verändert menschliche Überlegungen, indem er die Grenzen und Hindernisse ausräumt, an die wir uns gewöhnt haben. Es ist an der Zeit, zuzulassen, dass der Glaube seine volle Wirkung auf unser Denken entfaltet. Dann wollen wir doch mal sehen, was aus unserem Leben noch werden kann.

GEBET

Vater, ich will nicht, dass meine Buße nur an der Oberfläche stattfindet. Ich will in tiefe Buße geführt werden, denn ich muss deine Gedanken denken und aus deiner Perspektive sehen. Meine Herzenshaltung und meine Gedanken sollen dir zu jeder Zeit gefallen. Ich möchte täglich den Sinn Christi haben und zum Ausdruck bringen. Du sollst durch meine Denkweise verherrlicht werden.

BEKENNTNIS

Der Sinn Christi ist mein Erbe. Ich werde nicht für das kämpfen, was mir umsonst gegeben wurde. Durch Gnade werde ich auf eine Weise denken, die Gott verherrlicht und in mir einen Glauben etabliert, der Dinge verändert.

20

HOFFNUNG

Dankbarkeit und Hunger erzeugen eine Atmosphäre des Wachstums.

Um die von uns erhofften Antworten zu erhalten, müssen wir die Momente, die wir mit Gott haben, gut verwalten. Ich glaube nicht, dass wir uns Antworten verdienen können, aber ich glaube, dass wir sie verhindern können, indem wir nicht auf die Regeln seines Reiches reagieren. Um diese Momente wertzuschätzen, müssen wir auf das achten, was Gott wichtig ist. Auch wenn diese Liste lang ist, die beiden wichtigsten Eigenschaften sind Dankbarkeit und Hunger. Diese beiden Aspekte der Hoffnung helfen uns, vorwärtszugehen. Sie helfen uns auch, ihm gegenüber ein reines Herz zu bewahren, bis die Antwort kommt. Diese bleibende Hoffnung ist unsere Sicherheit, bis ...

Wir beten aus geistlichem Hunger. Sehnsucht wird übernatürlich, wenn sie uns in die Gegenwart des Herrn treibt, um ein Anliegen vorzubringen. Doch manchmal antwortet der Herr anders auf ein Gebet, als wir es erwarten. Ich habe erlebt, wie er Gebete in Form eines Samens beantwortete, anstatt mit dem kompletten Durchbruch, den wir gesucht haben. An diesem Punkt ist Dankbarkeit entscheidend.

Eine meiner Lieblingsgeschichten in der Bibel ist die Brotvermehrung durch Jesus. In Johannes 6, 11 steht, dass eine große Menschenmenge mit nur wenig Nahrung versorgt werden konnte, nachdem Jesus für das gedankt hatte, was er hatte. Das ist eine bemerkenswerte Aussage. Das Wenige wurde in einer Atmosphäre der Dankbarkeit vervielfältigt.

Ich habe im Laufe der Jahre oft beobachtet, wie Menschen ihre eigenen Wunder abgebrochen haben. Ich will dir ein Beispiel dafür geben. Sagen wir einmal, jemand kann seinen linken Arm nicht bewegen, weil er eine steife Schulter hat, und er kommt zum Gebet. Während ich bete, beginnt er, seinen Arm zu bewegen, hat aber die volle Beweglichkeit noch nicht erreicht. Er kann seinen Arm jetzt 45 Zentimeter hochheben, doch dann ist es so, als wäre dort eine Wand. Fast jedes Mal wird der Betroffene sagen: „Nein, ich bin noch nicht geheilt."

Eine Sache, die ich hasse, ist Hype. Ich will nicht, dass jemand ein Wunder vortäuscht, wenn es nicht geschehen ist. Doch was geschah im vorliegenden Fall tatsächlich? In einem Moment konnte er den Arm nicht bewegen, im nächsten hatte er eine Bewegungsfreiheit von 45 Zentimetern. Dies ist offensichtlich nicht das Endergebnis, das wir uns wünschen, doch warum ist Dankbarkeit an diesem Punkt so selten? Wenn ich mein Geld sparen würde mit dem Ziel, 10.000 Dollar zu besitzen, damit ich etwas sehr Wichtiges für meine Familie kaufen kann, und jemand gäbe mir einen Scheck über 3.000 Dollar, wäre ich dann nicht dankbar? Selbstverständlich! Ich bewege mich in die richtige Richtung. Genauso ist es mit Heilungen oder anderen Wundern.

Manchmal gibt uns der Herr einen Samen. Und in einer Atmosphäre der Dankbarkeit wird dieser Same freigesetzt, um sein volles Potenzial zu entwickeln.

Das Brot vermehrte sich für Jesus, nachdem er dafür gedankt hatte. Als er dankbar für das Essen des Jungen war, wurde es ausreichend, um Tausende zu sättigen. Dankbarkeit hat diese Art von Kraft sowohl über uns als auch über unsere Umstände.

Wenn es eine Eigenschaft gäbe, die ich dem Volk Gottes wünschen würde, dann wäre es Dankbarkeit. Es gibt nichts, was einen so großen Einfluss auf unsere Lebenseinstellung und unsere Lebensweise hat als diese schlichte Eigenschaft. Und genau diese Eigenschaft setzt das übernatürliche Potenzial der Verheißungen Gottes in all den Dingen frei, die uns wichtig sind.

GEBET

Vater, ich muss die Dinge so sehen wie du. Ich weiß, dass ich dann zu jeder Zeit dankbar bin. Du warst so gut zu mir und du verdienst meine Wertschätzung, indem ich in jeder Situation mit Dankbarkeit reagiere. Hilf mir, die Gelegenheiten zu nutzen, die vor mir liegen und die so einschüchternd wirken. Ich will sie mit einem dankbaren Herzen bewältigen. Und bitte hilf mir, dies nicht nur als Werkzeug für einen Durchbruch zu verwenden, sondern es stattdessen zu einem ehrlichen Ausdruck meines hoffnungsvollen Herzens in deine Treue werden zu lassen. Ich danke dir.

BEKENNTNIS

Gott ist gut und Gott ist treu. Aus diesem Grund habe ich Hoffnung. Er hat sich bereits um die Dinge gekümmert, die mich beunruhigen. Deshalb werde ich ihn mit Dankbarkeit ehren, bevor die Antwort kommt. Ich werde ihn ehren, während sich die Antwort vor meinen Augen entfaltet. Und wenn der Durchbruch da ist, werde ich stets seine Größe verkünden, denn ihm gebührt alle Ehre.

21

LIEBE

DAS STUDIEREN DER BIBEL IST OHNE BIBELGEMÄSSE ERFAHRUNG WENIG NÜTZLICH

Den Wert des Wortes Gottes für unser Leben kann man nicht genug betonen. Es ist unser Leben, unsere Nahrung und unser tägliches Brot. Und auch wenn es nicht möglich ist, dies überzubetonen, ist es dennoch möglich, das Wort zu verdrehen. Die religiösen Leiter zu Jesu Zeit konnten das sehr gut. Jesus konfrontierte diese falschen Ansichten, als er sagte: *„Ihr erforscht die Schriften, denn ihr meint, in ihnen ewiges Leben zu haben, und sie sind es, die von mir zeugen; und ihr wollt nicht zu mir kommen, damit ihr Leben habt"* (Joh. 5, 39-40). Leben ist das Ziel des Bibellesens. Dieses Leben wird anhand seiner Freiheit und seiner Frische gemessen. Die Veränderung des Menschen ist das Endprodukt des Bibelstudiums. Wir leben durch jedes Wort, das aus seinem Mund kommt.

Tragischerweise sind diejenigen, die keine Begegnung mit dem Einen haben, auf den die Schrift hinweist, oftmals die kritischsten Richter über andere. Und am Ende arbeiten sie gegen das, wofür sie zu arbeiten glauben. Zugegeben, und ich erwähnte dies bereits zuvor, machte die Gemeinde große Fehler, wenn Erfahrungen höher geschätzt wurden als die Schrift. Es existieren belegte Horrorgeschichten über große Täuschungen im Leben von Menschen oder sogar ganzer Menschengruppen, als diese die Bibel auf Basis ihrer Erfahrungen interpretierten. Im Allgemeinen entwickelten die Menschen in diesen Fällen ihre eigene Interpretation der Schrift, die nach ihrem Verständnis neu und frisch war. Oder vielleicht sahen sie einen Engel oder hatten eine Vision, wodurch sie die Schwelle der Vernunft überschritten. Schließlich endeten diese Menschen in Täuschung und Gebundenheit.

Ich habe dies sogar persönlich miterlebt. Und jeder, der sich nach dem ausstreckt, wovon die Bibel spricht, sollte darauf achtgeben. Doch es ist nicht weniger gefährlich, die Schrift unabhängig von Erfahrungen zu interpretieren. Noch einmal, würdest du die Erkenntnisse und Anweisungen von jemand annehmen, der nicht von neuem geboren ist und dich dennoch über dieses Thema belehren will? Ich bezweifle es.

Viele Menschen kritisieren jene, die sich danach sehnen, mehr mit Gott zu erleben. Doch ich misstraue denen, die es nicht wollen. Wir können nicht vor Täuschung bewahrt bleiben, indem wir Erfahrungen ablehnen. In Wirklichkeit sind diejenigen bereits getäuscht worden, die keinen Hunger nach mehr von Gott haben.

Religiöse Kreise sind häufig für extreme Kontrolle über andere Menschen, über Situationen und über ihr Umfeld bekannt. Kontrolle wird dann zum Thema Nummer eins. Wenn wir die Schrift studieren, ohne uns vom Heiligen Geist leiten zu lassen, dann übernehmen wir die Kontrolle. Der Heilige Geist führt uns immer zu Jesus. Wenn wir zu dem Einen gehen, auf den die Schrift hinweist, dann geben wir ihm die Kontrolle. Mit anderen Worten, wenn das Bibelstudium reiner Selbstzweck ist, dann lernen wir zwar bestimmte Dinge, doch es kommt zu keiner persönlichen Veränderung.

Eines der Hauptprobleme, das Jesus mit den Schriftgelehrten und Pharisäern hatte, war ihr Umgang mit der Schrift. Nach dem damals bestehenden Bildungsstandard waren sie sehr gelehrt. Sie konnten zitieren, vortragen und neben den zusätzlichen Geboten, die im Laufe der Zeit entstanden waren, die Gebote Gottes lehren. Doch sie konnten nicht erfüllen, was sie lehrten. Sie hatten keinen Zugang zu der Gnade, die sie befähigen würde, dem Wort, das sie studierten, auch zu gehorchen.

Unterm Strich kann man sagen, dass sie keine Beziehung zu der Person hatten, die sie studierten. Deshalb waren sie nicht fähig, zu gehorchen. Sie verpassten den wichtigsten Teil des Lebens, zu dem sie ihrer Meinung nach Ja gesagt hatten – in der Liebe Gottes zu leben, sie zu genießen und an andere weiterzugeben. Sie waren weit davon entfernt. Ich liebe das Wort Gottes so sehr. Es ist lebendig. Es spricht zu mir. Je mehr ich darin lese, desto größer wird mein Verlangen, es zu lesen. Hunger nach Weisheit und Verständnis muss die natürlichste Art von Hunger für einen Jünger Jesu sein. Wenn ich die Bibel mit einem offenen Herzen lese, führt das zu einer größeren Hingabe in meiner Nachfolge des Einen, auf den die gesamte Schrift hinweist – auf Jesus. Und wenn mein Hunger aus irgendeinem Grund weniger werden sollte, dann ist es gut für mich zu wissen, dass es eine praktische Lösung gibt. Im Reich Gottes wird man hungrig, wenn man anfängt, zu essen.

GEBET

Vater, ich liebe das Geschenk des Hungers, den du mir gegeben hast. Ich vertraue dir, dass du mir nie einen Stein statt Brot gibst. Ich setze all mein Vertrauen auf dich. Du bist der perfekte Vater, der Gott der perfekten Liebe, der sich mehr über uns freut, als wir uns jemals über uns selbst freuen könnten. Vielen Dank dafür. Und wenn ich täglich dein Wort lese, dann hilf mir bitte, zu verstehen, was ich verstehen muss. Ich will verändert werden in all das, was du von Anfang an für mein Leben geplant hast.

BEKENNTNIS

Ich liebe die Bibel. Ich liebe es, dass Gott mich zu einem lebendigen Zeugnis für meinen wunderbaren Retter, Jesus Christus, gemacht hat. Ich nehme das Privileg an, dem Einen zu begegnen, auf den die Schrift hinweist. Ich freue mich an allem, was sie über mich sagt, und ich beabsichtige, mein Denken dementsprechend zu ändern. Durch die Gnade Gottes werde ich darin Erfolg haben, damit Gott verherrlicht werden wird!

22

GLAUBE

Wir wurden dazu geschaffen, in den Bereich des Unmöglichen vorzudringen.

Es ist einfach großartig, zu erkennen, wie Gott natürliche Talente und Ressourcen gebraucht, um seine Ziele zu erreichen. Einerseits ist es unerlässlich und andererseits erfrischend, wenn wir ihm diese Bereiche unseres Lebens zur Verfügung stellen. Doch es ist tragisch, wenn der Höhepunkt im Leben eines Gläubigen eine Errungenschaft darstellt, die auch durch menschliche Möglichkeiten machbar ist. Gebäude zu bauen, Gelder für Projekte zu sammeln, uns für die Grundbedürfnisse von Menschen einzusetzen - dies alles sind Dinge, die getan werden müssen! Das ist die praktische Seite unseres Glaubens. Doch die meisten Leistungen dieser Art könnten auch von jedem beliebigen sozialen Verein in unseren Städten übernommen werden. Alles, was wir brauchen, um diese Ziele zu erreichen, sind Menschen, Talente und Geld. Obwohl diese Leistungen wichtig sind, dürfen wir sie nicht als ultimative Beispiele für ein Leben des Glaubens betrachten. Wir müssen darüber hinaus für das *„PLUS“* unserer praktischen Dienste bekannt sein. Es ist dieses *„PLUS“*, das oft in Vergessenheit gerät. Das *„PLUS“* ist das Unmögliche.

Der Geist des auferstandenen Christus lebt in jedem Gläubigen. Die Auferstehungskraft aus einer anderen Welt, die außerhalb jeder Logik ist, definiert unser Wesen als Nachfolger Jesu. Es ist unser Geburtsrecht, in das Unmögliche vorzudringen. Das gibt ihm die Möglichkeit, Menschen sein Herz zu offenbaren, indem er den Rahmen dessen sprengt, was im Natürlichen getan werden kann. Dies ist ein weiterer Aspekt des Reich-Gottes-Lebens, und dabei geht es nicht um Entweder-oder. Wir müssen Gebäude bauen, Missionare unterstützen, die Armen speisen und all die anderen Dinge, die wir tun, um das Herz Gottes zu demonstrieren. Doch diese Dinge werden weder das Herz des Gläubigen noch das Herz des Unbekehrten, der sich nach einer Beziehung mit dem allmächtigen Gott sehnt, jemals zufriedenstellen können. Der Lügner, Zerstörer und Dieb muss aufgehalten werden. Damit dies geschieht, brauchen wir mehr als Zeit und Geld. Wir brauchen Vollmacht, und zwar die Art Vollmacht, die Jesus zu seiner Zeit in die Dunkelheit hineintrug.

Jesus veranschaulichte diese Dinge ein wenig anders, als sie zuweilen in der Gemeinde gelehrt und praktiziert werden. Er wirkte, um die Werke des Teufels zu zerstören – und das sind Tod, Verlust und Zerstörung. Wo immer diese drei Dinge auftauchen, sehen wir den Fingerabdruck des Teufels. Und dieser Fingerabdruck offenbart unseren Auftrag. Folglich besteht unsere Aufgabe darin, Auferstehung als Antwort auf Tod zu bringen, Gewinn als Antwort auf Verlust und Wiederherstellung als Antwort auf Zerstörung. Jesus war extrem praxisorientiert. Doch das bedeutete für ihn etwas anderes als für uns. Unsere Vorstellung von praxisorientiert ist, Blindenhunde auszubilden, um den Blinden zu helfen. Jesu

Vorstellung von praxisorientiert war, die Blinden zu heilen. Was in seiner Welt als praktikabel gilt, gilt in unserer als nicht praktizierbar, dennoch ist eine praktische Umsetzung dieser Dinge absolut notwendig. Sein Auftrag ist unser Auftrag.

Jesu Auftrag war, in das Unmögliche vorzudringen. Unsere Zeit und unsere Talente sind wichtig, doch sie sind nicht genug, um den Missionsbefehl umzusetzen.

GEBET

Vater, ich brauche an diesem Punkt wirklich deine Hilfe. Ich reduziere deinen Willen oft auf das, was ich selbst tun kann - mit dir und ohne dich. Vergib mir dafür. Hilf mir, die Situationen in meinem Umfeld auf dieselbe Weise zu sehen, wie Jesus sie sehen würde. Ich will mit meinem Geld und meiner Zeit dein Herz für Menschen demonstrieren, doch ich will es auch mit dem tun, was du mir aus deiner Welt gegeben hast – die Vollmacht des Himmels. Ich werde mir das Wesen deines Herzens solange verinnerlichen, bis es zu meinem wird.

BEKENNTNIS

Ich wurde für das Unmögliche geschaffen. Es ist mein Erbe, zu erkennen, dass die Unmöglichkeiten des Lebens ihre Knie vor dem Namen Jesu auf meinen Lippen beugen. Ich werde weiterhin geben und dienen, doch ich werde auch solange glauben, bis die Kraft Gottes in mir sichtbar wird. Ich sehne mich danach, damit Gott auf der ganzen Erde verherrlicht wird!

23

HOFFNUNG

MAN BRAUCHT MUT, UM DAS BESTE ZU ERWARTEN. OHNE HOFFNUNG KANN MAN NUR DAS SCHLIMMSTE ERWARTEN.

Wenn wir die Zeitung lesen oder im Fernsehen die Nachrichten verfolgen, werden wir mit einer Flut von schlechten Nachrichten konfrontiert, wie das nie zuvor der Fall gewesen ist. In dieser Generation werden die Neuigkeiten mit nur minimaler Zeitverzögerung weltweit verbreitet und wir erfahren innerhalb von wenigen Minuten von einer Tragödie oder Krise am anderen Ende der Welt. Zudem verkaufen sich schlechte Nachrichten gut.

Nach den Terroranschlägen auf die Vereinigten Staaten im September 2001 klebten die meisten Amerikaner stundenlang an ihren Fernsehgeräten, um die neusten Einschätzungen über die Hintergründe des Anschlags zu erfahren. Ich sage nicht, das ist falsch. Und ich sage auch nicht, dass Nachrichtenagenturen niemals gute Nachrichten bringen. Doch ihr Geschäft kann nicht von guten Nachrichten leben. Vor vielen Jahren versuchte ein christlicher Verlag in den Vereinigten Staaten, eine Zeitung mit ausschließlich guten Nachrichten herauszugeben. Er ging in Konkurs. Gute Nachrichten verkaufen sich nicht, auch nicht an Christen.

Ich kenne niemanden, der besser darin ist, die Nachrichten durchzubeten, als meine Frau. Sie tut das, weil sie mit einer überfließenden Hoffnung lebt, egal was geschieht. Dies ist ein guter Ansatz, um informiert zu bleiben und dennoch proaktiv zu leben, indem man Gottes Antworten für eine verrückte und verdrehte Welt herbeiführt. Doch das Problem bleibt bestehen – sogar für Fürbitter, die über den Nachrichten beten. Wenn wir nicht aufpassen, wird der ständige Strom von schlechten Nachrichten unser Bewusstsein für die Dinge trüben, die Gott sagt und tut. Dann beginnt die Verführung, die uns einen defensiven Lebensstil aufzwingt, anstatt kontinuierlich auf Gottes Führung zu reagieren.

Solch eine Überflutung mit schlechten Nachrichten kann bei Gläubigen zu einem merkwürdigen Phänomen führen: Wir lernen, uns durch schlechte Nachrichten ermutigen zu lassen. Da wir die Vielzahl an Krisen auf der Welt scheinbar nicht lösen können, bleibt uns nur übrig, sie als Zeichen der Zeit zu betrachten. Wir sagen dann etwas Ähnliches wie: „Tja, das ist eben ein weiterer Hinweis darauf, dass wir in der Endzeit leben." Es ist eine Fehlreaktion, wenn wir durch schlechte Nachrichten ermutigt werden. Der Feind wählt diese Strategie der Bombardierung unseres Denkens, weil er unsere Hoffnung auf die Zukunft dämpfen will. Hoffnungslosigkeit zieht das Dämonische an.

Die Ankündigung Jesu, dass es *„Kriege und Kriegsgerüchte"* (siehe Mt. 24,6) geben würde, war keine Verheißung. Er beschrieb damit die Umstände, in die er seine Endzeit Armee senden wird. Wir sind hier, um einen Unterschied zu machen.

Wenn wir ein geistliches Klima wahrnehmen, das sich von dem unseres Königs und seines Königreichs unterscheidet, dann müssen wir bewusst im entgegengesetzten Geist reagieren. Wenn wir das nicht tun, wird uns diese negative Atmosphäre beeinflussen. Wir wurden von Gott dazu geschaffen, ein Volk der außergewöhnlichen Hoffnung zu sein.

Zu lernen, wie wir unsere Hoffnung aufrechterhalten können, ist eines der wichtigsten Dinge im Leben eines Gläubigen – in erster Linie deshalb, weil wir das anziehen, wonach wir suchen. Suche also nach guten Nachrichten. Halte Ausschau nach Berichten darüber, was Gott in der Welt tut. Die Anzahl der Bekehrungen in dieser Stunde ist atemberaubend. Allein die Zahl der Menschen, die von den Toten auferweckt werden, übersteigt unsere Vorstellungskraft. Gemeindegründungen gibt es heute mehr denn je. Die Transformation von Städten und Nationen nimmt rasant zu. Die Zahl der Führungspersönlichkeiten in Politik und Wirtschaft, die sich Jesus zuwenden, erreicht Rekordhöhen. Diese Dinge sind wahr, absolut wahr.

Studiere die Schrift hinsichtlich der Verheißungen für die Endzeit. Die Bibel ist voll von erstaunlichen Zusagen für die Zeit, in der wir leben. Wenn sie Teil deiner regelmäßigen Ernährung sind, wirst du nie wieder von schlechten Nachrichten ermutigt werden. Stattdessen wirst du eine Quelle der Hoffnung für jeden in deinem Umfeld sein. Hoffnung ist ein Magnet. Du wirst Menschen anziehen, die nach den Antworten suchen, die du in dir trägst.

GEBET

Himmlischer Vater, danke, dass du mich zu einem Bürger deiner himmlischen Welt gemacht hast, auch wenn ich noch immer auf dem Planeten Erde lebe. Hilf mir, in der Hoffnung zu leben, die mit deinen Verheißungen übereinstimmt. Ich weiß, dass die Finsternis dich niemals eingeschüchtert hat. Ich will nie mehr auf die Lüge hereinfallen, dass die Finsternis siegt. Ich ehre dich für die Tatsache, dass die Ausbreitung deiner Herrschaft niemals enden wird! Die sichtbaren Auswirkungen deiner Regentschaft breiten sich immer weiter aus. Hilf mir, dies zu erkennen und meinem Umfeld gut zu vermitteln.

BEKENNTNIS

Ich bin ein Agent der Hoffnung – der unsterblichen, unendlichen Hoffnung, die mir mein Vater gegeben hat. Ich werde auf die Mächte der Finsternis nicht reagieren. Stattdessen werde ich auf das reagieren, was Gott sagt und tut. Dies ist mein Vorrecht im Leben. Und ich werde dies zur Verherrlichung Gottes tun.

24

LIEBE

Es ist eine der grössten Tragödien, wenn die Bibel von Menschen interpretiert wird, die selbst keine Liebe haben.

Wenn mein Bedürfnis, gut dazustehen, größer ist als mein Wunsch, die Liebe Gottes zu demonstrieren, werde ich Menschen zwangsläufig mit Vorurteilen, Respektlosigkeit und Strenge begegnen. Das Alte Testament ist so voll von Katastrophen, dass es nicht schwer ist, sich eine grimmige Einstellung zum Leben und Dienst anzueignen. Zumindest so lange, bis man Jesus miteinbezieht.

Dies ist der Grund, warum ich so sehr darauf beharre, dass der Heilige Geist unser Lehrer ist, wenn wir die Bibel lesen. Ansonsten kann es leicht passieren, dass wir uns ärgern. Der Heilige Geist hilft uns, die Schrift unter dem Gesichtspunkt zu lesen, dass Jesus die Antwort ist. Ohne ihn sehen wir nur Regeln.

Hast du schon einmal darüber nachgedacht, dass ein Großteil der heutigen Gemeinde für die Dinge bekannt ist, die sie ablehnt, anstatt für ihre Liebe? Nimm zum Beispiel die Politik. Viele Gemeinden schwenken Protestbanner, schreiben kritische Briefe und denunzieren Politiker und andere prominente Persönlichkeiten wegen ihres sündhaften Lebensstils. Diverse christliche Organisationen organisierten Boykotts, um die Menschen an der Macht zu zwingen, sich biblischen Prinzipien unterzuordnen. Diese Dinge haben manchmal ihre Berechtigung, und sie funktionieren bis zu einem gewissen Grad. Doch oftmals kooperieren wir mit einem Geist der Menschengefälligkeit, um die Ziele des Reiches Gottes zu verwirklichen. Diese Vorgehensweise wird uns am Ende viel kosten.

Jesus sagte: *„Wenn ihr durch das Schwert lebt, werdet ihr durch das Schwert umkommen."* (siehe Mt. 26, 52). Der Lebensstil, den wir wählen, bestimmt auch die Art und Weise, wie wir sterben. Alles, was - wie in diesem Fall - durch einen Geist der Menschengefälligkeit gewonnen wurde, muss auch durch eben diesen Geist aufrechterhalten werden, der Menschenfurcht als Werkzeug einsetzt, um das gewünschte Ergebnis zu erzielen. Mit anderen Worten, das Ergebnis rechtfertigt die Mittel. Der Geist, der uns Erfolg bringt, wird letztendlich auch derjenige sein, der uns zu Fall bringt. Doch Jesus handelte anders, vollkommen anders.

Die Sünder suchten nach Gelegenheiten, um mit Jesus zusammen zu sein. Der diebische Steuereintreiber Zachäus kletterte auf einen Baum, um wenigstens einen Blick auf ihn zu werfen. Und Jesus bemerkte ihn nicht nur auf dem Baum, er lud sich selbst in Zachäus' Haus zum Essen ein. Die Prostituierte brach alle Regeln und betrat das Haus eines religiösen Oberhauptes, um zu Jesu Füßen zu weinen und diese mit ihren Tränen zu waschen. Die Liste solcher Begegnungen in den Evangelien ist beeindruckend. Jede strenge Reaktion vonseiten Jesu richtete sich immer gegen die religiösen Leiter, die seiner Botschaft widerstanden, indem sie den Menschen die Freiheit vorenthielten, die er für sie bereithielt. Menschen, die nicht von Liebe motiviert sind, sehen die Dinge anders. Die Geschichte ist voll von verrückten Menschen, die sich auf die Bibel beriefen, um ihren Hass zu rechtfertigen. Sie bezeichneten jeden Widerstand als Verfolgung, der sie letztlich darin bestätigte, dass ihr Lebensansatz korrekt war.

Jesus dagegen erlitt Verfolgung aufgrund seiner Liebe. Die Freiheit, die er anbot, löste einen Machtkampf mit den religiösen Oberhäuptern aus, die die Nation in Furcht gefangen hielten. Es ist interessant, dass Jesus die Sünder und die am Rande der Gesellschaft stehenden Menschen nicht einschüchterte. Und sie zogen sich auch nicht aufgrund seiner Reinheit von ihm zurück. Er lebte ohne Kompromisse in perfekter Heiligkeit, dennoch zog er Menschen an, die als die größten Sünder der damaligen Zeit angesehen wurden. Wahre Heiligkeit ist die Grundlage für echte Schönheit.

Liebe verändert alles. Sie verändert die Art, wie wir die Bibel lesen. Ohne Liebe haben wir keine Hoffnung, verlieren den Blick auf die Verheißungen und reagieren mit einer richtenden Haltung. Ohne Liebe sind wir oft verärgert und nennen dies dann eine heilige Empörung. Ja, es gibt Gericht in der Bibel, doch die Liebe sucht nach Antworten und Lösungen von unserem liebenden Vater, dem es viel mehr um unser Wohlergehen geht als uns selbst. Die Menschen, die nicht in der Liebe leben, sehen nur die Bedingungen, die Gott stellt, nicht aber seine Bereitschaft, die Kraft des Himmels auf der Erde freizusetzen und uns mit Siegen zu schmücken. Dies ist sein Geschenk an alle, die ihn aufnehmen.

GEBET

Himmlischer Vater, danke, dass du uns dein Wort gegeben hast - die Heilige Schrift. Du belebst mich beständig durch das, was ich lese. Danke dafür. Bitte hilf mir, durch die Hilfe des Heiligen Geistes stets mit dem Leben Jesu vor Augen in deinem Wort zu lesen. Ich möchte nicht, dass mein Wunsch, die Dinge richtig zu machen, größer wird als meine Liebe für dich und die Menschen. Vielmehr soll meine Leidenschaft für die Wahrheit einzig und allein ein Ausdruck meiner Liebe zu dir sein. Ich weiß, dass dies nur durch deine Gnade möglich ist. Danke im Voraus, dass du mich befähigst, die Liebe an erste Stelle zu setzen.

BEKENNTNIS

Durch die Gnade Gottes, die ich umsonst empfangen habe, werde ich meine Liebe für Gott und sein Wort demonstrieren, indem ich Menschen ganz praktisch liebe. Sogar wenn ich nach Wahrheit strebe, werde ich das Herz Jesu für andere widerspiegeln, indem ich mich um die kümmere, die anders sind als ich. Und all diese Dinge werde ich tun, damit Gott verherrlicht wird.

25

GLAUBE

Du hast Autorität über jeden Sturm, bei dem du schlafen kannst.

Jesus stellte hinsichtlich unseres Umgangs mit lebensbedrohlichen Stürmen einen ganz neuen Maßstab auf - wir bleiben in der Ruhe. Der Sturm, von dem in Markus 4, 36-41 berichtet wird, versetzte die Jünger in große Angst. Sie dachten wahrscheinlich, dass sie alle umkommen würden. Was die Situation noch verwirrender machte, war die Tatsache, dass Jesus sich nicht darum zu kümmern schien. Er zog es vor, im Heck des Schiffes auf einem Kissen zu schlafen. Als er schließlich aufwachte, fragten sie ihn, ob es ihn nicht kümmerte, dass sie umkamen. Er stand auf, bedrohte den Wind und brachte das Meer zur Ruhe. Dann fragte er sie, warum sie keinen Glauben hatten. Dieser Moment verdeutlicht, wie das Reich Gottes, wie Glaube funktioniert - aus der Ruhe heraus.

Ich erlebte schon unzählige Male, wie Glaubende in einer schrecklichen Situation von großer Angst gequält wurden und den Teufel entsprechend zurechtwiesen. Normalerweise geschah das unter Schreien, Tränen und Drohungen. Doch ich habe ehrlich gesagt noch nie erlebt, dass der Teufel durch solche Vorgehensweisen nachgab. Nicht dass es falsch ist, unsere Stimme zu erheben. Es gibt jedoch einen großen Unterschied zwischen einer lauten Stimme des Glaubens und einer lauten Stimme der Furcht. Und glaube mir, der Teufel kennt den Unterschied. Die Stimme des Glaubens drängt ihn zurück, während die Stimme der Furcht ihn anzieht. Die ausgesprochenen Worte verändern daran nur wenig.

Diesen Ort der Ruhe kann man auch „Bleiben in Christus" nennen. Jesus lehrte uns dies in seinem Gleichnis vom Weinstock und den Reben. Auf dieselbe Weise, wie eine Rebe mit dem Weinstock verbunden ist, sind wir mit Christus verbunden. Was es heißt, in Christus zu bleiben, muss wieder praktisch werden. In ihm zu bleiben, bedeutet eigentlich, dass wir durch seine Verheißungen in einer engen Verbindung zum Herzen, zum Denken und zur Gegenwart Gottes leben. Wenn wir uns das Herz Gottes für uns bewusst machen, bleiben wir in einer Haltung des Friedens. Und Frieden ist mehr als die Abwesenheit von Krieg, Lärm oder Konflikten. Unser Friede ist die Gegenwart des Einen - Jesus. Frieden ist tatsächlich die Atmosphäre des Himmels.

Wenn wir anfangen, von Furcht bestimmt zu leben, dann müssen wir an den Punkt zurückkehren, an dem wir unseren Frieden verlassen haben. Der Verlust unseres Friedens hängt in der Regel damit zusammen, dass wir in eine innere Übereinstimmung mit einer Lüge kommen, bis schließlich unsere Gefühle von dieser Lüge gefangen genommen werden. Die feurigen Pfeile des Feindes fliegen an unserem Schild des Glaubens vorbei und dringen in unsere Seele ein. Dieses Einverständnis, das wir in diesen Momenten geben, wirkt den Absichten Gottes in unserem Leben entgegen. Dann wird es Zeit für Buße. Buße ist das tiefe Bedauern von

Sünde, das eine Veränderung in unserem Denken hervorruft. Sie ist nicht vollständig, solange unsere Gedanken noch beeinträchtigt sind. Sie ist erst dann vollständig, wenn wir erkennen, dass seine Verheißungen und Absichten in Reichweite sind.

Der einfachste Umgang mit dieser Herausforderung besteht darin, den Frieden von Anfang an aufrecht zu erhalten. Das bedeutet, der Gegenwart Gottes in unserem Leben den höchsten Stellenwert zu geben. Habe stets die Verheißungen Gottes für dein Leben parat. Lerne sie auswendig, singe sie, schreibe sie auf ein Stück Papier – tue alles, was notwendig ist, um dir seine Gedanken solange vor Augen zu halten, bis sie instinktiv zu deinen Gedanken werden.

GEBET

Vater, bitte gib mir irgendeine Warnung, wenn ich kurz davor stehe, den Ort des Friedens zu verlassen, den du als Lebensraum für mich geschaffen hast. Ich will diesen Ort nicht mehr verlassen. Erinnere mich an die Wahrheit, wenn ich dabei bin, einer Lüge zu glauben. Und hilf mir, meine Seele in deiner Gegenwart, in deinem Frieden zu verankern. Danke, dass ich tatsächlich hier und jetzt in der Atmosphäre des Himmels leben kann.

BEKENNTNIS

Sein Friede ist mein Anteil. Er gehört mir für alle Zeit. Ich entscheide mich, in dem Bewusstsein zu leben, dass der Heilige Geist auf mir ist, und ich werde nicht vergessen, dass seine Gedanken über mich immer gut sind.

26

HOFFNUNG

Du wirst immer das Wesen jener Welt widerspiegeln, die dir am meisten bewusst ist.

Diese Welt ist voller Misstrauen, Skepsis und Unglauben. Glaube existiert zwar, doch er ist in unserer Kultur nur selten die Norm. Als Folge davon sind sich die meisten Gläubigen der Dunkelheit um sie herum mehr bewusst als der himmlischen Welt, deren Bürger sie sind. Die mangelnde Erkenntnis, dass wir bereits heute Bürger des Himmels sind, hat für uns einen extrem hohen Preis. Nicht erst, wenn wir sterben, sondern schon heute, angesichts der gegenwärtigen Finsternis in dieser Welt.

Menschen setzen die Realität der Welt frei, die sie am stärksten wahrnehmen. Wir wissen das instinktiv. Wir wissen zum Beispiel, dass niemand durch den Schatten einer depressiven Person geheilt wird (siehe Apg. 4,15-16). Das Beispiel ist einleuchtend. Depressionen entstehen häufig dadurch, dass man einer Lüge glaubt. Wenn jemand ganz von einer Lüge vereinnahmt ist, wirkt sich das auf seine Mimik aus, was wiederum Einfluss auf die Atmosphäre hat, die dieser Mensch verbreitet. Sein Gesichtsausdruck ist ohne Leben, Zuversicht und Gesundheit. So jemand entzieht seinem Umfeld häufig alles Positive, während er versucht, sein Leben in den Griff zu bekommen.

Nimm zum Beispiel jemanden, der voller Bitterkeit ist. Anstatt Harmonie in seinem Umfeld zu verbreiten, füllt er dieses mit Spannung und Problemen. Er vergiftet sein Umfeld und setzt das frei, was ihm am meisten bewusst ist – Anstoßnehmen, Konflikte und Spaltungen. Auch durch seinen Schatten wird niemand geheilt werden.

Die gute Nachricht ist, dass Licht stärker ist als Dunkelheit. Jeder, der im Bewusstsein der Gegenwart Gottes lebt, ist niemals schutzlos den Menschen ausgeliefert, die ihr Umfeld verdunkeln - ganz gleich, ob diese bitter, depressiv oder anderweitig belastet sind. Und es geht sogar noch weiter. Wenn wir im Bewusstsein der Gegenwart Gottes leben, dann sind sehr wahrscheinlich wir diejenigen, die unsere Umgebung beeinflussen. Das ist die Wahrheit.

Das Alte Testament veranschaulicht uns dieses Prinzip sehr umfassend am Beispiel Lots. In 2. Petrus 2, 7 steht, dass Gott *„… den gerechten Lot rettete, der von dem ausschweifenden Wandel der Ruchlosen gequält wurde.“* Obwohl Lot nicht dieselben Vorteile hatte, die wir im Neuen Bund haben – die in uns wohnende Gegenwart des Heiligen Geistes –, hatten andere unter dem Alten Bund anscheinend mehr Erfolg mit dieser Herausforderung als Lot. Daniel ist dafür ein Paradebeispiel. Er lebte in einer dämonischen Gesellschaft, zählte seinerzeit zum Kreis der Hexen und Zauberer und arbeitete für einen wahnsinnigen König namens Nebukadnezar, der von seinen Untertanen Anbetung verlangte. Doch Daniel beugte sich nicht dem Einfluss der ihn umgebenden Finsternis. Seine Fähigkeit, über all dem zu stehen, spielte ohne Zweifel eine wichtige Rolle bei seiner bedeutenden Aufgabe, die zu einer der bemerkenswertesten Bekehrungen in der ganzen Schrift führte – der von Nebukadnezar selbst.

Lots Umfeld war mehr, als er verkraften konnte. Obwohl er gerecht war, wurde er von der Bosheit der anderen niedergedrückt. Dadurch wurde der Einfluss, den Gott durch ihn ausüben wollte, im wahrsten Sinne des Wortes lahmgelegt. Wir können dankbar sein, dass dies nicht das unvermeidbare Resultat für Glaubende ist. Wenn die Sünde im Überfluss vorhanden ist, dann gilt für uns die Verheißung, dass die Gnade noch überfließender ist. Gnade fließt durch den Glauben der Menschen. Wir können unser Umfeld beeinflussen, indem wir Partner der Gegenwart Gottes sind und seine Verheißungen in unserem Herzen tragen. Wir können die Herrschaft des Königs in unserem Umfeld demonstrieren. Menschen, die voller Hoffnung sind, sind in der Lage, Dinge zu erdulden, und sie machen ihre Sache gut. Hoffnung bewirkt Durchbrüche.

GEBET

Vater, bitte hilf mir, ständig in dem Bewusstsein deiner Gegenwart zu leben, so wie Jesus dies tat. Er war sich ständig bewusst, was du getan und gesagt hast, und ich will dasselbe tun. Danke, dass Jesus mir ermöglichte, in demselben Sieg zu leben wie er. Ich lobe und ehre dich für die Tatsache, dass du mich als Träger deiner Gegenwart geschaffen und mir das Privileg gegeben hast, deine Gegenwart in eine verlorene und sterbende Welt zu bringen.

BEKENNTNIS

Gott hat mich befähigt, im Hinblick auf die mich umgebende Finsternis in einer übergeordneten Position zu leben. Ich preise die Tatsache, dass gemäß 1. Johannes 4, 4 der, welcher in mir ist, größer ist als der, welcher in der Welt ist. Und während ich in beständiger Anbetung Gottes durch den Heiligen Geist lebe, wird diese Größe durch mich sichtbar werden.

27

LIEBE

MITLEID IST DIE FÄLSCHUNG VON BARMHERZIGKEIT.

Vieles von dem, was als christliche Barmherzigkeit bezeichnet wird, ist nichts anderes als Mitleid. Mitleid enthält wenig bis keine Hoffnung und besitzt keinerlei Kraft. Es lässt den Menschen mit seinen Anfechtungen, Problemen oder Fragen allein, während Barmherzigkeit ihm aufhilft. Auch zu diesem Thema setzt Jesus hier einen Maßstab. Wann immer er „von Barmherzigkeit bewegt" war, folgte ein Wunder – jedes Mal. Seine Sichtweise von Barmherzigkeit unterscheidet sich grundlegend von unserer, also muss sich unsere Sichtweise ändern. Es ist so, als ob Barmherzigkeit das Fahrzeug ist, mit dem sich Gottes Vollmacht vorwärts bewegt. Jeder Dienst sollte eigentlich so aufgebaut sein - er sollte durch Gaben funktionieren, die durch das Fahrzeug unseres Charakters bewegt werden. Gaben und Charakter sollten niemals getrennt werden.

Mitleid kann sogar gefährlich werden, denn es verstärkt den Zustand eines Menschen in seiner Bedrängnis oder Not. Es ist zwar das Beste, was ein Mensch im Natürlichen leisten kann, dennoch neigt Mitleid dazu, den Bedrängten von dem

Bewusstsein abzuschneiden, dass die Verheißungen Gottes hier und heute gültig sind. Dies wiederum hält sie davon ab, den zum Überwinden notwendigen Glauben einzusetzen. Der religiöse Geist liebt es, wenn wir aus Mitleid handeln, denn es zelebriert eine Form von Frömmigkeit, jedoch ohne Kraft. Es verstärkt die Opfermentalität des Menschen und führt zu einer Vertröstung auf das Jenseits als die einzige Hoffnung. Obwohl sich das vielleicht akzeptabel anhört, entspricht es nicht dem Lebensstil oder der Lehre Jesu. Seine Botschaft lautete: Das Reich Gottes ist nahe, es ist hier und jetzt und in Reichweite. Auch wenn dieses Reich im Hinblick auf die Ewigkeit über die Maßen herrlich ist, war das Hier und Heute das Ziel seiner Botschaft, untermauert durch seine Werke, die die Machenschaften des Teufels zerstörten.

Seien wir doch einmal ehrlich. Es ist oft leichter, jemanden zu trösten und Mitleid zu zeigen, weil wir wissen, dass es keine einfache Antwort für das Problem des anderen gibt. Tragischerweise stellen wir uns damit auf die Seite des Mitleids, anstatt uns für ein Wunder für die Menschen einzusetzen, die anscheinend nicht selbst dafür kämpfen können. Das ist leichter, als unseren Glauben ins Spiel zu bringen.

Biblische Barmherzigkeit ist ein Ausdruck der Liebe Gottes. Liebe sucht das Beste. Und der glaubensvolle Glaubende hat Zugang zum Besten – zur Kraft des Reiches Gottes, die jetzt freigesetzt wird. Glaube wird durch Liebe sichtbar. Diese beiden Dinge sind in alle Ewigkeit miteinander verbunden.

Barmherzigkeit hat die Reich-Gottes-Lösung im Blick. Sie wird durch die Liebe Gottes aktiviert. Er ist der Eine, der einen hohen Preis für uns bezahlte, damit wir in diesem Leben geheilt und befreit sein können. Er schaut nicht auf ein

Problem und überlegt, ob er die Antwort dafür liefern sollte. Er schaut nicht auf eine Krankheit und fragt sich, ob er sie heilen sollte oder nicht. Vor zweitausend Jahren wurde der Preis bezahlt, damit alle geheilt werden. Dieselbe Bezahlung ermöglichte, dass uns allen vergeben wurde. Auf seiner Seite der Gleichung mangelt es an nichts.

GEBET

Mein Vater und mein Gott, ich brauche jeden Tag reichlich von deiner Gnade. Hilf mir, dass ich Menschen nicht davon abhalte, ihr Vertrauen auf dich zu setzen. Stattdessen möchte ich, dass deine Liebe für sie durch mich fließt, damit ich die Notleidenden nicht nur tröste, sondern ihnen auch zu einem Durchbruch verhelfe. Hilf mir, dein Herz für jeden Menschen zu erkennen und ihm deine Güte auf dieselbe Weise zu demonstrieren, wie Jesus dies tun würde. Die Menschen müssen erkennen, wie du bist, und dafür gebe ich mein Leben hin, damit du verherrlicht wirst.

BEKENNTNIS

Ich werde mein Leben nicht auf das beschränken, was menschlich möglich ist. Stattdessen werde ich das Privileg ergreifen, sein Herz der Liebe und der Barmherzigkeit durch mich fließen zu lassen. Wenn ich seine perfekte Barmherzigkeit demonstriere, werde ich die Antworten erwarten und suchen, die Jesus an meiner Stelle geben würde. Diese Dinge werde ich tun, damit Jesus Christus auf der ganzen Welt erhoben wird.

28

GLAUBE

Festungen sind all die Dinge, auf die Menschen anstelle von Gott vertrauen.

Vertrauen ist ein Ausdruck des Glaubens. Wann immer Menschen ihr Vertrauen in andere Dinge als in Gott setzen, sieht der Feind unserer Seele darin eine Möglichkeit, uns zu verführen. Sein Ziel ist es, diesen Raum einzunehmen und ihn zu einer Festung zu machen. Die Mächte der Finsternis werden von dem Vertrauen auf falsche Dinge angezogen. Es ist ihnen egal, auf was wir vertrauen, solange es nicht Gott ist. Aus diesem Grund sagte Paulus: *„Gebt dem Teufel keinen Raum"* (Eph. 4,27). Es ist möglich, dass ein Glaubender dem Teufel den Raum gibt, der für Gott allein reserviert ist.

Das Buch der Sprüche gibt uns ein interessantes Bild, das diese Wahrheit verdeutlicht: *„Der Weise ersteigt die Stadt der Mächtigen und stürzt das Bollwerk, auf das sie vertraut"* (Spr. 21, 22; EÜ). Der Schlüsselabschnitt ist: *„... das Bollwerk, auf das sie vertraut."* Wenn du erkennst, worauf Menschen ihr Vertrauen setzen, wirst du die Festung finden, die zum Einsturz gebracht werden muss (natürlich abgesehen von deren Vertrauen auf Gott). Weisheit befähigt uns, die Festungen über

Städten zum Einsturz zu bringen, wenn sie erst einmal aus unserem eigenen Leben entfernt sind.

Jesus demonstrierte seinen Jüngern einen klaren Lebensstil. Ihre Haltung zu Familie, Geld, Beziehungen, Verpflichtungen und Ähnlichem unterschied sich von der Haltung der Menschen in ihrem Umfeld. Einige denken fälschlicherweise, dass Jesus einen Lebensstil der Armut lehrte. Das stimmt einfach nicht. Die Jünger mussten ohne jeden Besitz losgehen, damit sie lernten, wie sie die Gaben Gottes gut verwalten konnten. Ihre Reise ähnelte der Reise der Kinder Israels in der Wüste. Sie zogen ohne etwas los, damit sie lernten, das verheißene Land, das sie erben würden, zu verwalten. Bevor Jesus die Erde verließ, drängte er seine Jünger, ihre Geldbörse einzustecken, die sie zu Beginn nicht mitnehmen durften. Es ging niemals ums Geld, es ging immer um Vertrauen.

Die Herausforderung für uns besteht nicht darin, ob wir Geld haben sollten oder nicht. Die Herausforderung besteht darin, worauf wir unser Vertrauen setzen, ganz gleich, wie viel oder wenig wir haben. Wie viel ist zu viel Geld? Der Betrag, der Vertrauen ersetzt. Für den einen ist es ein kleiner Betrag, für den anderen ein hoher.

Alles, worauf wir neben Gott unser Vertrauen setzen, zieht das Dämonische an. Der Teufel betrachtet jede Form von fehlgeleitetem Vertrauen als Teufelsanbetung, denn er versteckt sich in dessen Schatten.

Glaube zieht ebenfalls etwas an. Doch anstatt die Finsternis zu bevollmächtigen, werden wir wie Blitzableiter, die das Wirken Gottes in unserem Umfeld anziehen. Sogar die Engel sind gezwungen, solch eine Atmosphäre zu füllen, denn sie werden *„... ausgesandt zum Dienst um derer willen, die das*

Heil erben sollen" (Hebr. 1, 14). Sie sind fasziniert von unserem Vertrauen in unseren Erlöser, denn in dieser Position werden sie niemals sein.

Vertrauen in Gott ist ein Privileg. Es ist jede erdenkliche Mühe wert, uns den Verheißungen Gottes für unser Leben auszusetzen und diese auswendig zu lernen. Ich hatte einen lieben Freund namens Dick Mills, der inzwischen daheim beim Herrn ist. Er lernte 7.700 Verheißungen aus verschiedenen Übersetzungen der Bibel auswendig. Es war eine Freude, in seiner Nähe zu sein, denn er hatte für jedes Problem und jede Herausforderung stets eine Verheißung Gottes parat. Er ermutigte Abertausende Menschen im Laufe der Jahre seines treuen Dienstes für den Herrn.

Dies sollte der normale Lebensstil eines Glaubenden sein. Denn dies ist wirklich ein Lebensstil, durch den man in Christus bleibt – immer achtsam, um seine Gegenwart wahrzunehmen und brennend für die Verheißungen Gottes in jeder Situation. Dies ist die Atmosphäre des Himmels, die dann zur Atmosphäre auf der Erde wird.

GEBET

Vater, bitte hilf mir, dass ich dem Teufel niemals Raum gebe, weil ich auf etwas vertraue, das im Widerspruch zu deinem Herzen ist. Ich weiß, dass du vollkommen vertrauenswürdig bist. Hilf mir, die Verheißungen zu erkennen, die du extra für mich in dein Wort hineingelegt hast. Ich will nicht in meiner begrenzten Wahrnehmung leben, sondern gemäß deiner Verheißungen. Lass mich jemand sein, der ganz und gar von deinen Verheißungen eingenommen ist und den Menschen in seinem Umfeld Hoffnung vermittelt - unabhängig von deren Umständen.

BEKENNTNIS

Ich entscheide mich, über den Verheißungen Gottes für mich zu meditieren. Ich kann es mir nicht leisten, einen Gedanken im Kopf zu haben, der nicht von ihm ist. Deshalb bekenne ich heute, dass ich mein Vertrauen allein auf Gott setze, denn er hat bereits alles vorbereitet, was notwendig ist, damit ich diese Herausforderung meistere.

29

HOFFNUNG

ICH VERSUCHE SO ZU LEBEN, DASS NICHTS GRÖSSER WIRD ALS MEIN BEWUSSTSEIN VON GOTT.

Die meisten von uns wissen, was es heißt, mit etwas so beschäftigt zu sein, dass wir uns stunden- oder tagelang Sorgen machen, bis zu dem Punkt, an dem wir nachts nicht mehr schlafen können. Egal, wie sehr wir auch versuchen, das Thema in unserem Kopf zu wechseln, wir können es einfach nicht loswerden. Teilweise ist dies das Ergebnis der Bemühungen des Feindes, uns von den Verheißungen Gottes für unser Leben abzulenken. Er hofft, dass wir die Werkzeuge aus dem Blick verlieren, die Gott uns für den bevorstehenden Sieg gegeben hat.

So negativ es auch ist, von einem Problem so in Anspruch genommen zu werden, dass wir nicht mehr schlafen können, so hat dies doch auch eine ermutigende Seite. Es zeigt, dass wir eigentlich wissen, wie man meditiert. Wir müssen nur das Thema wechseln.

Bei kultischen Meditationen entleeren Menschen ihre Gedankenwelt. Dies ist gefährlich, denn viele Geister suchen nach einem Zugang zum Leben eines Menschen, um den Einfluss der Finsternis hineinzubringen. Ein entleerter Verstand ist eine Einladung für das Dämonische. Biblische Meditation funktioniert völlig anders. Dabei füllen wir unseren Verstand mit dem, was Gott sagt, indem wir es immer wieder in unseren Gedanken und unserem Herzen bewegen, bis die Wahrheit in uns Wurzeln schlägt. Was Gott sagt, wird dann mehr als etwas, das wir nur zitieren. Es wird Teil unseres Wesens.

Was wir denken oder betrachten, beeinflusst unsere Haltung enorm. Auch wenn der Glaube nicht aus dem Verstand kommt, haben unsere Gedanken und unsere Einstellung doch einen großen Einfluss auf unseren Glauben. Kurz gesagt, der Teufel will, dass wir durch sein Werk auf der Erde überwältigt werden. Er weiß, wenn er unsere Hoffnung untergraben kann, dann hat er Einfluss auf unsere Denkweise, und das schwächt letzten Endes unseren Glauben.

Der Teufel kommt, um zu töten, zu stehlen und zu zerstören. In der heutigen Kultur nehmen wir permanent Nachrichten über Tod, Verlust und Zerstörung in uns auf – der Fingerabdruck des Teufels. Und wenn ich mich näher mit dem befasse, was er getan hat, dann wird mein Leben zu einer Reaktion auf ihn – und er ist es nicht wert, meine Agenda zu beeinflussen. Er ist es ganz einfach nicht wert, irgendeinen Einfluss auf meine Gedanken, Pläne oder Handlungen zu haben.

Wir alle stehen vor Herausforderungen. Manchmal sind die Probleme sehr persönlich und herzzerreißend. Manchmal beeinflussen sie das Leben der Menschen, die uns nahestehen. Manchmal geht es um eine Krisensituation, wie zum Beispiel einen lebensbedrohlichen Sturm, einen Krieg oder eine Bedrohung durch einen internationalen Konflikt.

Ich habe jedoch keine Regressansprüche hinsichtlich der Probleme, die mich überwältigen. Ich muss von Gottes alles übersteigender Güte sowie von der bleibenden Gegenwart des Heiligen Geistes in meinem Leben überzeugt sein. Wenn ich mir seiner bewusst bin, kann ich Teil der Lösung werden. Wenn ich mir zu viele Sorgen um das Problem mache, dann werde ich sehr wahrscheinlich zu einem Nörgler, der diese Schwäche auch noch vergeistlicht, indem er sie Fürbitte nennt.

Bitte beachte, dass ich Wert darauf lege, ein Leben im Bewusstsein des Heiligen Geistes in und auf mir zu führen. Dies muss mir mehr bewusst sein als das Problem. Mit anderen Worten, ich suche nicht einfach nach einer Lehraussage, damit ich mich in der jeweiligen Situation besser fühle. Ich suche nach ihm, der Person des Heiligen Geistes. Ich will den Einen erkennen, in dem alle Sicherheit, aller Sieg und alle Freude ist, der mich regelmäßig zum Triumph führt, damit der Name Jesus verherrlicht wird.

Die Lösung ist eigentlich ganz einfach: Sei dir mehr der Größe Gottes als der Probleme bewusst. Zumindest ist für mich die Umsetzung einer solchen Priorität herausfordernder als das Konzept an sich. Doch die Wahrheit gilt. Worauf ich fokussiert bin, hat Auswirkungen darauf, ob ich ein Überwinder oder ein Opfer der Probleme bin.

GEBET

Vater Gott, bitte hilf mir, dass ich mir stets des wundervollen Geschenkes des Heiligen Geistes bewusst bin. Danke, dass du immer rückhaltlos für mich da bist! Ich will kein Opfer werden. Ich will so leben, dass deine Absichten und Pläne in meinem Umfeld verwirklicht werden. Danke, dass ich zu den Menschen gehören darf, die dafür leben, die Welt zu verändern. Alle Ehre gebührt dir für jede Art von Durchbruch, die in und durch mein Leben geschieht.

BEKENNTNIS

Ich wurde einzigartig geschaffen, ein Träger der Gegenwart Gottes zu sein, um anderen zu einem siegreichen Leben zu verhelfen, wofür ihm alle Ehre gebührt. Ich nehme diese privilegierte Aufgabe an - zur Ehre Gottes.

30

LIEBE

EHRE IST DIE ATMOSPHÄRE, IN DER DAS VOLK GOTTES ZUR HÖCHSTFORM AUFLÄUFT.

In zunehmendem Maße wurde in den letzten Jahren das Thema Ehre betont. In unserer Familie und Gemeinde haben wir etwas entwickelt, das wir die „Kultur der Ehre" nennen. Dies ist mehr als eine Handlung. Es ist ein Grundwert, der alles im Leben beeinflusst, und als solchen kann man seine Bedeutsamkeit nicht genug betonen.

Ehre kommt aus einem Herzen der Vortrefflichkeit. Durch Ehre zeigen wir, dass wir etwas wertschätzen. Wenn ich eine kostbare Vase habe, dann würde ich sie wahrscheinlich nicht in den Hinterhof stellen, wo sie dem Wetter oder meinen Enkeln ausgesetzt ist. Ich würde einen sicheren Platz für sie finden, damit ich jedem, der mein Haus betritt, ihre Schönheit zeigen könnte. Es wäre ein Ehrenplatz.

Ehre ist eine der besten Ausdrucksformen von Liebe, die ich kenne. Sie erzeugt eine heilsame und bedeutungsvolle Atmosphäre, die Menschen dazu befähigt, zur Höchstform aufzulaufen. Bedenke Folgendes: Es gibt eine Handlung der

Ehrerbietung, und es gibt einen Lebensstil der Ehrerbietung. Das Letztere funktioniert wie ein Gewächshaus. Es ist eine Umgebung, in der die Pflanzen – die Familie, die Arbeitsstelle oder die Gemeinde – leichter wachsen können. Ein ehrender Lebensstil schafft eine Atmosphäre, die Wachstum für alle guten Dinge ermöglicht.

Leiter, die eine Kultur der Ehre einführen, um selbst besser behandelt zu werden, haben das Ganze völlig missverstanden. Dies wäre so, als ob ein Vater oder eine Mutter von der Arbeit nach Hause kommt und erwartet, dass sich alles um sie dreht und die ganze Familie sich um ihre Bedürfnisse kümmert. Früher erinnerte ich mich auf dem Nachhauseweg vom Büro immer daran: „Bill, du hast noch nicht Feierabend. Es liegen immer noch vier Stunden vor dir.“ Mit anderen Worten, meine Frau hatte den ganzen Tag hart gearbeitet, um für die Kinder zu sorgen. Sie brauchte meine Liebe, Hilfe und Unterstützung. Meine Kinder waren den ganzen Tag ohne ihren Vater und sie wollten und mussten mit mir spielen. Wenn ich durch die Tür kam, hörte ich, wie sie mit ihren kleinen Füßen auf mich zurannten und „Daddy!“ riefen. Es war der wunderschönste Klang auf der ganzen Welt. Wenn ich das ignoriert und stattdessen verlangt hätte, dass sie mir dienen, wäre das absolut herzlos und dumm gewesen. Ich umarmte und küsste meine Frau und dann balgte ich mich mit meinen Kindern. Ihnen Zeit und Freude zu schenken, bedeutete, sie zu ehren. Indem ich sie ehrte, ging es auch mir besser. Die Probleme des Tages schienen sich in der zum Wohle der anderen kreierten Atmosphäre aufzulösen.

Als Leiter bin ich derjenige, der den Maßstab dafür setzt, wie Ehre ausgelebt wird. Wenn mein Konzept in puncto Ehre auf einem Karrieresystem beruht, werde ich nichts anderes tun, als die Größten auf Kosten der Geringsten zu erhöhen. So entwickelt sich das Prinzip der Karriereleiter, und viele Gemeinden funktionieren auf diese Weise. Ehrerbietung wird zu einer Handlung, bei der wir denen etwas geben, die mächtig sind. Diejenigen, die viel erreicht haben, erhalten besondere Aufmerksamkeit. Eigentlich sollte jemandem Ehre zuteilwerden, bevor er überhaupt irgendetwas erreicht hat. Sie sollte darauf basieren, wer ein Mensch ist, und nicht nur darauf, was er getan hat. Das Kleinkind auf meinem Schoß und das Baby in meinen Armen sind noch nicht in der Lage, viel zu erreichen. Doch ich liebe sie und gebe ihnen Ehre, weil ich das sehe, was noch unsichtbar ist. Das Herz, das andere ehrt, sieht Dinge in Menschen, die sie selbst noch nicht sehen können. Es ist so, als ob Gott die Augen der Menschen öffnet, die Ehre weitergeben, weil er ihnen vertrauen kann, dass sie mit Liebe reagieren.

Eine echte Kultur der Ehre muss Einfluss auf die Geringsten unter uns haben. Weil diese Atmosphäre das Potenzial der Menschen weckt, lange bevor sie es selbst in sich erkennen, hat sie den Effekt eines Gewächshauses. Ehre bringt Größe hervor, die im Verborgenen liegt.

In unseren Häusern, an unseren Arbeitsplätzen und in unseren Gemeinden leben wir mit anderen Gläubigen. Unsere Beziehungen innerhalb dieser Bereiche sind gesünder, wenn wir dabei das Konzept eines gesunden Familienlebens anwenden. Sobald wir dieses Konzept der Familie verlassen, verlassen wir das Konzept des Reiches Gottes. Genau dieser Ansatz von Familie macht eine Kultur der Ehre – der wahren Ausdrucksform von Liebe – möglich.

GEBET

Himmlischer Vater, du ehrst mich als dein Kind, auch wenn ich nicht vollständig begreife, was dieser Ausdruck deiner großen Liebe bedeutet. Durch deine Gnade, die in mir wirkt, beabsichtige ich, andere zu ehren, damit sie ihr volles Potenzial erreichen. Bitte hilf mir, die Gelegenheiten zu erkennen, um deine Liebe auf eine Weise zu demonstrieren, die Menschen ehrt und dich verherrlicht. Dies ist der Lebensstil, den ich zur Ehre Gottes ergreife!

BEKENNTNIS

Gott ehrt mich, indem er mich sein Eigen nennt. Ich verdiene diese Ehre nicht, doch er gibt sie mir umsonst. Ich bekenne, dass es mein Privileg ist, die Bedeutsamkeit anderer zu erkennen, indem ich sie ehre. Denn ich weiß, wenn ich das für den Geringsten unter uns tue, habe ich es für Gott getan.

31

GLAUBE

UNWISSENHEIT BITTET UM ERKLÄRUNGEN, UNGLAUBE FORDERT BEWEISE.

Zacharias war der Vater von Johannes, dem Täufer. Ein Engel erschien und sagte ihm, dass er und seine Frau Elisabeth einen Sohn bekommen würden, obwohl sie das gebärfähige Alter bereits überschritten hatte. Zacharias konnte nicht verstehen, wie das möglich war. Seine Reaktion auf den Engel war etwas schockierend: „Wie kann ich sicher sein, dass dies wahr ist?" Es war töricht, um einen Beweis zu bitten. Die Folge davon war, dass er seine Fähigkeit, zu sprechen, verlor, bis Johannes geboren wurde. Vielleicht war dies Gottes Art, ihn daran zu hindern, das Wunder zu zerstören. Leichtfertiges Reden hat schon mehr Schaden angerichtet als wir erahnen können. Wie die Bibel sagt: *„Tod und Leben sind in der Gewalt der Zunge"* (Spr. 18, 21).

Derselbe Engel tauchte auch auf, um mit Maria, der Auserwählten, zu sprechen. Er teilte ihr mit, dass sie den Messias zur Welt bringen würde. Ihr war ebenfalls nicht klar, wie dies möglich sein sollte, da sie ja noch Jungfrau war. Doch anstatt nach einem Beweis zu fragen, bat sie um eine Erklärung. Der Engel des Herrn antwortete ihr freundlich und gab ihr Anweisungen für das, was vor ihr lag.

Uns allen mangelt es an Erkenntnis in Bezug auf einige der größten Herausforderungen im Leben. Das Vertrauen in den Einen, der vertrauenswürdig ist, macht diese Situationen nicht nur erträglich, es macht sie vielmehr zu einer Plattform für unser persönliches Glaubenswachstum. Auch wenn die Schrift uns anweist, Weisheit und Erkenntnis zu suchen, liegt der Hauptfokus im Leben eines Gläubigen auf Vertrauen. Dies ist die wichtigste Zutat in unserem Leben. Ohne Vertrauen können wir keine Beziehung zu Gott haben.

In einige Kulturen gilt Skepsis als eine Tugend. Die größte Angst besteht darin, leichtgläubig zu sein oder fehlgeleitet zu werden. Die Angst vor Fehlern verhindert jedoch, dass Dinge richtig gemacht werden. Aufgrund dieser Täuschung lassen sich bestimmte Bücher an die Furchtsamen verkaufen. Doch letztendlich ändert sich so nur wenig am Verlauf der Geschichte, denn dies geschieht nur durch mutigen Glauben zur Ehre Gottes. Skepsis verkleidet sich als Weisheit und wird von Menschen ohne entsprechende Erfahrung bejubelt. Um ihre eigene Position zu stützen, hinterfragen sie die Motive jener, die etwas voranbringen wollen. In einigen Gemeindekulturen wird eine skeptische Haltung wertgeschätzt, so erschreckend das auch klingen mag. Es ist ein der Selbstbestätigung dienender Zugang zum Übernatürlichen, der verneint, dass Gott in die alltäglichen Angelegenheiten unseres Lebens involviert ist. Und jeder, der auch nur zu glauben wagt, dass Gott sich tatsächlich um alltägliche Dinge kümmert, wird schnell für verrückt erklärt. Das ist die Gruppe, die nach Beweisen fragt.

Die persönlichen Bedürfnisse zu erkennen und um Weisheit zu bitten, ist eine echte Tugend. Sie entsteht aus Demut, welche wiederum die zwingend notwendige Haltung gegenüber dem allmächtigen Gott ist. Diese grundsätzliche Haltung des Vertrauens geht unserer Bitte um Erklärung immer voraus. Dieser kindliche Zugang schafft Raum dafür, dass der Gott der Bibel auch der Gott unseres alltäglichen Lebens sein kann.

Die meisten Menschen beten auf die eine oder andere Weise. Doch manchmal sind diese Gebete nichts anderes als Forderungen an Gott, sich selbst zu beweisen, damit wir Gewissheit haben. Und ohne solche Beweise werden wir nicht gehorchen. Wir können Gott hinsichtlich unserer Forderungen nach Taten nicht erpressen, ganz gleich, für wie stark wir die biblische Verheißung auch halten mögen. Die Nachfolge Jesu ist kein Vertrag mit einem Geschäftspartner; es ist eine Beziehung zu Gott, der sich denen zeigt, die ihn suchen. Den Herrn zu suchen, bedeutet, seinen Willen zu suchen, denn wir können dem Herrn nicht folgen, ohne seine Herrschaft zu akzeptieren. Dies ist das Herz eines hingegebenen Kind Gottes. Wir sehnen uns danach, die Geheimnisse zu verstehen, doch gleichzeitig nehmen wir das Privileg an, ihm zu gehorchen, unabhängig davon, wie viel wir verstehen.

GEBET

Vater, vergib mir alle Versuche, dich dazu zu bringen, mir einen Beweis zu liefern, bevor ich bereit war, zu gehorchen. Bitte hilf mir, deutlich zu hören, was dein Wille ist, und gib mir die Gnade, mutig zu gehorchen, auch wenn ich mich fürchte. Dir sei alle Ehre dafür, dass du mir diesen Lebensstil möglich machst.

BEKENNTNIS

Ich werde in jeder Situation an der Hoffnung festhalten, denn der Gott aller Hoffnung ist mein Vater. Ich werde Skepsis nicht länger glorifizieren, noch werde ich daran festhalten, dass Unglaube normal sei. Ich bin ein glaubensvoller Glaubender und meine neue Natur ist von Mut und Glauben bestimmt.

32

HOFFNUNG

ALS PAULUS UNS AUFFORDERTE, GEMÄSS UNSERES GLAUBENS ZU PROPHEZEIEN, ERKLÄRTE ER, WARUM SO VIELE NEGATIVE PROPHETISCHE WORTE GEGEBEN WERDEN.

Nirgendwo sollten größere Hoffnung, Freude und Liebe zu finden sein als in der Gemeinde. Die Gläubigen sollten das Leben am meisten genießen – ein Leben in der Freude des Herrn. Jesus vollbrachte alles, was notwendig war, damit wir auf dieser Ebene leben können. Das bedeutet nicht, dass wir keine Probleme oder Herausforderungen haben. Wir wissen, dass das nicht stimmt. Doch in allen Dingen sind wir siegreich in Christus. Wenn wir unsere Hoffnung verlieren, werden wir der Zukunft mit einem sehr kraftlosen Glauben entgegentreten.

Ich erwähnte bereits die merkwürdige Sache, die im Herzen und Denken dieser Generation von Gläubigen geschehen ist. Christen haben gelernt, durch schlechte Nachrichten ermutigt zu werden. Tragödien und Krisen sind der Maßstab, aufgrund dessen die Kirche entscheidet, dass wir in der Endzeit angekommen sind. Und weil die Endzeit ihren

Höhepunkt in der Wiederkunft des Herrn hat, werden Tragödien zu einer Quelle der Ermutigung.

Häufig wird vergessen, dass der Prophet, der sagte: *„Denn siehe, Finsternis bedeckt die Erde"*, auch sagte: *„Seine Herrlichkeit erscheint über dir. Und es ziehen Nationen zu deinem Licht hin und Könige zum Lichtglanz deines Aufgangs"* (Jes. 60, 2-3). Dies sind Aussagen von unvorstellbarer Hoffnung und Verheißung. Und sie überwiegen die Finsternis, die in diesem Kapitel angesprochen wird, um ein Vielfaches. Fehlende Hoffnung verblendet uns häufig für das, was die Schrift über unsere herrliche Zukunft sagt. Ebenso, wie das Licht stärker ist als die Dunkelheit, werden auch die Verse, die Schwierigkeiten ankündigen, bei Weitem von den Versen mit großen Verheißungen überstrahlt.

Wenn unser Denkmuster auf Tragödien als Zeichen der Zeit fixiert ist, dann werden wir durch solche Tragödien ermutigt. Wenn wir dieses Denkmuster auf unser Verständnis vom Leben übertragen, dann sehen wir, wie es unsere prophetischen Äußerungen beeinflusst. Es ist möglich, dass unser Glaube auf das falsche Ziel ausgerichtet ist, was wiederum unseren prophetischen Dienst beeinflusst. Das Ergebnis ist, dass wir zwar die Wahrheit über die herrschende Finsternis in einer Situation verkünden, dabei jedoch vergessen, die Offenbarung zu nennen, die hilft, diese Situation zu verändern. Es ist wahr, dass Prophetie die Zukunft vorhersagt, doch sie pflanzt auch einen Samen der Veränderung und erzeugt damit Hoffnung und Glauben in den Herzen derer, die Gottes Absichten auf der Erde erkennen.

Die tiefgründige Schlussfolgerung von Paulus' Aussage ist also, dass unser Glaube das beeinflusst, was wir prophezeien. Was wir im Glauben proklamieren, beeinflusst den Ausgang von Ereignissen.

Ist es möglich, dass wir ein Volk werden, das die Finsternis dieser Welt nicht verleugnet, sondern vielmehr als eine Art Gegenmittel für die Probleme dieser Welt lebt? Ist es möglich, dass wir uns der Methoden des Teufels sehr wohl bewusst sind, ohne uns dabei ständig mit ihm zu beschäftigen? Ist es möglich, dass wir so von den Verheißungen Gottes eingenommen sind, dass unser Reden von der Hoffnung durchdrungen ist, die Jesus durch seine Auferstehung ermöglicht hat - ganz gleich, was geschieht?

Ich glaube daran. Und ich denke, es ist Zeit, dass wir alle den Ruf von Paulus beherzigen und gemäß unseres Glaubens prophezeien. Mögen alle unsere prophetischen Worte auf dem großen Glauben an das gegründet sein, was Jesus getan hat.

GEBET

Vater, bitte hilf mir, dass ich nicht unwissend über die Listen und Methoden des Teufels bin. Aber ich brauche auch deine Hilfe, nicht meinen Fokus darauf zu richten. Ich will jemand sein, der deine Verheißungen in jede Situation hineinträgt. Hilf mir, stets mehr von deinen Antworten und Verheißungen beeindruckt zu sein als von allen Tragödien, die sich auf der Welt ereignen. Durch deine Gnade setze ich mir das Ziel, nicht einfach zum Nachrichtensprecher des Bösen zu werden, sondern als Teil der Antwort für meine Generation zu leben. Hilf mir, jemand zu sein, der eine ansteckende Hoffnung besitzt.

BEKENNTNIS

Jesus ist der Grund für Hoffnung. Er ist meine Hoffnung, meine Zukunft und mein Sieger. Alles, was ich zum Leben brauche, gehört mir aufgrund seiner Errungenschaft auf Golgatha. Ich weigere mich, vom Teufel beeindruckt zu sein. Gottes Verheißungen sind größer als jeder Konflikt und jede Herausforderung, ganz gleich, ob auf persönlicher oder auf internationaler Ebene. Ich bin jemand mit ständig wachsender Hoffnung, und ich werde dementsprechend reden.

33

LIEBE

Gott sucht nicht nach Anbetung,
er sucht nach Anbetern.

Gott ist kein Egoist, der ständig Bestätigung braucht. Er versucht nicht, seinen Beliebtheitsgrad auf dem Planeten Erde zu verbessern, indem er uns befiehlt, ihm zu sagen, wie gut er ist. Gott weiß absolut, wer er ist. Er sucht nicht nach Anbetung, doch er sucht nach Anbetern. Das ist ein Unterschied.

Bedenke stets: Gott ist Liebe. Und Liebe wählt stets das Beste. Er könnte sich nichts Besseres für uns wünschen, als dass wir Anbeter sind, denn wir werden immer dem ähnlich, was wir anbeten. Es gibt nichts Besseres, was er sich für uns wünschen könnte, als dass wir werden wie er. Das ist Liebe, wahre Liebe.

Echte Anbetung ist eine transformierende Erfahrung. Der Nachfolger Jesu begegnet dabei Gott, dem einzig Herrlichen. Selbstverständlich ist unsere Darbringung von Danksagung und Lobpreis ein Teil dieser Erfahrung. Das ist sozusagen die Einleitung. Es stellt keine Aufwärmübung dar, so, als ob es sich um die Generalprobe vor dem eigentlichen Spiel handeln würde. Lobpreis und Danksagung darzubringen, ist ein wunderbarer Teil unserer Berufung als „Priester vor dem Herrn". Wir haben das absolute Vorrecht, ihm mit diesen Opfergaben zu dienen, und Gott antwortet auf unsere Opfer. Es ist gut, sich daran zu erinnern, dass stets Feuer - die manifeste Gegenwart Jesu im Heiligen Geist - auf das Opfer fällt. In Psalm 22, 4 lesen wir, dass Gott in unserem Lobpreis wohnt. Das Bild wird immer deutlicher. Während wir ihm im Lobpreis dienen, begegnen wir ihm. Die einzige logische Reaktion auf diese Begegnung mit der Gegenwart Gottes ist Anbetung.

Das Prinzip der transformierenden Wirkung durch Anbetung lässt sich ebenso auf die Anbetung von falschen Göttern anwenden. Das trifft sowohl auf Selbsterhöhung als auch auf tatsächliche Götzen zu. In Psalm 115 macht der Schreiber deutlich, dass Götzen Augen haben, aber nicht sehen können. Und das geschieht auch jenen, die sie anbeten. Sie verlieren ihre Fähigkeit, zu sehen und richtig von falsch zu unterscheiden. Sie werden wie das, was sie anbeten.

Wenn er uns mit seiner herrlichen Gegenwart berührt, werden wir verändert. Verändert von Herrlichkeit zu Herrlichkeit. Es heißt, *„... dass wir, wenn er offenbar werden wird, ihm gleich sein werden, denn wir werden ihn sehen, wie er ist."* (1.Joh 3, 2). Diese Aussage bezieht sich auf ein zukünftiges Ereignis. Doch das Prinzip bleibt. Wenn wir ihn sehen, werden wir verändert. Vielleicht ist es das, wovon der Apostel Paulus sprach, als er sagte: *„Wir alle aber schauen mit aufgedecktem Angesicht die Herrlichkeit des Herrn an und werden so verwandelt in dasselbe Bild von Herrlichkeit zu Herrlichkeit, wie es vom Herrn, dem Geist, geschieht."* (2. Kor. 3, 18). Beachte, dass Paulus schreibt, wir werden in dasselbe herrliche Bild Gottes verwandelt, das wir anschauen, von Herrlichkeit zu Herrlichkeit. Wir werden wie der, den wir anbeten. Der Punkt ist, dass die Herrlichkeit Gottes unser Leben tiefgreifender verändert als alles andere, was für uns Gläubige verfügbar ist.

Es gibt kein größeres Privileg für einen Glaubenden, als ihm von Angesicht zu Angesicht zu begegnen. Das ist die ultimative Berufung. Und alle, die ihn anschauen, soweit wie er es zulässt, empfangen die Gnade, in zunehmendem Maße zu werden wie er.

GEBET

Himmlischer Vater, ich danke dir für das wunderbare Vorrecht, dich lieben und anbeten zu dürfen. Danke, dass Jesus mir diese Ehre ermöglicht hat. Hilf mir, bei all meinen Glaubensaktivitäten dich stets vor Augen zu haben. Mein Herzenswunsch ist es, dich mit allem, was ich bin, zu ehren und wie dein herrlicher Sohn Jesus Christus zu sein. Dies bitte ich, damit du verherrlicht wirst.

BEKENNTNIS

Jesus berechtigte mich, ein Priester vor Gott zu sein. Ich bin in seiner herrlichen Gegenwart genauso willkommen wie Jesus, um ihm zu dienen, denn ich bin in Christus. Ich verkünde, dass Gott mich dazu bestimmt hat, wie Jesus zu sein, und dieses Privileg der Anbetung ist Teil seines Planes.

Deshalb lebe ich dafür, dass Gott durch mein Leben in allem, was ich bin und tue, erhoben wird.

34

GLAUBE

GOTTES VERTRAUEN IN UNS IST MESSBAR AN DEM, WAS ER UNS ANVERTRAUT HAT.

Wenn ich diese Aussage mache, denken viele Menschen, ich spreche von Reichtum, Titeln oder Ruhm. Doch ich beziehe diese Dinge niemals in die Gleichung mit ein, denn wahrer Reichtum hat damit nur wenig zu tun. Gottes Wertesystem unterscheidet sich deutlich von unserem, denn er betrachtet alles im Hinblick auf die Ewigkeit. Außerdem könnten diese Dinge niemals angemessen die Größe seines Herzens für uns widerspiegeln, weil sie alle endlich sind, und seine Liebe zu uns ist unendlich. Gottes Vertrauen in uns ist an seinem Geschenk für uns erkennbar – an dem großen Schatz des Himmels, dem Heiligen Geist - dem Geist Jesu Christi. Und mit seiner Gegenwart kommt auch sein Name, seine Autorität, seine Herrlichkeit, seine Freude, seine Absichten und seine Bestimmung. Die Liste der Segnungen ist endlos.

Der Heilige Geist wird im Himmel so hoch geehrt, dass Jesus uns davor warnte, ihn zu lästern, denn das würde ewiges Gericht auf uns bringen. Obwohl der Heilige Geist nicht von sich selbst spricht, sprechen sowohl der Vater als auch der Sohn über ihn mit großer Liebe, Respekt und Wertschätzung. Und genau diese dritte Person der Dreieinigkeit wohnt in uns und ruht auf uns. Wie sehr vertraut uns Gott, und wie sehr vertraut er auf das, was er in uns vollbracht hat? Genug, um uns den Heiligen Geist zu geben, den Schatz des Himmels. Dieser eine Gedanke reicht aus, um uns in alle Ewigkeit vor Ehrfurcht staunen zu lassen.

Je nachdem, wie unsere Beziehung mit dem Heiligen Geist aussieht, wird jeder Bereich unseres Lebens erfolgreich sein - oder auch nicht. Einige machen den Fehler und sprechen vom Heiligen Geist als eine Kraft oder etwas Undefinierbares. Tragischerweise ist er für viele keine Person, die man kennenlernen und mit der man interagieren kann. So ein Irrtum kommt uns teuer zu stehen. Es ist so, als ob man direkt neben einem vollen Kühlschrank verhungert. Die Antwort auf alle Fragen unseres Lebens steht tatsächlich in Zusammenhang mit unserer Sehnsucht und unserer Bereitschaft, auf ihn zu hören und von ihm bevollmächtigt zu werden. Ganz gleich, ob es sich um unser persönliches Leben oder um unseren Dienst handelt, alles ist verbunden mit dem Einfluss der in uns wohnenden Gegenwart Gottes.

Aus diesem Grund ist jegliche Fokussierung auf unsere Kraft, unseren Glauben, unsere Bereitschaft, zu gehorchen, unsere Hingabe oder unsere Motive vollkommen falsch. Diese Dinge sind wichtig. Ja, sie sind tatsächlich absolut wichtig. Doch wenn der Fokus auf mir liegt, vertraue ich auf meine eigene Stärke. Es geht um mich, es geht um meine Perspektive und meine sehr beschränkte Wahrnehmung dessen, was Gott bereits für mich getan hat. Und nichts könnte langweiliger sein. Doch wenn er im Mittelpunkt steht, ist genug Kraft für alles vorhanden, wozu ich beauftragt bin.

Ich fordere dich heraus, darüber nachzudenken, wie sehr Gott an dich glaubt und was er in dir vollbracht hat. Bringe deinen Glauben in Übereinstimmung mit seinem. Ich fordere dich heraus, eine Entdeckungsreise zu beginnen, bei der du erkennst, wie sehr Gott tatsächlich an das glaubt, was er bereits für dich getan hat. Die Antwort darauf lautet: Genug, um den hochverehrten, ehrfurchtgebietenden und in positivem Sinne empfindsamen Geist damit zu betrauen, in jedem einzelnen Nachfolger Jesu Christi zu leben. Richte deinen Blick von dir weg auf ihn, von deinem Glauben auf seinen Glauben, von deinem Verständnis auf sein Verständnis, von deiner Zuversicht auf seine Zuversicht. Dann wirst du unendlich viel Mut haben, um Gottes vorherbestimmtem Plan zu folgen und erfolgreich in allen Dingen zu sein, die sein Reich betreffen.

GEBET

Vater, du bringst mich auf jede erdenkliche Art zum Staunen. Ich muss die Dinge so sehen, wie du sie siehst, aber das ist ohne deine Hilfe gar nicht möglich. Ich will die Tiefe des Werkes begreifen, das du um meinetwillen wirkst. Ich sehne mich danach, zu erkennen, warum du mir so viel zutraust - genug, um mir den Heiligen Geist anzuvertrauen. Danke, dass du bereits den Weg dafür bereitet hast, damit dieses Gebet beantwortet wird. Und lass diese Antwort zur Ehre Gottes sein!

BEKENNTNIS

Ich glaube an das vollständige Werk von Christus am Kreuz – es geschah für mich. Ich glaube, dass die Perspektive des Vaters auch die meine sein kann. Deshalb verkünde ich, dass das Blut Jesu mich berechtigt, den Heiligen Geist zu empfangen. Ich erfülle alle Voraussetzungen. Ich verkünde, dass der Heilige Geist mich zu jedem von Jesus bereiteten guten Werk befähigt hat. Meine Zuversicht beruht auf allem, was Gott für mich vollbracht hat. Ich werde ihn nicht entehren, indem ich Furcht über den Glauben stelle oder meinen Fokus auf mich richte anstatt auf ihn. Mein Glaube ist lebendig und praktisch und sucht auch heute nach neuen Möglichkeiten, um Gott zu verherrlichen.

35

HOFFNUNG

MANCHMAL BEGINNT UNSER DURCHBRUCH, WENN WIR UNS WEIGERN, VON DER GRÖSSE UNSERER PROBLEME BEEINDRUCKT ZU SEIN.

Wenn ich in eine Stadt komme, höre ich häufig Statistiken darüber, wie wenig Menschen in die Gemeinde kommen, wie viele Hexenzirkel es im Umkreis von 40 Kilometern gibt oder warum in dieser Stadt noch keine Erweckung ausgebrochen ist. Regelmäßig höre ich, wie viele Pastoren in der Region den Dienst quittiert haben, um Versicherungen zu verkaufen oder neben dem Dienst noch einem anderen Beruf nachgehen. Es ist leider schon viel zu normal geworden, von Menschen, die Heilung benötigen, zu hören, dass bereits unzählige Male für sie gebetet wurde, jedoch ohne erkennbare Verbesserung. Oder dass es bei dieser Krankheit nur ein Prozent Überlebenschance gibt oder ihre Krankheit sehr selten ist.

Dies ist ein echter Drahtseilakt für mich, denn ich möchte, dass die Menschen ehrlich sind und nicht vortäuschen, dass etwas Gutes geschehen sei. Dennoch bleibt die Tatsache bestehen. Viele Menschen sind von ihren Problemen beeindruckt. Ihr Leben ist maßgeblich davon geprägt, auf die Aktionen des Teufels zu reagieren.

Mit beeindruckt meine ich nicht, dass sie den Teufel oder die Probleme in ihrem Leben bewundern. Doch sind sie in der Weise beeindruckt, dass die Probleme einen Eindruck hinterlassen haben – einen Eindruck in ihrem Denken, der größer ist als jede Verheißung Gottes oder die Offenbarung seines äußerst gütigen Wesens. Das ist so, als ob sie selbsterfüllende Prophezeiungen aussprechen. Somit wird es immer schwieriger für sie, den Durchbruch zu sehen, während das gleiche Problem bei einem anderen Menschen, der nicht von der Finsternis beeindruckt ist, fast wie von selbst zu verschwinden scheint. Es ist nichts falsch daran, ein Problem ehrlich anzugehen, doch ich lasse mich niemals von der Größe eines Problems beeindrucken, wenn ich Gott und seine Verheißungen klar vor Augen habe.

Ich bin überzeugt, dass einige Menschen gar nicht geheilt werden wollen. Oh, sie wären gerne frei von Schmerzen und Krankheiten - oder von den Arztrechnungen. Doch die Aufmerksamkeit, die ihren Problemen gewidmet wird, stellt eigentlich eine großartige emotionale Währung für sie dar. Die falsche Art von Aufmerksamkeit hat die Wirkung, ein Problem zu verstärken. Sie gibt ihm einen Grund oder eine Berechtigung, zu bleiben. Für einige überwiegt das Bedürfnis nach Aufmerksamkeit und Mitleid alles andere bei Weitem. Das ist natürlich ziemlich abnormal. Doch diese Haltung ist nicht so ungewöhnlich, wie man annehmen sollte. Immer, wenn du denkst, dass diese Menschen jetzt von ihrer Denkweise frei werden könnten, versuchen sie, dich erneut davon zu überzeugen, wie schwerwiegend ihr Problem sei oder wie selten es in diesem Bereich zu einem Durchbruch käme. Seltsamerweise fühlt man sich fast erleichtert, keinen

Durchbruch zu erzielen, wenn einem das Problem nur groß genug erscheint. Diese merkwürdige Sichtweise ist in Wirklichkeit der Beweis für Unglauben.

Erinnerst du dich an das alte Sprichwort: „Ein Spatz in der Hand ist besser als die Taube auf dem Dach?“ Die Aufmerksamkeit, die ich aufgrund des Problems erhalte, fühlt sich gut an. In diesem Bild ist das der Spatz in der Hand. Es ist sehr viel schwerer, auf das Wunder der Heilung oder Befreiung zu hoffen, denn dann muss ich mich mit der Möglichkeit einer Enttäuschung auseinandersetzen. Dies ist die Taube auf dem Dach. Das alte Denken schätzt die Sicherheit des aktuellen Mitleids höher als die Möglichkeit eines Wunders. Denn bei Mitleid weiß ich zumindest, was ich zu erwarten habe.

Die Neigung, sich vor Enttäuschungen zu schützen, hat in der Christenheit Raum für diese Hoffnungslosigkeit und Perversion geschaffen.

GEBET

Vater, ich muss unbedingt erkennen, wie du bist. Ich habe viel zu viel Zeit damit verbracht, mich von der Größe meiner Probleme beeindrucken zu lassen, anstatt von deiner Größe überwältigt zu sein, die ich durch die Verheißungen in deinem Wort erkenne. Bitte schenke mir mehr Gnade, dass ich dich deutlicher sehen kann. Du bist alles, was ich will. Ich will dir mit jeder Faser meines Herzens Freude bereiten. Bitte gewähre mir das Privileg, den Menschen, die ich mit deiner Liebe berühren soll, deine Größe zu zeigen. Ich bitte dies zu deiner Verherrlichung und deiner Ehre.

BEKENNTNIS

Durch die mir zuteilgewordene Gnade verkünde ich, dass ich nicht länger ständig auf den Teufel reagieren werde. Stattdessen werde ich auf Gott reagieren. Gottes Verheißungen sind großartig. Er hat alles genau durchdacht und weiß, was mir in meinem Leben noch begegnen wird. Er hat mir Verheißungen für jede Situation gegeben. Ich werde meinem Herzen nicht erlauben, sich mit weniger zufriedenzugeben. Ich weigere mich, meine Seele mit Mitleid und Bedauern zu füttern. Gott ist mir ein perfekter Vater, und ich nehme seinen vollkommenen Willen für mein Leben mit Freude an.

36

LIEBE

Jesus baut eine Gemeinschaft von Gläubigen auf, die den Ursprung eines Wortes erkennen, obwohl sie es nicht verstehen.

Das umfassendste Beispiel für Gemeinschaft in der Bibel ist ohne Zweifel die Gemeinde in Jerusalem nach der Ausgießung des Heiligen Geistes. Darüber können wir in den ersten Kapiteln der Apostelgeschichte lesen. Ihre Liebe füreinander war so stark, dass sie keinen Mangel hatten. All ihre Bedürfnisse hinsichtlich Nahrung, Wohnung und Arbeit waren gestillt. Besonders gefällt mir an diesem Bericht, dass die gegenseitige Unterstützung, die in der Gemeinschaft stattfand, niemals befohlen wurde. Sie entstand aus der Liebe, die sie für Gott hatten. Dies zeigte sich an der Liebe, die sie zueinander hatten. Das ist ein wunderschönes Bild von Liebe und Gemeinschaft.

Diese Dynamik im Leben der ersten Jünger begann mit Jesus. Auch wenn es nicht viele Informationen darüber gibt, wie sie für ihre Bedürfnisse sorgten, sehen wir doch, dass Jesus alle Themen ansprach, die für eine Gemeinschaft von Bedeutung sind. Von dem Bedürfnis, der Größte sein zu wollen, vom Geben und Dienen und davon, den anderen höher zu achten als sich selbst. Es scheint, dass diese zwölf Männer zusammen mit Jesus als Gemeinschaft lebten, als sie durch das Land zogen, um das Evangelium vom Reich Gottes zu predigen. Hier wurde das Fundament eines Konzeptes etabliert, das sich durch die Ausgießung des Heiligen Geistes exponentiell ausbreitete. Ich habe bisher zwei Gemeinden als Pastor betreut. Jede von ihnen erlebte eine mächtige Ausgießung des Heiligen Geistes. Die erste geschah, nachdem ich eine Gruppe von Menschen sechzehn Jahre lang pastoral begleitet hatte. Und auch wenn es immer ein gewisses Maß an Überraschungen und Fragen gab, wenn Gott auf mächtige Weise wirkte, blieb die Gemeinde während dieser Zeit der großen Veränderungen intakt. Neuer Wein wird in neue Weinschläuche gefüllt, weil der Weinschlauch dehnbar sein muss.

Als in der zweiten Gemeinde die Ausgießung des Geistes geschah, kam es zu großen Unruhen. Sie begann ein oder zwei Monate, nachdem ich dort als Pastor angefangen hatte. Als Folge davon verließen etwa tausend Menschen die Gemeinde und spaltete sie somit in zwei Teile. Was war der Unterschied? In der ersten Gemeinde halfen uns unsere Beziehungen, das Unerklärliche zu tragen, das eine Ausgießung mit sich bringt. In der zweiten Gemeinde war ich neu und hatte noch kein Verständnis für den Wert von Gemeinschaft aufgebaut, in der das Band der Liebe uns zusammenhalten würde. Als Folge davon verließen uns einige wirklich wunderbare Menschen.Jesus war ein beliebter Redner. Die Menschen folgten ihm ohne Verpflegung und reisten weite Strecken, nur um ihn sprechen zu hören und die Wunder zu sehen, die er wirkte, um seine Botschaft zu untermauern. Doch diese Popularität wurde eines Tages infrage gestellt. Tausende Menschen waren anwesend. Wahrscheinlich hatten sich um die fünftausend Menschen um ihn versammelt. Er hatte bereits Nahrung vermehrt, um sie zu sättigen. Dann beschloss er, zu predigen. Sein Predigtthema war das Anstößigste seiner ganzen Laufbahn. Er verkündete, dass die Menschen sein Fleisch essen und sein Blut trinken müssten, um Anteil an ihm zu haben. Die Gemeinschaft der Zuhörer war darüber geteilter Meinung. Als Folge davon stritten und argumentierten sie miteinander.

Scharenweise verließen sie den Ort.

Stell dir vor, wie du zu Tausenden sprichst und dann beobachten musst, wie einer nach dem anderen geht, bis nur noch zwölf Jünger übrig sind. Du kannst dir vorstellen, wie sich die Jünger gefühlt haben? Sie hatten seine Popularität sehr genossen und gehofft, dass er schon bald König werden würde. Ihre Sehnsüchte lösten sich plötzlich in Luft auf. Er wandte sich an seine Gemeinschaft und erklärte, dass seine Worte „Geist sind" und dass der Geist Leben schenkt (siehe Joh. 6, 63). Mit anderen Worten, was er die Menge gerade gelehrt hatte, war genauso gefüllt mit dem Heiliger Geist wie die Botschaften, die die Menge liebte. Er sagte nur das, was er seinen Vater sagen hörte. Doch dieses Mal verstanden die Leute nicht, was gesagt wurde. Stattdessen empfanden sie seine Worte als anstößig. Obwohl die Jünger seine Botschaft ebenfalls nicht verstanden, erkannten sie dennoch, dass sie Leben empfingen, wenn Jesus sprach (siehe Joh. 6, 68).

Im Kontext von Gemeinschaft gibt es Gnade, die Dinge von Gott zu empfangen, die sonst bedrohlich wären. Liebe befähigt uns, die Fülle des Lebens anzuzapfen, die Gott uns durch ein Wort geben will, das wir noch nicht verstehen. Dies macht einen großen Teil des Lebens eines Nachfolgers Jesu aus. Jemand sagte einmal: „Gott beleidigt unseren Verstand, um unser Herz zu offenbaren.“ Dies traf auf keine Situation besser zu, als auf die in Johannes 6.

GEBET

Vater Gott, ich will in der Liebe leben, die du für mich geplant hast. Hilf mir, nicht in Unabhängigkeit zu leben und das dann als Gehorsam dir gegenüber zu bezeichnen. Ich wünsche mir nichts sehnlicher, als dass meine Liebe für dich an der Liebe für andere Menschen und an meinem Sinn für Gemeinschaft messbar wird. Und hilf mir, im Hinblick auf Gemeinschaft die Dinge anzunehmen, die du mir über den Weg schickst und die zu deiner Ehre und zu meinem Wohl bestimmt sind, auch wenn ich sie nicht vollkommen verstehe. Ich vertraue dir und gebe dir die Ehre.

BEKENNTNIS

Ich werde in Liebe leben. Ich werde in Gemeinschaft leben. Mein Herz ist darauf ausgerichtet, Gott zu verherrlichen, indem ich Menschen wertschätze. Als Folge davon beabsichtige ich, nicht auf die Dinge zu reagieren, die ich noch nicht verstehe, sondern im Rahmen meiner Liebe zu Gott und meiner Liebe zu Menschen nach Erkenntnis zu suchen. Ich tue diese Dinge zur Ehre Gottes.

37

GLAUBE

EINE MEINER GRÖSSTEN FREUDEN BESTEHT DARIN, MIT GLAUBENSSTARKEN MENSCHEN ZUSAMMENZUSTEHEN. DOCH ES IST EINE BESONDERE EHRE, INMITTEN VON UNGLAUBEN FEST ZU STEHEN.

Es ist eine unbeschreibliche Freude, sich in einem von Glauben erfülltem Raum zu befinden. Echter Glaube ist weder etwas Mühsames noch dient er der Selbstdarstellung. Er muss sich nicht selbst beweisen. Stattdessen erzeugt er eine überwältigende Zuversicht in die allgegenwärtige Güte Gottes, in den Einen, der sich selbst immer treu ist.

Es ist eine Sache, eine Einzelperson mit großem Glauben zu erleben. Doch es ist etwas ganz anderes, das Gleiche zusammen mit vielen Menschen zu erleben. Dies ist wirklich selten, doch ich glaube, dass es bald die Norm sein wird. Ich kann voller Dankbarkeit sagen, dass diese Realität beinahe täglich zunimmt. Als Folge davon geschehen atemberaubende Großtaten, die zur Ehre Gottes gewirkt werden. Das biblische Mandat des Glaubens wird in einer Gemeinschaft von Glaubenden ausgelebt, die hinsichtlich ihrer Hingabe an

Christus auf dem gleichen Level ist. Die Vielzahl von Gaben und Ausdrucksformen kreieren, bildlich gesprochen, den schönsten Bildteppich, den ich jemals gesehen habe. Dies ist das Privileg, wenn man in einer Gemeinschaft von glaubensvollen Gläubigen lebt. Doch das ist selten der Ausgangspunkt. Bevor es eine Gemeinschaft mit großem Glauben gibt, muss es jemand geben, der mit Entschlossenheit den ersten Schritt macht und sagt: „Ich werde aus Glauben leben, egal, wie viele Menschen sich mir anschließen." Große Bewegungen beginnen normalerweise mit einer Person, die sagt, dass sie Gott folgen wird, unabhängig davon, ob sich noch jemand anschließt. Sie sucht die Ehre Gottes auf eine Weise, die ihn erfreut – mit großem Glauben. Tragischerweise habe ich oft davon gehört, wie gute Menschen auf einen gläubigen Partner warten, bevor sie diesem Gott des Unmöglichen folgen. Andere warten auf Familienmitglieder oder Freunde. Wieder andere wollen, dass ihre Gemeindeältesten vorangehen. Egal, wie rational sich diese Argumente auch anhören, sie sind vollkommen irrational. Es geht nicht darum, wer mit uns glaubt. Die Frage ist vielmehr, was werde ich mit den gottgegebenen Situationen in meinem Leben anfangen? Die Gnade, zu glauben, ist ein Geschenk Gottes, das nicht durch einen Aufschub missachtet werden darf. Sie ist kein frei verfügbares Gut. Sie ist ein sehr kostbares Geschenk von Gott.

Auch wenn ich es immer bevorzugen werde, zusammen mit vielen anderen Gläubigen im Glauben zu stehen, so nehme ich auch die Momente dankbar an, in denen ich gezwungen bin, als Einzelner zu stehen. Es sind diese Momente, die uns formen. Sie befreien uns von der schrecklichen Menschenfurcht, der so oft ein wohlklingender Name wie Ehre oder Weisheit verliehen wird. In diesen Momenten finden wir heraus, was sich wirklich in den Tiefen unseres Herzens befindet.

Noch ein warnendes Wort zum Thema. Auch wenn ich die Zeiten schätze, in denen ich im Glauben stehe, während andere es nicht tun, darf dies niemals dazu führen, dass ich die Tatsache ignoriere, dennoch nur ein kleiner Teil des riesigen Leibes zu sein. Des Weiteren sollte ich mir immer darüber im Klaren sein, wie wichtig Rechenschaft und Ehre sind.

Ist es möglich, weiterhin zu glauben, wenn jene, denen wir rechenschaftspflichtig sind, keinen Glauben haben? Ja. Reduziere niemals deinen Glauben auf das Maß der Menschen um dich herum. Demonstriere stattdessen die Authentizität deines Glaubens durch die Liebe und Ehre, die du denen entgegenbringst, die deine Weisheit und deinen Standpunkt in Frage stellen. Denke daran, dass der Glaube durch die Liebe wirkt (siehe Galater 5,6). Wenn mein Glaube ohne Liebe existiert, dient er der Selbstdarstellung und wird letztendlich selbstzerstörerisch sein. Liebe stellt sich niemals in den Mittelpunkt, ebenso wenig wie der Glaube, der durch die Liebe wirkt.

GEBET

Vater, ich danke dir für all die Gelegenheiten, die du mir schenkst, um dich durch Glauben zu ehren, denn du bist wirklich der Glaubwürdige. Hilf mir, diese Momente ohne Furcht anzunehmen und die Herausforderung, falls nötig, auch dann zu akzeptieren, wenn ich alleine dastehe. Ich weiß, dass die Fähigkeit, zu glauben, wenn andere sich abwenden, nicht auf meiner Großartigkeit beruht, sondern das Produkt deiner Gnade ist. Dafür danke ich dir. Ich will dich durch dein wunderbares Geschenk des Glaubens einfach nur ehren.

BEKENNTNIS

Ich liebe das Privileg, mit Menschen zusammen zu sein, die großen Glauben haben. Und ich werde die Momente wertschätzen, in denen ich ganz alleine dastehe und glauben kann, wenn andere furchtsam geworden sind. Die Gnade Gottes ist in jeder Situation mehr als genug für mich, denn ich wurde dazu geschaffen, Gott durch das, was ich bin und tue, Ehre zu bringen.

38

HOFFNUNG

Verbitterte Menschen ziehen murrende Menschen an.

Es ist eines der großen Geheimnisse des Lebens, dass Menschen mit bestimmten Werten, egal ob gut oder schlecht, andere mit denselben Werten anziehen. Ich kann dir versichern, dass jemand, der Tratsch liebt, wenn er in eine Arbeitsumgebung mit hundert anderen Mitarbeitern kommt, innerhalb weniger Wochen Kontakt zu jenen geknüpft hat, die ebenfalls tratschen. Das ist ein seltsames Phänomen, aber es entspricht der Wahrheit.

Verbitterte Menschen sind Marionetten des Teufels. Sie ziehen ein dämonisches Chaos an, das Verdrehungen mit sich bringt. Bitterkeit ist selten grundlos, und deshalb liebt es der Teufel, die Rechtfertigung für das Festhalten an Bitterkeit zu liefern. Was wäre besser geeignet, diese falsche Haltung aufrechtzuerhalten, als eine Atmosphäre der gerechtfertigten Missgunst aufzurichten? Und so werden die unzufriedenen Nörgler in das Leben der Bitteren involviert. In diesem Fall geschieht mehr, als dass sich natürlicherweise Gleich und Gleich aufgrund gemeinsamer Interessen anziehen. Es greift das geistliche Gesetz, dass anhand der inneren Werte des Herzens Bündnisse mit der unsichtbaren Welt geschlossen werden. In diesem Fall wird das Bündnis mit der dämonischen Welt geschlossen und Bitterkeit und Groll sind so ansteckend, dass sie in sehr kurzer Zeit ganze Menschengruppen kontaminieren.

Es gab Zeiten, in denen Freunde von mir eine schlimme Nachricht nach der anderen über jemand erfuhren und ich nichts davon mitbekam, obwohl ich mit allen bekannt war. Ich weiß, dass es dafür viele Gründe geben kann. Doch fest steht, dass Menschen, die verärgert sind, höchstwahrscheinlich nicht jenen trauen werden, die sie verärgert haben. Der sichere Weg, um Freunde voneinander zu trennen und die Schönheit der Einheit zu zerstören, ist das Säen von Misstrauen. Eine falsche Herzenshaltung zieht Informationen an, die das bestätigen, was sie wahrgenommen haben. Und dies fördert die Spaltung zwischen denen, die eigentlich Liebe, Gnade und Einheit demonstrieren sollten. Das Herz ist etwas Wunderbares, wenn es beschützt wird. Doch es kann gemein und niederträchtig werden, wenn wir dem Feind erlauben, Samen der Zwietracht hineinzusäen.

Diese Wahrheit können auch wir uns zunutze machen, weil gute Herzenshaltungen ebenfalls die Dinge anziehen, die notwendig sind, um gute Werte aufrechtzuerhalten. Ich habe dies genauso geübt, als ob ich lernen würde, ein Musikinstrument zu spielen oder etwas, das ähnliche Disziplin erfordert. Hier ist ein Beispiel dafür. Die anhaltende Hoffnung in meinem Leben gedeiht durch Berichte über das, was Gott tut. Wenn ich Zeugnisse von Gottes wunderwirkender Kraft wertschätze, ziehe ich Menschen an, die ebenfalls von Durchbrüchen in ihrem Leben zu berichten wissen. Das kann man wunderbar beobachten. Es gibt Zeiten, in denen Menschen beinahe Schlange stehen, um mir Geschichten über gute Ereignisse zu erzählen! Die Werte im Herzen ziehen sozusagen den Treibstoff an, der notwendig ist, um diese Werte aufrechtzuerhalten. Wenn Hoffnung und Glaube eine hohe Priorität auf deiner Werteliste haben, wirst du unweigerlich Menschen mit großer Hoffnung und Glauben anziehen, die glaubensfördernde Erfahrungen weitergeben können.

Es ist ratsam, zu erkennen, auf welche Dinge du eine Anziehungskraft ausübst. Natürlich ist nicht alles, was dir im Leben begegnet, eine Folge davon. Doch es ist sinnvoll, auf ungewöhnliche Muster zu achten – nicht etwa, dass wir uns beschämt oder unter Verdammnis fühlen -, sondern um die notwendigen Veränderungen in unserem Leben vorzunehmen. Diese Muster können vielleicht in unserem Herzen etwas aufzeigen, wofür wir bisher blind waren. Wenn es sich um Tratsch handelt, dann wende dich das nächste Mal ab, wenn jemand tratscht. Wenn es sich um schmutzige Witze handelt, dann lerne, dich von solchen Gesprächen fernzuhalten. Mache deutlich, welche Werte dir wichtig sind, falls du gefragt wirst. Achte ganz bewusst darauf, was du dir anhören willst, und der Himmel wird deine Entscheidung unterstützen und dafür sorgen, dass du die richtige Nahrung bekommst.

GEBET

Himmlischer Vater, bitte schenke mir die Gnade, dass mein Herz überfließt von deinen Werten. Mein Leben soll für die Dinge anziehend sein, die dir wohlgefallen. Dies ist mein Verlangen. Bitte zeige mir auch die unbewussten Dinge, die dir missfallen und Schwierigkeiten in mein Leben bringen. Meine größte Sehnsucht ist, dass du durch mich und die Art, wie ich mein Leben führe, verherrlicht wirst. Danke für die Verheißungen, die du mir gegeben hast. Sie helfen mir, die Hoffnung in allen Situationen aufrechtzuerhalten.

BEKENNTNIS

Ich werde mein Herz vor den Samen des Grolls und der Bitterkeit beschützen. Durch Gottes Gnade werde ich mich von diesen Dingen fernhalten und mich den Dingen widmen, die Gott gefallen. Als Folge davon habe ich große Hoffnung. Und meine Hoffnung ist in der Güte Gottes sicher verankert. All dies geschehe zu seiner Ehre.

39

LIEBE

MANCHE HÖREN ZU, UM ZU LERNEN; ANDERE HÖREN ZU, UM ZU KRITISIEREN.

Die Bibel erklärt, dass die Liebe „alles glaubt" (siehe 1. Kor. 13, 7). Gott hat damit selbstverständlich keinen Raum für Dummheit oder Leichtgläubigkeit gegenüber Dingen geschaffen, die nicht wahr sind. Das würde dem restlichen Teil der Schrift widersprechen. Was meint er also mit dieser Aussage? Er beschreibt die Herzenshaltung, die notwendig ist, um zu wachsen und von den verschiedenen Gaben (Menschen) zu empfangen, die er in unser Leben gestellt hat. Bei manchen dieser Menschen fällt es uns aus diversen Gründen schwer, sie anzunehmen. Und manchmal liegt das Problem bei uns, nicht bei ihnen.

Gelegentlich können wir von bestimmten Menschen die Wahrheit nicht annehmen, weil ihre Eigenarten von dem abweichen, was wir als akzeptabel betrachten. Sie sind vielleicht ungestüm und laut, oder aber still und subtil. Beides kann uns falsch vorkommen, wenn sich unsere Erfahrungen von ihren unterscheiden. Dies ist im Allgemeinen eher ein kulturelles als ein geistliches Problem, doch nicht immer erkennen wir den Unterschied. Weil wir uns vor Fehlern fürchten, bauen wir Schutzmauern auf. Doch zuweilen bringen uns die Schutzmaßnahmen, die uns eigentlich Sicherheit geben sollen, unter ein selbst aufgestelltes Gesetz.

Manchmal sprechen Menschen großartige Wahrheiten aus, doch ihre Terminologie hat für sie eine andere Bedeutung als für uns. Dies nennt man Semantik. Beispielsweise bedeutet ein bestimmtes Wort oder eine Redewendung für sie etwas Positives, doch für uns ist es vielleicht ein „Reizwort“. Die Menschen, die zuhören, um zu lernen, können diese Verwirrung entschlüsseln, doch jene, die zuhören, um zu kritisieren, laufen zu Höchstform auf und spotten über die „Fehler“ aufrichtiger Christen. Die fehlende Liebe beim Zuhören verhindert Einsicht und was noch schlimmer ist, sie entehren dadurch die Diener des Herrn.

Ich bin nicht der Einzige, der die teuflischen Reaktionen von vielen Menschen bezeugen kann, die sich Nachfolger Jesu nennen. Ich stelle ihren Glauben nicht in Frage, doch ihr religiöser Eifer vereinnahmt ihren Charakter und sie verleumden einen Menschen, mit dem sie vielleicht sogar übereinstimmen würden, wenn sie sich die Zeit nähmen, mit ihm zu kommunizieren. Wenn sie ihn näher kennenlernten und mit eigenen Augen sähen, wie eine bestimmte Wahrheit im Alltag ausgelebt wird, würden sie vielleicht sogar Freunde fürs Leben werden. Wenn wir zu selbsternannten Polizisten im Leib Christi werden, ist das eine widerliche Angelegenheit.

Liebe ist die Antwort. Weil Liebe uns zu Überwindern macht. Wenn ich in Gemeinschaft mit anderen Menschen bin, hat Liebe Priorität. Liebe lässt mich zuhören, damit ich verstehe, bevor ich eine Schlussfolgerung ziehe. Und sogar wenn ich zu dem Schluss komme, dass ich eine völlig andere Meinung habe als der andere, verbietet mir die Liebe, diesen Menschen in meinem Eifer für die Wahrheit abzulehnen oder zu verspotten.

Liebe gewinnt tatsächlich, weil Liebe alle Dinge glaubt. In dem Bemühen zu verstehen, sucht sie nach dem Besten. Die Menschen, die immer recht haben müssen, werden sogar für jene zum Ärgernis, die mit ihnen übereinstimmen. Liebe mäßigt, sie besänftigt, sie macht Unterschiedlichkeiten sehr viel erträglicher. In der Liebe sind Unterschiedlichkeiten notwendig, um dieser Welt einen echten Ausdruck des Leibes Christi zu vermitteln. Wenn wir nur diejenigen lieben, mit denen wir übereinstimmen, handeln wir genauso, wie jeder andere Verein in unserer Gesellschaft. Gott erwartet und fordert mehr. Aus diesem Grund glaubt die Liebe alles.

GEBET

Himmlischer Vater, bitte hilf mir, ein besserer Zuhörer als Redner zu sein. Ich will wirklich verstehen, was die Menschen auf dem Herzen haben, mit denen du mich verbunden hast. Und ich brauche wirklich Hilfe, damit ich nicht vorschnell urteile und Menschen kritisiere, die anderer Meinung sind. Danke, dass du uns unterschiedlich geschaffen hast. Hilf mir, diese Unterschiedlichkeit zu schätzen und niemals abzulehnen, was du geschaffen hast. Ich wünsche mir, dass meine Liebe für die Menschen, die sich von mir unterscheiden, dich verherrlicht.

BEKENNTNIS

Ich verpflichte mich, in der Liebe zu wandeln. Ich widme mich darüber hinaus einem Lebensstil, der die Unterschiedlichkeit feiert. Bei meiner Suche nach Wahrheit werde ich niemanden respektlos behandeln, der nach dem Bild Gottes geschaffen ist. Stattdessen werde ich zuhören und bereit sein, zu lernen und zu verstehen. Ich erkenne, dass dies der Weg der Liebe ist, und ich werde auf diese Weise zur Ehre Gottes leben.

40

GLAUBE

DIE HUNGRIGEN FLEHEN; DIE ZUFRIEDENEN BEWERTEN.

Einmal saß ich in einem Restaurant in der Nähe einer sehr unzufriedenen Frau. Ihre Unzufriedenheit hatte mit dem Essen zu tun, das sie bestellt hatte. Ihr Steak war nicht heiß genug. Sie ließ es zurückgehen und sich vom Kellner ein Heißeres bringen. Sie war auch unzufrieden mit dem zweiten Versuch. Beim dritten Mal brachte ihr der Geschäftsführer persönlich ein pfannenfrisches Steak. Als sie sagte, dass sie es ebenfalls nicht mochte, erklärte er ihr, dass er es direkt vom Herd an ihren Tisch gebracht hatte. Aber sie war entschlossen, sich zu beklagen und behauptete, der Herd sei nicht heiß genug.

Die Menschen, die im Hinblick auf ihr Essen besonders fordernd sind, sind normalerweise diejenigen, die eigentlich gar keinen Hunger haben. Zufriedenheit erzeugt eine bestimmte Art von Snobismus in dem Versuch, Perfektion zu genießen. Wenn man für ein teures Essen bezahlt, mag dieser hohe Anspruch vielleicht angemessen sein, doch kann man die gleiche Denkweise auch in vielen Gemeinden finden.

Die Menschen mit den meisten Optionen sind häufig die Anspruchsvollsten. Viele wählen die Gemeinde, die sie am Wochenende besuchen wollen, anhand des Predigers oder des Predigtthemas aus. Die geistlich Satten wählen ihr geistliches Wochenendprogramm.

Hunger ist ein interessantes Phänomen. Er bewegt Menschen dazu, merkwürdige Dinge zu tun. Zum Beispiel verbietet uns die Schrift, zu stehlen. Doch anscheinend zeigte Salomo Verständnis gegenüber dem Dieb, der aus Hunger gestohlen hatte. Und auch wenn der Dieb das zurückzahlen musste, was er gestohlen hatte, sagte Salomo, dass der Mann deswegen nicht verachtet wird (siehe Spr. 6, 30; Hfa). Ein ungewöhnliches Verhalten ist leichter entschuldbar, wenn jemand hungrig ist.

Geistlich hungrige Menschen weisen häufig ähnliche Merkmale auf. Die Etikette wird von Menschen, die einen extremen Hunger nach Gott haben, häufig vom Tisch gefegt. Ich beobachtete, wie schüchterne Menschen laut wurden, zaghafte Menschen kämpferisch und Selbstzufriedene äußerst mutige Glaubensschritte wagten. Das ist wunderbar. Es ist ein Verhalten, das mit Sicherheit die Definition von Glauben aus Hebräer 11, 6 erfüllt: *„dass er … denen, die ihn suchen, ein Belohner sein wird.“* Hanna erlebte das auch, als sie scheinbar betrunken vor dem Priester erschien, obwohl sie in Wirklichkeit durch ihr verzweifeltes Gebet für ein Kind förmlich berauscht war (siehe 1. Sam. 1, 13). Eli verstand und entschuldigte das durch ihren Hunger ausgelöste kuriose Verhalten.

Diese Art Hunger entsteht aus der Überzeugung, dass Gott gut ist und seinen Kindern gute Gaben gibt. Er entsteht, weil Menschen glauben, dass er seine Versprechen hält. Nur selten kommen Menschen allein durch Bibelstudium zu diesem Ergebnis. Es ist keine Übertreibung, wenn man diesen Hunger als ein „inneres Brennen" bezeichnet. Es wird von Gott entzündet, doch es wird nur durch die Kooperation des Einzelnen aufrechterhalten.

Die Zufriedenen bewerten. Sie bewerten für gewöhnlich die Erfahrungen, Lehren, Bekenntnisse und Hoffnungen anderer Menschen. Traurigerweise hätten manche Leute gar keinen Dienst, wenn sie andere nicht beurteilen und kritisieren könnten. Sie sind nicht für das bekannt, was sie glauben. Sie sind für das bekannt, was sie ablehnen. Man hört nichts darüber, das sie entfacht haben oder wo sie etwas gesät haben. Stattdessen sind sie dafür bekannt, dass sie das „Essen" kritisieren, das andere genießen. Sie erinnern mich an Restaurantkritiker, die selbst nicht kochen können.

Glaube hat einen anderen Zugang zur Wahrheit. Ja, Täuschung ist ein Thema, und ja, der Teufel existiert. Doch Glaube, der durch Hunger zum Ausdruck kommt, ist viel mehr von Gottes Güte und seinen Verheißungen überzeugt als von der Fähigkeit des Teufels, zu stehlen, zu töten und zu zerstören. Die Hungrigen werden völlig von dem Einen vereinnahmt. Er ist für jeden verfügbar, der ihm mit mutiger, unbekümmerter Hingabe folgt. Er vermag auch, sie zu bewahren. Im Zentrum dieser Art Glauben steht Demut, denn sie veranlasst einen Menschen, sich auf eine bestimmte Situation „einzulassen" und zu erwarten, dass Gott spricht und Weisung gibt. Glaube erwartet Gutes, weil Gott gut ist. Hungriger Glaube ist eher gutgläubig als misstrauisch.

GEBET

Vater, bitte hilf mir, immer dankbar zu sein für das, was du mir gegeben hast, aber gleichzeitig stets hungrig nach mehr zu sein. Ich werde mich nicht dazu verleiten lassen, die Erfahrungen anderer Menschen zu kritisieren, denn das hätte zur Folge, auf meinem eigenen Weg mit dir nicht tiefer vorzudringen. Bitte umgib mich mit Menschen, die mich inspirieren und Hunger nach mehr entfachen, und lass mein Leben denselben Effekt auf andere haben.

BEKENNTNIS

Ich bin dazu bestimmt, in Glauben und Demut voranzugehen. Ich kann das, weil Gott gut ist und er mir das Geschenk des geistlichen Hungers gegeben hat. Aus diesem Grund werde ich dem Einen folgen, der verheißen hat, sich von mir finden zu lassen!

41

HOFFNUNG

WENN GOTT UNS EINE VERHEISSUNG ANSTATT EINER ANTWORT GIBT, OFFENBART DIES SEIN VERLANGEN, UNS IN UNSERE EWIGE BESTIMMUNG ZU BRINGEN.

Ich habe Menschen sagen hören, dass Gott uns braucht. Das ist einfach nicht wahr. Er braucht nichts. Er ist und war sich schon seit Ewigkeiten selbst genug. Doch uns hatte er schon von jeher im Sinn. Und seine Gedanken waren zu unserem Heil und Segen, nicht zu unserem Unheil. Seine Pläne für uns sind gut, unbeschreiblich gut. Er hat große Träume für uns - wie sie jeder gute Vater für seine Kinder hat. Er sagte zu Jeremia, dass er ihn bereits kannte, bevor er geboren war. Gott war so hingegeben an seinen Traum für diesen Propheten, dass er ihn sozusagen erlebte, bevor seine Zeit gekommen war. Das ist die Art von intensivem Träumen, zu der Gott absolut in der Lage ist.

Der Allmächtige liebt es, eine Partnerschaft zu haben, in der seine Brillanz und Schönheit in denen erkennbar wird, die sich entscheiden, ihn anzubeten. Wenn unser Herz auf ihn ausgerichtet ist, werden wir verwandelt von Herrlichkeit zu Herrlichkeit. Doch wir sind auch das Objekt seiner

Sehnsucht – wir sind sein Traum, der wahr geworden ist. Er sehnt sich nach jenen, die lernen wollen, sein Herz und seine Wege zu offenbaren - Menschen, die Mitarbeiter am Bau seines Königreichs werden und seinem Namen Ehre machen wollen. Es ist unmöglich, nicht von Hoffnung erfüllt zu sein, wenn Gott selbst unser Vater ist!

Der Vater sehnt sich so sehr nach Partnerschaft, dass er auf unser Schreien manchmal auf eine Art und Weise reagiert, die wir missverstehen. Wir schauen auf das Problem, er hat das Gesamtbild im Blick. Wir suchen nach seinem Eingreifen, er sucht nach Söhnen und Töchtern, die aussehen, handeln und leben wie sein Sohn Jesus. Er sehnt sich danach, dass wir in der Autorität und Vollmacht leben, in der Jesus lebte. Glaubst du, dass diese persönliche Verwandlung jemals in uns geschehen würde, wenn Gott jedes unserer Gebete beantwortete und jedes Problem für uns beheben würde? Nein. Wir würden weiterhin wie Kleinkinder im Elternhaus bleiben, wo für jedes Bedürfnis gesorgt wird. In so einem Umfeld brauchen wir nur zu schreien, damit uns die gewünschte Aufmerksamkeit zuteil wird. Er erwartet mehr von uns. Damit wir reifen, müssen wir die Probleme mit dem Sinn Christi angehen und die Vollmacht und Autorität anwenden, die uns in seinem Namen gegeben wurde. Reife bedeutet, dass wir verantwortungsbewusst leben und denken. Jesus muss in unserer Generation repräsentiert werden.

Es gibt Zeiten, in denen er uns Verheißungen anstatt Antworten gibt. Er will unsere Beteiligung an dem Prozess, der uns zu reifen Gläubigen werden lässt, die ihn gut repräsentieren. Wenn wir diesen Prozess bereitwillig annehmen, erhalten wir das Privileg, Teil seiner Antwort zu sein. Er will mehr, als lediglich jemanden geheilt oder befreit zu sehen - er möchte durch uns handeln. Er möchte, dass sein Volk der

Menschheit sein Herz demonstriert und Teil der Antwort wird, indem es seine Heilung, seine Befreiung und seinen allgegenwärtigen Geist des Durchbruchs in jede einzelne Situation bringt.

Wenn er ein Gebet beantwortet, ist unsere Aufgabe ziemlich einfach. Wir beobachten ihn bei der Arbeit und danken ihm. Er wirkt für uns auf eine Weise, die uns so tief beeindruckt, dass wir sein Eingreifen mit großer Freude feiern. Wenn er aber Gebete durch uns beantwortet, sieht unsere Aufgabe ganz anders aus. Dieses Mal ist unsere Reaktion auf seine Führung der Schlüssel zum Durchbruch. Jesus sagte von sich: *… er tut nur das, was er den Vater tun sieht.“* (Joh. 5, 19; Hfa). Der Vater zeigte Jesus, was zu tun war, um ein Wunder zu wirken. Solch eine Mit-Arbeit ist auch heute noch auf Gottes Herzen, und er wünscht sich eine Braut für seinen Sohn, die zur vollkommen Reife gelangt und mündig geworden ist.

GEBET

Vater, du erstaunst mich. Du erstaunst mich, weil du dir wünschst, dass ich fähig bin, der Welt dein Herz zu demonstrieren. Aus diesem Grund lebe ich voller Hoffnung. Bitte hilf mir, zu erkennen, wann und wie du in einer Situation handeln willst, damit ich die gottgegebenen Gelegenheiten nicht verpasse, das Reich Gottes kommen zu sehen. Ich brauche Weisheit, um zu unterscheiden, wann der Schrei meines Herzens für mich oder durch mich beantwortet werden soll. Ich danke dir im Voraus für beides.

BEKENNTNIS

Durch die mir gegebene Gnade Gottes werde ich vertrauensvoll für einen Durchbruch flehen. Ich werde mich aber auch nicht scheuen, seinen Namen zu gebrauchen, um meinen Teil zu erfüllen, dass dieser Durchbruch geschieht. Mein Herz sehnt sich danach, dass Gott in mir und durch mich verherrlicht wird. Deshalb empfange ich mit Freude sein Verlangen, in und durch mich seine Absichten zu erfüllen, damit die Welt erkennen kann, wie er ist. Ich tue dies, damit sein Name auf der ganzen Erde erhoben wird!

42

LIEBE

Oft feiern wir die Menschen, die sich unter die mächtige Hand Gottes demütigen, aber verachten jene, die er erhebt.

Wir haben eine Theologie für Demut und das ist auch richtig so. Jesus lehrte und demonstrierte Demut. Wir bewundern jene, die Tag für Tag ihr Leben für andere niederlegen und Opferbereitschaft um des Evangeliums willen zeigen. Dafür ehren wir sie.

Doch was geschieht, wenn Gott das in ihrem Leben tut, was er verheißen hat? Der Apostel Petrus verkündete: *„Demütigt euch nun unter die mächtige Hand Gottes, damit er euch erhöhe zur rechten Zeit.“* (1. Petr. 5, 6). Wir haben eine Lehre über Demut, doch uns fehlt die Lehre zum Thema Segen und Beförderung. Ist es möglich, dass Gott Menschen um des Evangeliums willen erhebt? Ich meine damit natürlich nicht in Verbindung mit Stolz und Unabhängigkeit. Ich spreche von Beförderungen, die es Menschen ermöglichen, die Meinungsmacher dieser Welt zu beeinflussen. Solange wir einige der Themen, die unsere Herzenshaltung betreffen, nicht klären, werden wir niemals vollständig in unsere Bestimmung finden.

Einer der Gründe, warum dieses Thema so schwierig für das Volk Gottes ist, ist etwas, dass sich keiner von uns gerne eingestehen will – Eifersucht. Wenn wir von der Liebe abweichen, führt uns das direkt zu dieser Sünde. Eifersucht ist wie ein Krebsgeschwür, das unser Herz zerfrisst und gute Menschen dazu bringen kann, unter das Urteil ihres eigenen Richtens über andere zu geraten. Damit dieser schlechte Charakterzug im Herzen eines Gläubigen Bestand hat, müssen wir ihm einen edlen Namen geben: Urteilsvermögen, Gebetslast und „Gott hat mir gezeigt ...“ sind verschiedene Ausdrücke, die wir verwenden, um diesem zerstörerischen Einfluss ein Versteck zu verschaffen. Sehen wir der Tatsache ins Auge: Es ist herausfordernd, wenn wir zusehen müssen, wie jemand anders das bekommt, wofür wir gearbeitet und gebetet haben oder zumindest, was wir uns von Herzen wünschen.

Erneut lehrt uns der Apostel Paulus: *„Die Liebe ... neidet nicht, ... sucht nicht das Ihre.“* (siehe 1. Kor. 13, 4-5). Solange du die Beförderung eines anderen nicht feiern und daran teilhaben kannst, kannst du dir nicht sicher sein, dass du frei von Eifersucht bist. Der Feind bemüht sich sehr darum, dieses Gefühl in uns zu schüren, denn es disqualifiziert uns für unsere Bestimmung. Und die Mächte der Finsternis fürchten sich davor, dass wir in unsere Bestimmung kommen.

Selbstbeförderung ist ein zerstörerisches Element, insbesondere im Dienst. Der Teil des oben genannten Verses *„... sucht nicht das Ihre“* spricht dieses Problem an. Gott hat Interesse an unserer Beförderung, er ist sogar noch mehr daran interessiert als wir. Doch wenn wir uns durch Eigenwerbung selbst voranbringen, müssen wir uns auch weiterhin gut darstellen, um die entsprechende Position zu behalten. Das ist sehr anstrengend und führt zu Eifersucht. Wenn wir dies erkennen, müssen wir augenblicklich Buße tun.

Zu lernen, die Beförderung eines anderen zu feiern, ist oftmals die Voraussetzung für unsere eigene Beförderung. Man kann auch sagen, dass wir den Besitz eines anderen verwalten. Wenn wir mit dem gut umgehen, was anderen gehört, dann sorgt Gott dafür, dass wir das erhalten, was uns zusteht. Das ist auch einer der Gründe, warum wir angehalten sind, uns mit denen zu freuen, die sich freuen und mit denen zu weinen, die traurig sind. Wir müssen unser eigenes Herz mäßigen, damit wir an den Erfahrungen anderer teilhaben können.

GEBET

Vater, hilf mir, die Beförderung deiner Kinder auf dieselbe Weise zu feiern wie du. Hilf mir, bei der Beförderung anderer deine Hand zu erkennen, damit ich nicht deinen Willen in ihrem Leben bekämpfe. Ich will in meinem Leben nur die Beförderung erlangen, für die ich nach deinem Ermessen bereit bin. Ich weiß, dass eine Beförderung zur falschen Zeit meine Leidenschaft, dir in allem zu gefallen, beeinträchtigen könnte. Ich bete diese Dinge, damit du auf der ganzen Erde verherrlicht wirst.

BEKENNTNIS

Gott erhebt Menschen zur rechten Zeit. Er ist der Einzige, der weiß, wann der richtige Zeitpunkt gekommen ist. Weil ich den Willen Gottes liebe, bin ich bereit, die Menschen zu ehren, die Gott ehrt. Ich tue dies, damit der Name Jesu zu höchsten Ehren auf der ganzen Welt gelangt.

43

GLAUBE

Unser Sinn wird entweder erneuert, oder er befindet sich im Krieg mit Gott.

Weil das erneuerte Denken eine so große Bedeutung für Gott hat, kann man auch mit Sicherheit sagen, dass Gottes Wege mit seinem Volk auch immer in irgendeiner Weise auf die Erneuerung des Sinnes abzielen. Wir wissen, dass der Glaube nicht aus dem Verstand kommt, sondern aus dem Herzen. Dennoch verstärkt ein erneuerter Sinn unseren Glauben. So schaffen wir eine Grundlage, hinsichtlich unseres Glaubens Gottes Gedanken zu erfassen. Den Rahmen für ein erneuertes Denken bilden das Wesen und die Verheißungen Gottes. Dieser erneuerte Sinn wird geformt, wenn wir uns in dem Bewusstsein dieser Realität bewegen. Zum Beispiel erkennt der erneuerte Sinn im Mittagessen eines Kindes das Potenzial, eine ganze Menschenmenge zu versorgen.

Diese Art zu denken entsteht nicht einfach so. Die Jünger hatten damit ihre Mühe – obwohl sie mit Jesus jeden Tag die Demonstrationen der grenzenlosen Güte Gottes erlebten. Dennoch hatten sie ihre Mühe damit, zu vertrauen, dass ein Laib Brot für die anstehende Reise ausreichend sei (siehe

Mk. 8, 14). Und diese beschämende Reaktion zeigten sie bei zwei weiteren Ereignissen, als sie sahen, wie sich eine kleine Menge Nahrung vermehrte, um eine große Menschenmenge zu sättigen.

Das Wort Buße bedeutet „unsere Denkweise zu ändern". Dabei geht es nicht um eine Willensentscheidung. Wenn das der Fall wäre, könnten nur die sehr Disziplinierten Buße tun. Buße ist ein Geschenk Gottes. Es ist die Betrübnis über die Sünde „nach Gottes Sinn" (siehe 2. Kor. 7, 9), die jemanden befähigt, seine Perspektive zu verändern und die höhere Wahrheit zu erkennen. Buße bedeutet, aus Gottes Perspektive zu sehen.

Wir sehen also, dass Buße ein wichtiger Schlüssel für einen erneuerten Sinn ist. Entweder ich sehe aus Gottes Perspektive oder ich muss Buße tun. *„Denn die Gesinnung des Fleisches ist Tod, die Gesinnung des Geistes aber Leben und Frieden, weil die Gesinnung des Fleisches Feindschaft gegen Gott ist, denn sie ist dem Gesetz Gottes nicht untertan, denn sie kann das auch nicht"* (Rö. 8, 6-7). Die Gesinnung des Fleisches ist Tod und sie ist feindlich gegenüber Gott. Es gibt keinen Mittelweg, und deshalb muss der Heilige Geist an der Erneuerung unseres Sinnes arbeiten.

Weil Buße häufig als Selbstkasteiung und Selbstkritik verstanden wird, haben viele die Möglichkeit verpasst, durch Buße ihren Sinn zu erneuern. Sie sind viel zu sehr mit sich selbst beschäftigt - aber diese Nabelschau führt nicht zu einer veränderten Denkweise im positiven Sinne. Tatsächlich werden Menschen so der gottgegebenen Momente beraubt, in denen sie mit Gottes Augen sehen könnten. Selbst wenn Gott uns der Sünde überführt, hoffen wir auf seine Gnade. Mit anderen Worten, wir müssen an den Punkt kommen, mehr auf seine Fähigkeit und sein Verlangen, zu vergeben, fokussiert zu sein als auf unser Versagen.

Der wirklich ernüchternde Teil dieser Gleichung ist, dass sich der unerneuerte Sinn im Krieg mit Gott befindet. Durch die feindliche Gesinnung gegen Gott ist unser unerneuerter Sinn nicht in der Lage, gute Frucht hervorzubringen. Allein diese Wahrheit zu erkennen, hilft uns, die so notwendige „Betrübnis nach Gottes Sinn“ zu entwickeln. Ohne sie erfolgt keine echte Buße.

Wenn du dazu neigst, wegen deines Kummers über Sünde in Selbstkritik zu verfallen, solltest du möglichst schnell realisieren, dass du sogar für diese Haltung Buße tun musst. Wir müssen lernen, Fehler zu erkennen, ohne uns dabei nur um uns selbst zu drehen. Nur wenn wir uns der unermesslichen Größe seiner Liebe und Gnade bewusst sind, werden wir deutlich erkennen, wovon er uns überführt, ohne dabei unter dem Deckmantel von Buße in Selbstzentriertheit zu verfallen.

GEBET

Hilf mir, klar und deutlich zu sehen. Hilf mir, dich nicht länger auf das zu begrenzen, was mir sinnvoll erscheint. Ich will durch deine Augen sehen und entsprechend deines Wesens und deiner Verheißungen leben. Danke, dass du auf Golgatha bereits jedes Problem im Voraus gelöst hast, damit ich für das Beste glaube, weil du gut bist. Danke für deine unendliche Güte!

BEKENNTNIS

Mein Sinn wird durch Gottes unendliche Gnade erneuert. Ich werde verändert von Herrlichkeit zu Herrlichkeit, weil Gott gut ist und ich mich hinsichtlich der Erneuerung meines Sinnes voll und ganz auf ihn verlassen kann. Ich bin zuversichtlich, dass er das vollenden wird, was er angefangen hat.

44

HOFFNUNG

DAS ZWANGHAFTE VERMEIDEN VON ENTTÄUSCHUNGEN IN DER GEMEINDE BESCHERTE DEM GEIST DES UNGLAUBENS EINEN EHRENPLATZ.

Hoffnung ist eine der wichtigsten christusähnlichen Eigenschaften und Werte, die wir in diesem Leben haben können. Wenn wir wirklich sein Herz entdecken wollen, muss sie ständig genährt werden. Ohne Hoffnung ist es unmöglich, das Potenzial unseres Lebens auszuschöpfen. Gott erwartet keine blinde Hoffnung, die jeglicher Grundlage entbehrt. Diese Art Hoffnung ist auch kein positives Denken, durch das wir so tun, als ob „alles in der Welt gut sei", wenn dies absolut nicht der Fall ist. In Wirklichkeit ist diese Hoffnung die freudige Erwartung von Gutem. Sie entsteht, wenn wir die vollkommene Güte seines Wesens entdecken, indem wir ihn und seine vollkommenen Verheißungen erfahren.

Unsere Hoffnung ist verankert in der Offenbarung der Güte Gottes und sprudelt aus unserem Herzen in einer Weise hervor, die unsere Perspektive, Einstellung und Mimik beeinflusst. Da seine Güte die größte existierende Absolute ist, muss unser Herz fest damit verknüpft sein, damit wir in dieser Reich-Gottes-Realität namens Hoffnung unerschütterlich bleiben.

Als Pastor kenne ich diese Herausforderung gut. Wir haben oft Angst, Erwartungen zu erzeugen, die vielleicht unerfüllt bleiben. Und es gibt keinen ehrbaren Pastor auf diesem Planeten, der Gottes Volk durch weitere unerfüllte Verheißungen frustrieren möchte. Wir sind beinahe täglich mit unmöglichen Situationen konfrontiert – und nichts ist schwieriger, als Familienmitglieder und Freunde zu begleiten, die eine große Tragödie durchleben und nach dem Warum fragen. Als Folge davon höre ich häufig, wie Pastoren ihre Besorgnis zum Ausdruck bringen, keine Hoffnungen erzeugen zu wollen, die unerfüllt bleiben – wieder einmal.

Ich verstehe diese Argumentation, denn am Ende sind oft wir diejenigen, die dabei helfen, die Scherben eines zerbrochenen und unerfüllten Lebens wieder aufzusammeln. Es ist fatal, den Dienst künstlich hochzujubeln, denn so werden oft Erwartungen erzeugt, die nicht erfüllt werden können. Niemand von uns will in so eine fruchtlose Aktivität verwickelt sein. Doch es ist ausgesprochen töricht, derartigen Missbrauch in der Weise zu kompensieren, dass wir Hoffnungslosigkeit akzeptieren. Das wird zu einer selbsterfüllenden Prophezeiung – wir erhalten genau das, was wir erwarten: nichts. In dem Bemühen, uns vor Enttäuschungen zu schützen, akzeptieren wir letztendlich Unglauben.

Vielen von uns wurde ein unmöglicher Auftrag erteilt: einer Krise oder Tragödie einen Sinn zu verleihen. Obwohl die Menschen häufig Antworten suchen, helfen diese nur selten - zumindest nicht sofort. Der Schmerz sitzt im Herzen, nicht im Gehirn. Und auch wenn wir uns sehr darum bemühen, Trost zu spenden, ist doch die einzig wahre Antwort der Friede, der unseren Verstand übersteigt. Für gewöhnlich müssen wir unser Recht, das Geschehene zu verstehen, aufgeben, um diese Art Frieden zu finden. Praktisch heißt das, wir müssen Freunde sein, die lieben und dienen, die weder verurteilen noch richten, während wir ein unerschütterliches Vertrauen in die Güte Gottes in uns tragen. Menschen, die einen großen Verlust erlitten haben, stellen möglicherweise alles infrage, was wir glauben oder für was wir stehen. Doch als Freunde halten wir an dem geoffenbarten Wesen der Güte Gottes fest, während wir gleichzeitig eine liebende Haltung beibehalten, die jedem Trost und Frieden vermittelt, der sich in einer Krise befindet. Diese Haltung bringt solch eine Sicherheit in deren Welt, dass der Friede irgendwann dauerhaft auf sie übergeht.

Ich habe beobachtet, dass viele Menschen versuchen, sich vor Enttäuschungen abzuschotten. Diese Entscheidung hat einen hohen Preis, denn damit ihnen das gelingt, müssen sie jede Art von Hoffnung aufgeben. Es ist eine schreckliche Lebensweise. Ohne Hoffnung wirst du auch keinen Glauben finden.

Ich erinnere mich, dass vor vielen Jahren ein junger Mann aus unserer Gemeinde berufen wurde, möglicherweise Geschworener in einem bevorstehenden Rechtsstreit zu werden. Während er in einem Raum mit über hundert potenziellen Geschworenen wartete, bemerkte er einen Mann im Rollstuhl. Er ging zu ihm und fragte ihn, ob er für ihn beten könne, damit er geheilt würde.

Die Antwort des Mannes war ehrlich. Er fragte: „Was ist, wenn ich nicht geheilt werde?"

Der junge Mann antwortete: „Was wäre, wenn doch?"

Dieser einfache Perspektivenwechsel half diesem Mann, neue Hoffnung zu schöpfen. Innerhalb weniger Augenblicke stand er aus seinem Rollstuhl auf und dankte für sein Wunder. Hoffnung ist der Anfang eines Lebens voller Wunder, denn sie weckt in uns die freudige Erwartung, dass unser vollkommener himmlischer Vater zeigt, wer er ist – in uns, mit uns und durch uns.

GEBET

Himmlischer Vater, mit deiner Hilfe werde ich mein Herz nicht vor möglichen Enttäuschungen schützen. Stattdessen werde ich alles dafür tun, um das zu beschützen, was ich über deine Güte weiß. Ich werde immer an das Beste glauben. Dein Wort verankert mein Herz in der Realität dessen, was Jesus für mich getan hat. Durch deine Gnade werde ich diese Hoffnung auf eine ansteckende Weise demonstrieren, damit andere ihre Hoffnung in den wunderbaren Namen Jesu setzen.

BEKENNTNIS

So, wie ich alles daransetzen werde, in Liebe zu leben, habe ich es auch zu meiner Lebensaufgabe gemacht, voller Hoffnung zu sein. Jesus ist der Grund für diese Hoffnung, und deshalb ist meine Hoffnung stabil und herrlich. Ich werde auf diese Weise leben, damit Gott verherrlicht wird und Menschen im Namen Jesu Erlösung finden. Und durch die Gnade Gottes werde ich jedem Tag in der freudigen Erwartung von Gutem entgegensehen – der offenbarten Güte Gottes.

45

LIEBE

LEIDENSCHAFTSLOSE LEITER HABEN FÜR JEDEN, DER IHNEN NACHFOLGT, EINEN HOHEN PREIS.

Eine der eher ernüchternden Wahrheiten der Bibel ist die Tatsache, dass unsere Fehler und Sünden sich niemals nur auf uns selbst auswirken. Je mehr Verantwortung jemand hat, desto größer ist der Einfluss auf jene, die ihm nachfolgen. Das ist eine unabänderliche Tatsache. Und es ist auch nicht hilfreich, zu sagen, jeder Mensch sei selbst für seine Entscheidungen (und deren Konsequenzen) verantwortlich, als ob ein gefallener Leiter nur für sich selbst Verantwortung tragen würde. Es passiert, und es hat Konsequenzen. Allerdings gilt dieses Prinzip für jeden Menschen, nicht nur für die mit einem Titel. Wir müssen dabei auch bedenken, welchen großen Gewinn die richtigen Entscheidungen eines Leiters für jene haben, die ihm nachfolgen. Das Prinzip funktioniert in beide Richtungen. So tragisch dies auch ist, aber es trifft auf wesentlich mehr Aspekte zu als nur auf moralisches Versagen. Es gilt auch für die Art und Weise, wie jemand andere leitet. Auch Eltern müssen hier gut zuhören, denn Leiter sind nicht nur Menschen mit einer entsprechenden Betitelung. Es gibt eine großartige Geschichte in der Bibel über Elisa und einen König (siehe 2. Kö. 13, 14-25). Durch eine Verkettung von Ereignissen war Elisa in einer Situation, in der er das Schicksal von König Joasch und den Einfluss seiner Regierung auf die Nation bestätigen sollte, doch er musste zuvor das Herz des Königs prüfen. Elisa bat ihn also, mit Pfeilen auf den Boden zu schlagen. Joasch tat dies, doch er schlug nur dreimal auf den Boden.

Elisa wurde ärgerlich und sagte, wenn er doch nur fünf- oder sechsmal auf den Boden geschlagen hätte, dann hätte Israel seine Feinde vernichtet. Doch nun würde Israel nur drei vorübergehende Siege erzielen. Denke einmal darüber nach. Dem gesamten Volk Israel war das Schicksal zuteilgeworden, drei kurzzeitige Siege über einen Feind zu erlangen, weil der König auf den Befehl des Propheten, mit den Pfeilen auf den Boden zu schlagen, leidenschaftslos reagiert hatte. Ein symbolischer Gehorsam ist gleich Ungehorsam.

Das Thema, um das es hier geht, ist Liebe. Echte Liebe ist nicht leichtfertig und sie ist nicht bequem. Sie ist von ihrer Wesensart sehr überzeugend und durchschlagend. Jemand, der sich verliebt, verliert alles andere aus den Augen und scheint seine üblichen Prioritäten zu vernachlässigen. Diese Liebe wird von Leidenschaft bestimmt. Leidenschaft ist dieses feurige Brennen im Herzen für den anderen. So ein Herz sollte jeder Gläubige für Gott haben. Man nennt es auch die erste Liebe.

Diese Liebe zeigt sich deutlich daran, wie wir mit Menschen umgehen. Als Jesus den Tempel reinigte, erinnerten sich seine Jünger an die Schriftstelle, die besagt, dass ihn die Leidenschaft für das Haus seines Vaters verzehren würde (siehe Joh. 2, 17). Wir sind dieses Haus! Jesu Leidenschaft zielt auf das Haus Gottes, auf sein Volk ab. Unsere Leidenschaft ist daran erkennbar, wie wir unsere gottgegebenen Aufträge angehen. Alles, was wir tun, ist für den Herrn. Wir alle haben Pfeile in unserer Hand und andere beobachten, was wir mit ihnen tun. Es ist hier nicht meine Absicht, Menschenfurcht oder ein ungesundes Verantwortungsbewusstsein zu erzeugen. Doch genauso wenig sollten wir die Tatsache ignorieren, dass wir das Leben anderer Menschen auf entscheidende Weise beeinflussen.

Die schwierigste Prüfung, der wir ausgesetzt sind, ist nicht die, der wir uns bewusst sind. Wenn mir jemand sagt, dass er von Gott geprüft wird, dann möchte ich ihm gerne sagen: „Dies ist eine Prüfung, bei der du das Lehrbuch benutzen darfst – die gehört zu den leichten Prüfungen." Die mit Abstand schwersten Prüfungen sind die, die uns erst dann bewusst werden, wenn der Test vorüber ist. So war es im Falle dieses Königs. Wenn du nur annähernd so denkst wie ich, dann wunderst du dich, warum der Prophet ihm nicht gesagt hatte, dass dies eine Prüfung war. Ich würde darum bitten, den Test wiederholen zu dürfen, weil ich nun weiß, worauf er achtet. Das Problem ist jedoch, dass der Prophet bereits herausgefunden hatte, wonach er suchte. Er fand heraus, dass das Herz des Königs unvorbereitet und unentschlossen war.

Ich muss zugeben, dass ich diese Art Prüfung nicht immer gut absolvierte. In der Schule war ich wirklich gut, wenn ich vor einem Test lernen konnte, aber ich erzielte klägliche Ergebnisse, wenn ich vorher nicht wusste, was erforderlich war. Es geht hier nicht um Himmel oder Hölle. Es geht um eine Prüfung, die zeigt, wie viel wir von dem, worum wir gebetet haben, handhaben können, ohne dass es uns zerstört.

Die gute Nachricht ist, dass uns unsere Leidenschaft hilft, das Herz von anderen zu entzünden. Die Menschen, die bei dir nach Wegweisung oder Inspiration suchen, werden schon allein dadurch beeinflusst, wie du mit den Pfeilen auf die Erde schlägst. In Liebe zu wandeln und Leidenschaft für sein Haus zu haben, ist das Privileg eines jeden Nachfolgers Jesu. Schlage solange auf den Boden, bis die Menschen in deinem Umfeld ihre größten Siege erleben!

GEBET

Himmlischer Vater, ich weiß, dass ich wieder einmal deine Hilfe brauche. Ich will dieses Leben voller Leidenschaft leben. Doch das kann ich nicht vortäuschen. Ich muss dein Herz für dein Haus erkennen. Ich muss deine feurigen Augen sehen, die auf mich gerichtet sind. Nicht, um mich zu zerstören, sondern um mein Herz zu entzünden, damit es so brennt wie deines. Es ist mein Verlangen, dich auf eine Weise zu ehren, die ich erst noch entdecken muss. Diese Dinge bete ich zur Ehre Gottes.

BEKENNTNIS

Mein Herz brennt für Gott. Ich weiß, dass dies mehr ist als nur Enthusiasmus und oberflächliche Begeisterung. Mein Herz brennt für ihn, weil sein Herz für mich brennt. Ich liebe ihn, weil er mich zuerst geliebt hat! Ich kann bestenfalls das widerspiegeln, was er in seinem Herzen hat. Und dafür gebe ich mein Leben hin – um die Leidenschaft Gottes zu demonstrieren.

46

GLAUBE

GLAUBE WIRD DURCH AKTIVEN GEHORSAM SICHTBAR.

Als junger Mann dachte ich irrtümlicherweise, dass ich meinen Glauben messen müsste, um als großer Glaubensheld zu gelten. Ich las Geschichten über die großen Männer und Frauen Gottes vergangener Tage und sehnte mich nach derselben Bedeutsamkeit und demselben Einfluss, den sie auf den Verlauf der Geschichte hatten. Obwohl ich mir Bedeutsamkeit wünschte, war es die Bedeutsamkeit aus Gottes Perspektive, nach der ich strebte. Es hatte nichts mit Ruhm oder einem bekannten Namen zu tun. Gott weiß, wer ihm wirklich vertraut, und das trieb mich an.

All die Helden der Vergangenheit waren Menschen mit großem Glauben. Mir wurde schnell klar, dass ich einen ähnlichen Glauben brauchte, um dieselbe Auswirkung zu haben wie sie, denn das war das ultimative Merkmal, um Gott zu gefallen. Deshalb versuchte ich, meinen Glauben zu messen. Dazu schaute ich in mich hinein, doch wann immer ich dieses Gefäß des Glaubens öffnete, um seinen Inhalt zu sehen, löste sich dieser sehr schnell in Luft auf. Ich schien nie in der

Lage zu sein, diesen Glauben zu finden, wenn ich danach suchte.

Andererseits gab es auch Zeiten, in denen ich wusste, dass Gott mir befohlen hatte, etwas zu tun, wofür ich meines Erachtens nicht genug Glauben hatte. Anstatt mich selbst zu überprüfen, war ich einfach gehorsam. Ich werde nie den Augenblick vergessen, als Gott mir die Wahrheit offenbarte. Mir war, als ob Gott Folgendes zu mir sagte: „Ohne Glauben hättest du nicht gehorchen können." Ich hatte an der falschen Stelle gesucht. Größe findet man nicht, indem man nach Großartigkeit sucht. Genauso wenig findet man Glauben, indem man nach Glauben sucht. Man findet ihn, indem man Gottes Willen und seine Absichten verfolgt. Von diesem Zeitpunkt an richtete ich meinen Fokus auf Gehorsam, anstatt ständig mein Glaubenslevel zu überprüfen.

Glaube ist das Ergebnis von Hingabe, nicht von Zielstrebigkeit. Glaube ist die normale Reaktion eines Gläubigen auf den Einen, der vollkommen glaubwürdig ist. Wenn das klar ist, wird Gehorsam zum besten Mittel, um den bereits vorhandenen Glauben zu entdecken.

Heute habe ich viele Glaubenshelden. Sie werden aufgrund ihres Glaubens und ihrer Großtaten weltweit respektiert. Ich kenne viele von ihnen persönlich und jeder von ihnen ist hinsichtlich seines extremen Gehorsams herausragend. Ich sage extrem, weil sie ständig nach Gelegenheiten suchen, Gott für das Unmögliche zu vertrauen. Es bringt mich weiter, wenn ich mit ihnen zusammen bin. Doch gleichzeitig macht es mich nervös, denn sie stellen einen neuen Maßstab für das auf, was ich als normales Christenleben bezeichne. Durch ihren Einfluss auf mein Leben kann ich nicht derselbe bleiben.

Wir werden niemals irgendetwas Ewigkeitsrelevantes entdecken, wenn wir nach innen schauen. Wenn wir dagegen auf Gott schauen, werden durch diesen einen Blick Gunst, Leben, Glauben und alle anderen wichtigen Dinge enthüllt. Es ist mein Privileg und meine Verantwortung, mich auf das vorzubereiten, wozu er mich als Nächstes beauftragt. Und vielleicht klingt das für einige seltsam, doch genau das drückt das eigentliche Maß des Glaubens aus, in dem ich lebe.

Gehorsam ist der Ausdruck echten Glaubens, denn Gehorsam zeigt unser Vertrauen, und alle Beziehungen sind auf Vertrauen gegründet. Eine Situation, in der ich lerne, auf seine Stimme zu reagieren, wird mehr dazu beitragen, meinen Glauben zu entwickeln als tausend Jahre der Selbstanalyse.

Ich liebe und brauche Unkompliziertheit. Ich habe nur ein Messgerät auf meiner Instrumententafel - das Herz, Gott zu gehorchen. Dieses Messgerät macht ein Leben im Vertrauen wesentlich leichter. Durch seine Gnade ist mir das möglich.

GEBET

Vater Gott, deine Vertrauenswürdigkeit übersteigt meine Vorstellungskraft. Und ich ehre dich dafür. Bitte hilf mir, mein Herz und mein Denken in deiner Vertrauenswürdigkeit zu verankern, denn ich will dir stets vertrauen. Ich will bei meinem Streben nach Glauben keinesfalls straucheln, weil ich mich in Selbstbetrachtung verliere. Bitte hilf mir, die Momente zu erkennen, in denen ich meine, es ginge nur um mich. Danke im Voraus für die Gnade, so zu leben, wie du dir mein Leben vorgestellt hast – voller Glauben und Vertrauen.

BEKENNTNIS

Ich wurde geschaffen, um Gott ganz selbstverständlich zu vertrauen. Es ist keine komplizierte Aufgabe, dem Einen zu vertrauen, der vertrauenswürdig ist. Und dies werde ich mit großer Freude alle Tage meines Lebens zur Ehre Gottes tun.

47

HOFFNUNG

Jesus kehrt zu einer Braut zurück, deren Leib proportional zu ihrem Haupt ist.

Die Wiederkunft von Jesus Christus wird für seine Gemeinde einer der wunderbarsten Momente aller Zeiten sein. Deshalb wird sie auch „die glückselige Hoffnung“ genannt (siehe Tit. 2, 13). Doch zu was kehrt er zurück? Zu einer geteilten Gemeinde, die er wie ein Puzzle im Himmel erst noch zusammensetzen muss? Kommt er zu einer schwachen, kränklichen Braut zurück, die vor der Hochzeit noch ärztlich versorgt werden muss? Oder kommt er zu einer Braut, die sich bereitet hat? Absolut bereit ist. Eine Braut, die mündig und herrlich ist. Ich wuchs in einer Gemeinde auf, in der die Überzeugung herrschte, dass sich in den letzten Tagen alles verschlimmern würde – und dann würde Jesus wiederkommen. Auch wenn ich mich nicht daran erinnern kann, dass mein Vater das gelehrt hat, war dies doch die allgemeine Lehrmeinung der Pfingstgemeinde, der wir angehörten. Als Folge davon kam die Wiederkehr Jesu einer Befreiungsaktion seiner Braut gleich, bevor der Teufel alle Mitglieder der Gemeinde täuschen und vernichten konnte. Es gibt natürlich Verse, die diese Folgerung anzudeuten scheinen, sofern man für diese Sichtweise empfänglich ist.

Ich erinnere mich daran, als ich 1978 mein erstes neues Auto kaufte, einen wunderschönen blauen Toyota Corolla Fastback. Er hatte ein Fünfganggetriebe, Klimaanlage und einen Kassettenspieler – alles, was sich ein junger Mann nur wünschen konnte. Es war aufregend, so etwas Schönes und Nagelneues zu bekommen. Meine Frau und ich passten mit unseren beiden kleinen Söhnen perfekt in dieses Geschenk Gottes.

Dann entdeckte ich etwas, was ich noch nie zuvor bemerkt hatte. Es gab sehr viele Toyota Corolla Fastbacks auf der Welt. Nachdem ich nun meinen eigenen hatte, schienen meine Augen darauf geschult zu sein, das zu entdecken, was offensichtlich schon die ganze Zeit da war. Als jemand mit ganz persönlichem Interesse an dieser Automarke, sah ich sie nun überall. Innere Werte können uns befähigen, das zu sehen, was wir vorher nicht gesehen haben. Das Gegenteil ist ebenfalls zutreffend. Innere Werte können uns gegenüber den Dingen blind machen, die schon die ganze Zeit über da waren. Dies trifft insbesondere auf das Lesen bestimmter Schriftstellen zu.

Wir sollten uns folgende Frage stellen: Werden meine Werte von Gottes Werten geformt? Wenn wir uns intensiv mit dem Thema Endzeit beschäftigen, neigen wir dazu, alle möglichen Interpretationen zu entwickeln. Das größte Problem unserer Endzeittheologie entsteht durch unser Studieren der Endzeit. Das mag vielleicht etwas seltsam klingen, doch ist es wirklich in Ordnung, wenn wir dieses Thema losgelöst vom Grundthema der Bibel ergründen? Handelt es sich hierbei um eine theologische Frage, die man vom Erlösungswerk Jesu - das uns zu einer neuen Schöpfung machte - trennen kann?

Doch was geschieht, wenn wir den Schwerpunkt unserer Studien auf Gottes Plan für die Gemeinde, auf seine rettende Gnade oder auf die Verheißungen und Absichten für den Planeten Erde verlagern? Wenn das Studium der Endzeit unsere gesamte Theologie bestimmt, erlauben wir dem Abstrakten, das Offensichtliche zu interpretieren. Unsere Interpretationen der symbolischen Begriffe in der Schrift, wie zum Beispiel dem Tier, den sieben Siegeln, den sieben Jahren und unzähligen anderen Geheimnissen, bestimmen die Bedeutung der offensichtlichen Dinge. Ist das Studieren dieser Dinge falsch? Natürlich nicht, es hat seinen Platz. Doch es ist gefährlich, wenn wir zulassen, dass das Abstrakte die Dinge neu definiert, die wir als wahr erkannt haben. Jesus hat uns nicht gerettet, damit er uns von neuem erretten muss.

Genau genommen vermischt die oben genannte Aussage verschiedene Metaphern, was oftmals gefährlich ist. Ich mache es in diesem Fall, um beide Realitäten zu veranschaulichen: Wir sind Glieder seines Leibes und gleichzeitig sind wir seine Braut. Wir sind die Glieder seines Leibes und er ist das Haupt. Wir sind aber auch die Braut, für die er zurückkommen wird. Wir würden erschaudern über die Vorstellung, wenn der Körper eines Kindes versuchte, den Kopf eines Erwachsenen zu tragen. Doch genau dieses Bild symbolisiert nur zu gut die Theologie, die viele vertreten. Warum ist das wichtig? Wenn wir kein siegreiches Ende erwarten, werden wir eine Theologie entwickeln, die eine defensive und letztendlich falsche Repräsentation des Dienstes Jesu auf der Erde zulässt.

Wir brauchen keine Theologie, die Schwäche und Versagen fördert. Das Werk Christi am Kreuz reicht aus, um uns fehlerlos und siegreich zu präsentieren – siegreich sowohl in Reinheit als auch in Kraft! Jesus kehrt für eine Braut zurück, deren Leib proportional zu ihrem Haupt ist. Der Sieger wird für die Siegreiche zurückkehren. Der König der Herrlichkeit wird zu der Herrlichen zurückkehren. Aus diesem Grund wird seine Wiederkehr die „glückselige Hoffnung" genannt.

GEBET

Lieber Vater, ich will mein Leben auf dieser Erde so leben, dass es dir Ehre bereitet – ein Leben der großen Freude und Wonne. Doch ich will auch meine Sehnsucht nach der Wiederkunft deines Sohnes aufrechterhalten. Bitte hilf mir, mein Herz stets rein zu halten und fest entschlossen deine Absichten zu verfolgen. Ich sehne mich danach, im Leben so zu herrschen, dass sich Menschen aufgrund der überwältigenden Offenbarung deiner Güte zu dir hinwenden.

BEKENNTNIS

Gott ist meine Quelle, für alles, was „zum Leben und zur Gottseligkeit" dient (siehe 2. Petr. 1, 3). Es ist mein Vorrecht, im großen, siegreichen Triumph der Auferstehung Jesu zu leben, damit Gottes Wesen von den Menschen um mich herum erkannt wird. Dies ist möglich durch die Gnade, die mir gegeben wurde - zur Ehre Gottes.

48

LIEBE

DIE CHRISTENHEIT SOLLTE NICHT FÜR IHRE REGELN, SONDERN FÜR IHRE LEIDENSCHAFT BEKANNT SEIN.

Für mich ist es eine Tragödie, wenn man im Hinblick auf das Evangelium an Regeln und Formen, aber nicht an echte Leidenschaft denkt. Ich glaube an Strukturen. Doch Strukturen sollten etwas beinhalten. Wir wissen, dass die Bibel von neuem Wein spricht, der in neue Weinschläuche gefüllt wird, weil diese sich ausdehnen können, wenn der Wein gärt. Verwechsle das nicht! Der Schatz ist nicht der Weinschlauch, sondern der Wein! Die Struktur ist wichtig für das, was sie beinhaltet. Regeln und Disziplin geben dem eigentlichen Schatz Form und Wert - der Liebe Gottes, die durch unsere Leidenschaft sichtbar wird.

Ein diszipliniertes Leben ist unerlässlich, damit wir unser volles Potenzial entfalten können. Man kann nur schwerlich die *Sendschreiben* lesen und dann zu irgendeinem anderen Schluss kommen. Man könnte auch sagen, dass echte Leidenschaft hilfreich ist, um große Disziplin zu entwickeln. Es gibt dafür wahrscheinlich kein besseres Beispiel als ein

Mann und eine Frau, die ineinander verliebt sind. Du musst ihnen nicht sagen, dass sie aneinander denken sollen. Du musst ihnen nicht sagen, dass sie zum Wohle des Anderen Opfer bringen müssen. Und du musst ihnen auch nicht vorschlagen, dass sie andere Interessen zurückstellen sollten, um mehr Zeit miteinander verbringen zu können. Diese Dinge geschehen automatisch. Das zeigt uns, dass wir vieles ganz selbstverständlich tun, wenn wir verliebt sind - viel mehr, als wir aus Pflichtgefühl oder durch Anstrengung erreichen würden. Durch Liebe und Leidenschaft entsteht die beste Art von Disziplin, weil sie aus dem Herzen kommt. Somit bestimmt sie ganz selbstverständlich, wie wir unser Leben führen sollen.

Die Gemeinde in Ephesus hatte genau diese Art von Liebe aus den Augen verloren – die erste Liebe. Sie war für so viele gute Dinge bekannt. Doch die eine Sache, die sie eigentlich über alles andere stellen sollte, war die erste Liebe in ihrer Beziehung zu Gott. Buße war ein notwendiger Schritt, doch diese Buße musste eine ungewöhnliche Form annehmen, um echte Wiederherstellung zu bewirken. Gott sagte zu ihnen: *„Erinnere dich … Kehre um, und handle wieder so wie zu Beginn.“* (Offb. 2, 5; Hfa).

Manchmal sind wir so beschäftigt mit geistlichen Aktivitäten, dass wir den Blick dafür verlieren, wozu wir leben und wozu Gott uns beauftragt hat. Prioritäten werden aufgrund von äußerem Druck neu gesetzt und unsere Leidenschaft wird durch Pflichtbewusstsein ersetzt. Gott befiehlt uns: *„Erinnere dich!“* Die Erinnerung kann ein kostbares Werkzeug sein, uns dabei zu helfen, verlorenes Gebiet zurückzugewinnen. Halte einfach inne und erinnere dich, wie du früher gefühlt, gedacht und gelebt hast.

Darauf folgt das Gebot: „*Kehre um.*" Tue Buße und wende dich von jedem Lebensstil ab, der ein Leben der Leidenschaft für Jesus gefährdet.

Den nächsten Befehl finde ich besonders interessant: „*Handle wieder so wie zu Beginn.*" Wenn dieses Wort an einen Ehemann oder eine Ehefrau gerichtet wäre, die sich wieder neu verlieben sollten, dann würde das vielleicht so aussehen: Kaufe ihr Blumen. Rufe sie in deiner Arbeitspause an. Denke über Möglichkeiten nach, wie du sie glücklich machen kannst. Plane Überraschungen für sie, um ihr eine Freude zu bereiten - so wird ihr wieder bewusst, wie glücklich sie sein kann, dass ihr euer Leben miteinander verbringen könnt. Diese Liste ist ziemlich eindeutig – und die Frau hat auch eine entsprechende Liste. Aber du verstehst, worauf ich hinaus will.

Übertrage das jetzt auf deine erste Liebe zu Jesus. Wie oft hast du über ihn gesprochen? Wie hat dein Gebetsleben ausgesehen? Wie war es, als du dich zum ersten Mal auf die Bibel gestürzt hast? Über welche Dinge hast du mit Gott gesprochen? Dies alles sind die ersten Werke. Er sagt nicht, dass du seine Liebe verdienen musst. Er führt dich vielmehr in Werke hinein, die die Leidenschaft in deinem Herzen durch schlichten Gehorsam reaktivieren können. Die Fähigkeit, ihn mit kompromissloser Hingabe zu lieben, ist immer noch in dir. Wenn du das tust, was du früher getan hast, entfachst du wieder die anfängliche Leidenschaft, damit sie dein Leben erneut bestimmt.

Es gibt nur wenige Dinge im Leben, die schöner anzusehen sind als ein älteres Ehepaar, das immer noch verliebt ist. Sie sind in Würde zusammen alt geworden und genießen das Geschenk, das sie erhalten haben. Und das Geschenk ist, dass sie einander haben. So sieht das Leben eines langjährigen

Christen aus, der immer noch in der Leidenschaft der ersten Liebe für seinen Herrn und Retter, Jesus Christus, lebt.

GEBET

Himmlischer Vater, hilf mir, in meiner Liebe zu Jesus niemals lau zu werden. Ich will einfach nur die Leidenschaft widerspiegeln, die dir große Ehre bringt. Du hast so viel für mich getan, dass ich mir nicht vorstellen kann, anders zu leben als voll und ganz zu deiner Ehre.

BEKENNTNIS

Ich liebe Gott von ganzem Herzen. Mein Herz brennt vor Zuneigung für den Einen, der mich zuerst geliebt hat. Und es ist mir eine Ehre, Gott an jedem Tag meines Lebens leidenschaftlich zu lieben. Das werde ich zur Ehre Gottes tun.

49

GLAUBE

MANGELNDER GLAUBE FÜHRT ZU UNGEHORSAM.

Es gibt zwei grundlegende Dinge, die bei einem Nachfolger Jesu unerlässlich sind: Liebe und Glaube. Liebe ist das deutlichste Kennzeichen dafür, dass wir ein Jünger Jesu sind: *„An eurer Liebe zueinander wird jeder erkennen, dass ihr meine Jünger seid"* (Joh. 13, 35; Hfa). Und *„Die Größte aber von diesen ist die Liebe"* (1. Kor. 13, 13). Doch Glaube ist ebenfalls unerlässlich, wie der Schreiber des Hebräerbriefes verkündet: *„Ohne Glauben aber ist es unmöglich, Gott zu gefallen …"* (Hebr. 11, 6; EÜ). Paulus verbindet diese beiden Dinge auf einzigartige Weise in Galater 5, 6. Er sagt uns, worauf es ankommt: *„… den Glauben zu haben, der in der Liebe wirksam wird"* (EÜ).

Zu viele Christen reden sich selbst Unglauben ein, indem sie den Glauben zu einem seltenen Gut erheben, das nur wenige auserwählte Personen erlangen können. Mir ging das viele Jahre so. Immer, wenn ich darum kämpfte, im Glauben zu leben, endete das in einer Katastrophe. Die einzig logische Reaktion darauf schien zu sein, dass ein Leben aus Glauben den berühmten Männern und Frauen Gottes der Vergangenheit vorbehalten war. Doch in meinem Herzen ließ mich dieses Thema einfach nicht los – irgendetwas stimmte nicht. Als ich feststellte, dass Glaube nicht durch Anstrengung, sondern vielmehr durch Hingabe entsteht, erkannte ich, dass der Glaube auch für mich zugänglich war.

Wenn wir Glauben zu etwas Unerreichbarem machen, heben wir die Voraussetzungen für ein Leben des Glaubens auf ein so hohes Level, dass es für den normalen Menschen außer Reichweite ist. Und wenn Jesus für etwas stand, dann dafür, dass er das Außergewöhnliche in Reichweite von gewöhnlichen Menschen brachte. Seine zwölf Jünger zählten nicht zur damaligen Elite. Im Gegenteil, sie waren sehr einfache Menschen - manchmal sogar fast peinlich.

Es wäre grausam, wenn Gott von seinen Kindern Glauben verlangen würde, der jedoch unerreichbar wäre. So ist Gott nicht. Doch genauso wenig gelangen wir durch eigene Willenskraft und Entschlossenheit in ein Leben des Glaubens. Es geht nur durch Hingabe - Hingabe an seinen Willen, sein Herz, sein Wesen und seine Verheißungen.

Paulus schrieb eine äußerst herausfordernde Aussage zu diesem Thema: *„Alles aber, was nicht aus Glauben ist, ist Sünde.“* (Rö. 14, 23). Noch einmal, wenn Glaube unerreichbar wäre, dann wären wir von Gott vorherbestimmt, zu sündigen. Dies ist offensichtlich nicht der Fall, da jedem Menschen ein Maß des Glaubens gegeben wurde. Es ist ein Geschenk aus Gnade, das uns befähigt, erfolgreich zu sein. Er erwartet etwas von uns, und dann stattet er uns mit genau dem aus, was er erwartet. Es ist so, als ob ein Lehrer von dir erwartet, dass du eine Prüfung bestehst, für die er dir vorher die richtigen Antworten gibt. Ja, er ist tatsächlich so gut zu uns.

Letzten Endes geht es darum, wie wir unseren Willen gebrauchen. Werden wir uns für seine Absichten einsetzen und die natürliche Frucht der Hingabe zum Ausdruck bringen? Oder werden wir unseren eigenen Weg gehen und in Unglauben leben? Wenn es an Glauben mangelt, entstehen Sünde, Ungehorsam und generell alles, was sich den Absichten Gottes für uns entgegenstellt.

GEBET

Vater, ich beginne diesen Tag, indem ich mich dir hingebe. Ich ordne mich deinem Willen, deinem Herzen und deinem Denken unter. Alles an dir fasziniert mich und bewirkt in mir eine Freude, dir zu dienen. Hilf mir, diesen einfachen, unkomplizierten Glauben zu leben, denn du hast mir die Antworten auf die Prüfung bereits gegeben, weil du möchtest, dass ich sie bestehe. Ich preise dich für die beständige Güte, die du mir gegenüber zeigst.

BEKENNTNIS

Glaube wurde mir geschenkt. Dieser Glaube gehört mir aus dem einfachen Grund, weil Gott es so wollte. Und ich bekenne und verkünde, dass es mir eine Ehre ist, durch meinen Glauben seine Treue zu demonstrieren. Ich nehme dieses Privileg an, damit Gott überall auf der Erde geehrt wird!

50

HOFFNUNG

Hoffnung ist der Boden, auf dem der Glaube wächst.

Verheißungen geben Hoffnung. Tatsächlich ist das gesamte Evangelium vom Reich Gottes eine fortwährende Verheißung, die all seinen Bürgern Hoffnung gibt. Seite für Seite zeigt uns das Neue Testament Gründe dafür auf, warum wir das außergewöhnliche Eingreifen Gottes in den unmöglichen Situationen unseres Lebens erwarten können. Aus diesem Grund wird das Evangelium auch die gute Nachricht genannt. Natürlich gilt es für die Ewigkeit, doch die wunderbare Nachricht ist, dass es auch bereits hier und jetzt funktioniert.

Das Wort Hoffnung sollte hier nicht, wie allgemein üblich im Sinne von „sich wünschen, erhoffen" verstanden werden. Hoffnung ist keine vage Vermutung wie etwa die Vorstellung, dass vielleicht etwas Gutes passieren könnte, wenn wir Glück haben. Hoffnung ist genau das Gegenteil. Es ist eigentlich „die freudige Erwartung von Gutem". Als meine Frau noch ein Kind war, filmten meine Schwiegereltern am

Weihnachtsmorgen sie und ihre Geschwister, kurz bevor sie ins Wohnzimmer durften, um ihre Geschenke auszupacken. Die Filmkamera und die helle Beleuchtung waren auf den Flur ausgerichtet, wo die Kinder vor Aufregung auf- und absprangen. Sie warteten darauf, dass Papa sagte: „Frohe Weihnachten!" Sie wussten, dass gleich etwas Gutes geschehen würde, und sie waren glücklich darüber, obwohl „es" noch nicht eingetreten war. Ihre Begeisterung war verbal, physisch und emotional erkennbar. Es gab keinen Zweifel über ihren Gemütszustand. Die Tatsache, dass sie voller Hoffnung waren, war für jeden, der sie sah, überaus deutlich sichtbar. Dies ist eines der besten Beispiele, das ich kenne, um die wahre Bedeutung dieses kraftvollen Wortes zu illustrieren: Hoffnung! Die freudige Erwartung von Gutem.

Ein Leben ohne Hoffnung ist tatsächlich ein vergeudetes Leben. Wir wurden geboren und geschaffen, um mit großer Hoffnung zu leben. Natürlich beseitigt das nicht alle Probleme oder Schwierigkeiten. Wir müssen lernen, mit Enttäuschungen umzugehen. Damit müssen wir uns alle auseinandersetzen. Doch die Hoffnung ist größer. Hoffnung ist der Boden, auf dem der Glaube wächst. Glaube zielt auf bestimmte Situationen ab, Hoffnung ist eine grundsätzliche Haltung. Sie ist die allumfassende Zuversicht in Gottes Anliegen, in seine Zusagen und in seine Fähigkeit, alle Dinge zum Guten mitwirken zu lassen (siehe Rö. 8, 28). Zeige mir jemanden mit großer Hoffnung, und ich zeige dir jemanden, der alle Voraussetzungen für einen Wandel in großem Glauben erfüllt. Hoffnung ist das Nebenprodukt dessen, worüber ich nachdenke, meditiere und womit ich mein Herz fülle. Verheißungen helfen mir, große Hoffnung zu entwickeln. Wenn ich mit einem Problem konfrontiert bin und keine entsprechende Verheißung habe, bin ich schlecht dafür ausgerüstet. Dann werde ich nicht das erreichen, was eigentlich möglich wäre. Wenn wir uns an seinen Verheißungen laben, nehmen wir ganz bewusst Einfluss auf das Maß der Hoffnung, in dem wir leben.

Zeige mir jemanden, der das Mandat, mit Hoffnung zu leben, ignoriert, und ich zeige dir jemanden, dessen Glaube nicht ausreicht, die ständig wiederkehrende Herausforderung zu bewältigen. Das ist ein ernsthaftes Problem. Hoffnung muss bereits vorhanden sein, bevor eine Situation eintritt, in der wir sie einsetzen müssen. So sind wir in der Lage, sofort auf etwaige Herausforderungen zu reagieren. Die Hoffnung von heute ist der Nährboden für die Glaubenssiege von Morgen.

GEBET

Lieber himmlischer Vater, bitte hilf mir, die Verheißungen zu erkennen, die du in meinem Leben gepflanzt hast - nur für mich. Ich möchte diesbezüglich nicht unwissend sein. Hilf mir, ein Leben voller Hoffnung zu führen – und möge meine Herzenshaltung ansteckend sein, damit du verherrlicht wirst.

BEKENNTNIS

Gott hat es mir ermöglicht, in beständiger Hoffnung zu leben. Er hat mir im Voraus Verheißungen gegeben, damit ich eine Antwort auf alles habe, was mir in meinem Leben begegnen wird. Mein Leben war genau durchdacht und geplant, lange bevor ich geboren wurde. Der großartige Designer kreierte mich, um Hoffnung zu haben. Und ich werde mit Hoffnung leben - zur Ehre Gottes.

51

LIEBE

Zurecht solltest du alles, was du über Gott zu wissen glaubst, infrage stellen, wenn du es bei Jesus nicht finden kannst.

Wer unter den Nachfolgern Jesu würde behaupten, das Opfer von Tieren könnte unsere Sünden tilgen? Niemand! Wer von uns würde eine jährliche Pilgerreise zum Tempel in Jerusalem unterstützen, damit die Priester zwischen Gott und uns vermitteln können? Nicht einer von uns! Kennst du jemanden, der einem unheilbar Kranken sagen würde, dass er unrein sei und seine Anwesenheit kundtun müsste, wenn er die Straße entlang ginge?

Kein wahrer Christ würde solche Praktiken befürworten. Aber bist du dir darüber im Klaren, dass viele Christen tatsächlich ähnliche Dinge tun? Dies geschieht jedes Mal, wenn wir den Maßstäben des Alten Testamentes erlauben, die Offenbarung bezüglich des Umgangs mit Krankheit und Bösem, die wir in Jesus Christus finden, zu übertrumpfen. Sind wir etwa anders, wenn wir in der Schrift lesen, dass Jesus alle heilte, die vom Teufel überwältigt waren (siehe Apg. 10, 38), und dennoch erklären, dass Gott Menschen mit Krankheiten plagt, um ihren Charakter zu bilden? Nein. Dies ist ein haarsträubender Ansatz.

Jesus kam auf einen verwaisten Planeten, um den Vater zu offenbaren – den Vater der Liebe. Gott wurde niemals zuvor in angemessener Weise als Vater offenbart. Aus diesem Grund kam Jesus. Alles, was Jesus sagte und tat, hatte in erster Linie den Zweck, den Vater zu offenbaren. Alles, was vor Jesus geschah, diente dazu, die Verlorenheit der Menschheit zu offenbaren und auf die einzig mögliche Lösung hinzuweisen, Jesus Christus, den Erlöser. Das Gesetz wurde der Lehrmeister, der die Menschen zu Jesus als einzig wahre Antwort führte. In diesem Sinne sind das Gesetz und die Propheten herrlich und absolut perfekt. Doch das Gesetz kam unter dem Alten Bund zur Anwendung. Es ist mir schleierhaft, warum sich Menschen für das Gesetz entscheiden, das uns bloßstellt, anstatt freudig die gute Nachricht anzunehmen, die Jesus uns offenbarte.

Ich bin immer wieder überrascht, wie viele Gläubige sich über jene ärgern, die alles auf eine Karte setzen, um Jesus nachzufolgen. Anstatt auf das Vorbild Jesu zu schauen, weisen sie auf Johannes den Täufer, auf Elia oder sogar auf Mose hin. All diese Männer passten perfekt in ihre Zeit. Doch Jesus kam, um das zu erfüllen, wofür sie lebten. Er kam, um das zu offenbaren, was sie nicht konnten – einen Vater, der die Menschen liebt und den Preis für ihre Erlösung durch das Opfer seines Sohnes bezahlte. Das ist die großartigste Nachricht, die es jemals geben wird. Und sie darf nicht durch das verunreinigt werden, was viele eine „ausgewogene" Botschaft nennen – ein kleines bisschen Gesetz und ein kleines bisschen Gnade. Jesus Christus ist die Botschaft. Er ist die gute Nachricht. Besser kann sie nicht werden. Sie ist nicht zu gut, um wahr zu sein. Sie ist so gut, dass sie wahr ist.

Wenn du im Weltgeschehen nach Gottes Hand suchst, achte darauf, wie Jesus mit den Mächtigen dieser Welt umging. Wenn du wissen willst, ob Gott eine Naturkatastrophe verursacht, dann beachte, was Jesus mit Stürmen tat. Wenn dir nicht ganz klar ist, ob es Gottes Wille ist, dass jemand geheilt wird, dann schau dir an, wie Jesus mit Menschen in Not umging. Wie viele Menschen wies er zurück, weil es nicht sein Wille war, zu heilen? Jesus Christus verkörpert wirklich die vollkommene Theologie.

Dieser kurze Artikel beantwortet nicht all die Fragen, die er aufwirft. Ich schreibe dies nicht in erster Linie, um Antworten zu geben, sondern um unsere Gedanken und Absichten in eine bestimmte Richtung lenken. Bei jedem Bauwerk muss das Fundament solide und eben sein. Wenn wir die Mauern nicht von Anfang an im Lot haben, wird das Gebäude mit wachsender Größe immer schiefer werden.

GEBET

Himmlischer Vater, ich danke dir für die ganze Bibel. Alles darin ist kostbar für mich. Bitte gib mir die Weisheit, das zu erkennen, was ich aus der Vergangenheit lernen muss, um das richtig zu würdigen, was du mir heute sagst. Ich erkenne, dass dein Sohn der Weg ist - der einzige Weg, um zu dir als meinem Vater zu kommen. Ich danke dir dafür. Ich bete für die Gnade, sein Leben gut repräsentieren zu können - zu deiner Ehre.

BEKENNTNIS

Ich glaube, dass die Bibel Gottes Wort ist und alles darin zu meiner Unterweisung dient. Ich glaube zwar, dass das Alte

Testament nützlich ist, um daraus zu lernen. Doch seine Botschaft übertrumpft niemals das, was Jesus sagte, praktizierte und vorlebte. Ich glaube, dass Jesus Christus kam, um den Vater zu offenbaren und dass er dies in vollkommener Weise tut. Jetzt bin ich an der Reihe. So, wie der Vater Jesus sandte, sendet er nun mich.

52

GLAUBE

GLAUBE VERLEUGNET NICHT DAS PROBLEM, ER GIBT IHM JEDOCH KEINEN RAUM.

Es betrübt mich sehr, wenn ich sehe, wie oft Gläubige versuchen, aufgrund ihrer Willenskraft zu glauben, als ob Glaube ein Produkt ihrer Bemühungen wäre. Glaube ist keine Entscheidung, er ist eine Frucht. Ein Apfelbaum trägt Äpfel, wenn er gesund ist und in einem gesunden Umfeld steht. Es gibt keinen Kampf und keine Anstrengung. Nichts dergleichen. Es geschieht einfach als Folge seiner naturbedingten Beschaffenheit und seiner Umgebung.

Wir sind Glaubende, das ist unsere Natur. Unsere Sünden wurden vergeben und wir haben das Wesen Jesu empfangen. Es liegt in unserer Natur, genauso zu glauben, wie es der Natur Jesu entsprach. Wir können keinen Glauben erzeugen, doch wir können seine Entstehung verhindern, indem wir konträr zu dem leben, was Gott über uns sagt. In Christus zu bleiben ist die Antwort auf mehr Dinge, als wir uns jemals vorstellen können.

Wenn Gläubige fürchten, aufgrund ihres Unglaubens als schwach angesehen zu werden, kämpfen sie manchmal darum, anderen zu beweisen, sie hätten großen Glauben. Das Problem ist, dass Glaube durch solche Methoden nicht in Erscheinung tritt. Er stellt sich nicht zur Schau. Er empfiehlt sich nicht selbst und muss sich nicht selbst beweisen. Glauben entsteht aus Ruhe, nicht aus Anstrengung. Er ist die Grundlage für uns, den Unmöglichkeiten entgegenzutreten.

Wenn Menschen sich abmühen, ihren Glauben zu beweisen, verleugnen sie häufig, dass es ein Problem gibt, weil dieses als ein Zeichen für Unglauben gedeutet wird. Das ist einfach nicht wahr. Auch Jesus nahm etwaige Probleme zur Kenntnis. Ebenso der Apostel Paulus und andere Schreiber der Bibel. Tatsächlich verneinte keiner der Glaubenshelden, wenn er mit etwas konfrontiert war, für das es keine natürliche Lösung gab. Der Schlüssel ist, dass wir dem Problem keinen Raum geben. Wir reagieren nicht auf die Finsternis, wir reagieren auf Gott.

Dann wiederum gibt es Menschen, die ihre Probleme nicht verleugnen, sondern den ganzen Tag in Gedanken mit sich herumtragen. Manche nennen es die Last der Fürbitte, doch meistens nennt Gott es Sorgen. Echte Fürbitte erkennt zwar die Schwere des Problems, aber sie wird nicht dadurch, sondern durch die Verheißungen des Wortes Gottes entfacht. Die Spannung zwischen diesen beiden Bereichen bleibt bestehen, bis das Problem schließlich weicht. Hinter manchen Problemen stehen dämonische Mächte, mit denen wir handeln müssen. Meine Frau bringt ein bestimmtes Problem vor den Vater und fragt ihn: „Also, was machen wir nun damit?“ Sie sucht seine Sicht der Dinge und seine Führung. Wenn sie diese Dinge empfängt, geht sie in Autorität voran, um seinen Willen auf der Erde zu vollstrecken. Das bedeutet im Grunde, dass wir das Problem nur so lange mit uns herumtragen, bis wir das Herz des Vaters in dieser Sache erkannt haben. Wir beschäftigen uns niemals solange damit, bis wir von der Größe des Problems beeindruckt werden. Das wäre so, als ob wir unser Leben von dem Problem bestimmen lassen, anstatt uns von Gott die Lösung für das Problem geben zu lassen.

Arbeite daran, im Hinblick auf alles, was dich bewegt ein Bewusstsein für Gottes Sicht der Dinge zu kultivieren. Dann wirst du nie wieder von der Größe eines Problems beeindruckt sein.

GEBET

Vater, bitte vergib mir, dass ich jedem in meinem Umfeld die Größe meiner Probleme verdeutlichen wollte. Es tut mir leid, dass ich sie in meinem Herzen größer werden ließ als das Bewusstsein deiner Gegenwart. Hilf mir, gemäß deiner Herzensgesinnung zu leben. Hilf mir, nur von dir beeindruckt zu sein. Ich bitte dich, mir zu helfen, den Namen Jesus in höchsten Ehren zu halten.

BEKENNTNIS

Ich bin ein glaubensvoller Glaubender. Es ist meine Natur, Gott zu glauben. Ich weigere mich, mich von den Drohgebärden und den Machenschaften der Mächte der Finsternis beeindrucken zu lassen. All diese Mächte und Pläne wurden bereits durch den auferstandenen Christus, der in mir lebt, besiegt. Ich lebe zur Ehre Gottes.

53

HOFFNUNG

JEDER BEREICH UNSERES LEBENS, FÜR DEN WIR KEINE HOFFNUNG HABEN, STEHT UNTER DEM EINFLUSS EINER LÜGE.

Gott ist ein perfekter Vater. Er hat unbegrenzte Ressourcen, die er uns zur Verfügung stellt, damit wir unsere Aufgaben erfüllen können. Er besitzt auch die Fähigkeit, in die Zukunft zu sehen und zu erkennen, was unseren Weg kreuzt. Er gibt und nicht die Anweisung, etwas Bestimmtes zu tun, um uns dann hilflos zurückzulassen, damit wir selbst eine Lösung für seinen Auftrag finden. Seine Gnade ist seine befähigende Gegenwart. Wenn er mich beauftragt, etwas zu tun und ich einwillige, vollbringt eigentlich er sein Werk durch mich. Das fasziniert mich. Jesus in mir macht das Unmögliche möglich.Er ist sorgsam, treu und weise. Er ist die vollkommene Liebe und Schönheit und versetzt uns mit allem, was er ist und tut, in Staunen. Als solcher ist er der ultimative Vater, der große Anstrengungen unternimmt, um uns heute für unser Morgen auszurüsten. Er hat unsere Fähigkeiten im Licht seiner Absichten für unser Leben genau durchdacht. Als er uns berief, berücksichtigte er auch unsere

Schwachheiten und unser Versagen. Weder unsere Erfolge noch unser Versagen noch unsere Schwächen noch unsere Stärken überraschen ihn. Alles wurde bereits in seinen allumfassenden Plan für uns und diese Erde mit einkalkuliert. Er ist der ultimative Verwalter seines Besitzes – alles gehört ihm. Alles steht ihm zur Verfügung, um diese geheimnisvolle Partnerschaft der Zusammenarbeit mit ihm zu ermöglichen, damit alle seine Pläne ausgeführt werden. Nichts davon ist verdient. Es ist alles Gnade. Gott ließ uns nicht ohne die notwendigen Werkzeuge zurück, die wir brauchen, um im Sieg zu leben. Eines der grundlegendsten Werkzeuge in unserem Werkzeugkasten sind seine Verheißungen. Ein Leben im Bewusstsein dieser Verheißungen ermöglicht uns ein hoffnungsvolles Leben. Unsere Aufgabe ist es, dem Gott des „Verheißenen Landes“ zu folgen, damit er uns das gibt, was wir für die nächste Lebensphase brauchen. Nicht dass wir darum betteln müssten, denn er trägt diese Gedanken für uns bereits in seinem Herzen. Doch es kann nicht stark genug betont werden, wie wichtig es ist, hungrig nach seinem Reich zu sein. Gleichzeitig brauchen wir die Herzenshaltung, arm im Geist zu sein. Diese Haltung zieht die unbegrenzten Ressourcen Gottes an.

All dies lässt sich folgendermaßen zusammenfassen: Jedes Problem, mit dem ich konfrontiert werde, hat er bereits berücksichtigt und mir die passenden Werkzeuge gegeben, um siegreich zu sein. Wir wurden dazu bestimmt, im Leben zu herrschen. Doch der Feind setzt alles daran, uns durch Angst, Einschüchterung und Sorgen dazu zu bringen, die Werkzeuge, die Gott uns gegeben hat, aus den Augen verlieren. Die Hoffnungslosigkeit, die dadurch entsteht, raubt uns nahezu alle Kraft, was im Widerspruch zu der Tatsache steht, dass uns Zugang zu jeglicher Kraft und Stärke gegeben wurde.

Ich betrachte die Sache mit den Verheißungen gerne so: Es ist, als ob Gott bereits in meiner Zukunft war und mir das mitgebracht hat, was notwendig ist, um ebenfalls dorthin zu gelangen - seine Verheißungen.

Gott als liebenden Vater zu kennen – als den Einzigen, der in der Lage ist, uns vor der Zeit auf jede Situation unseres Lebens vorzubereiten –, befähigt uns, ein Leben in großer, allumfassender Zuversicht zu führen. Das ist Hoffnung. Wir sollten uns weigern, in irgendeinem Bereich unseres Lebens ohne Hoffnung zu leben. Wir verlassen uns nicht auf unsere eigene Größe, unsere Bedeutsamkeit oder auf unseren großen Glauben. Wir verlassen uns auf einen perfekten Vater, der an alles gedacht hat.

GEBET

Himmlischer Vater, danke, dass du mich so vollständig in deine Familie aufgenommen hast. Danke für deine absolute Hingabe an mein gegenwärtiges und mein zukünftiges Leben. Bitte hilf mir, in keinem Bereich meines Lebens die Hoffnung zu verlieren. Weise mich auf jede Achtlosigkeit hin, die in meiner Vorstellung oder Wahrnehmung von dir als meinem Vater noch besteht. Ich bitte dich um all dies, damit ich deinen Sohn, Jesus, gut repräsentieren kann. Möge all dies zu deiner Ehre geschehen!

BEKENNTNIS

Mein Vater ist in jeder Hinsicht perfekt. Er übersieht nichts, und mein Leben ist ihm nicht gleichgültig. Ich habe Grund zu großer Hoffnung, weil der große Hoffnungsgeber mein Vater ist. Ich werde mein Herz vor den Lügen und

Ablenkungen bewahren, die der Feind parat hält. Ich kann gemeinsam mit Jesus sagen: „... *und in mir hat er gar nichts*" (Joh. 14, 30). Dies alles tue ich, um Gott mein Leben als lebendiges Opfer darzubringen - zu seiner Ehre.

54

LIEBE

Gottes Fähigkeit, Krankheit zu seiner Ehre zu nutzen, bedeutet nicht, dass er Krankheit gutheisst. Genauso wenig bedeutet Gottes Fähigkeit, Sünde zu seiner Verherrlichung zu gebrauchen, dass er Sünde gutheisst.

In unserem Wandel mit dem Herrn Jesus Christus entdecken wir beständig, wie Liebe sich äußert. Er wählt stets das Beste für uns, denn das liegt in der Natur der Liebe.

Gottes Fähigkeit, schlechte Dinge zu seiner Verherrlichung zu nutzen, hat manche Menschen veranlasst, anzunehmen, er sei der Urheber dieser üblen Dinge. Dieser Meinung wird für gewöhnlich dem geheimnisvollen Oberbegriff „Gottes Souveränität" zugeordnet. Die wundersame Souveränität Gottes ist etwas, das ich liebe und das mich begeistert, aber es betrübt mich, wie viel in unserem Leben nicht mit dem Leben Jesu übereinstimmt und dennoch als Gottes mysteriöser Wille bezeichnet wird.

Gott ist souverän. Das ist eine absolut großartige Wahrheit, die unseren Verstand übersteigt. Aber ist es zulässig, Dinge, die Jesus niemals tolerierte, in diese Kategorie einzuordnen und sie als Gottes Willen zu bezeichnen? Dies darf niemals geschehen! Natürlich möchte ich sorgfältig mit diesem Thema umgehen. Doch ich möchte mich auch so verhalten, wie Jesus sich verhalten hätte. Ich möchte so sein wie er. Vieles von dem, was wir heute akzeptieren, hätte er nie zugelassen. Häufig lesen Menschen über seine Wunder in den Evangelien nur zur Ermutigung und nehmen sie nicht als Beispiele, denen sie nacheifern sollen.

Ist Gott in der Lage, Sünde zu gebrauchen? Ja. Selbstverständlich. Salomo war Davids Sohn. Gott liebte Salomo und bestimmte ihn zum König von Israel. Die Ära von David und Salomo war das Goldene Zeitalter in der Geschichte Israels. Doch Salomos Mutter war Batseba. David hatte sie nach ihrer ehebrecherischen Affäre geheiratet, die zur Ermordung ihres Ehemanns Uria geführt hatte. Das war Sünde im höchsten Maße! Dennoch konnte unser souveräner Gott aus diesen schrecklichen Taten Davids einen der größten Könige Israels hervorgehen lassen. Waren Davids Ehebruch und die Mordtat Gottes Wille? Nein! Gott bricht nicht sein eigenes Gesetz, um seine Ziele zu erreichen. Ich beschreibe es gerne so: Gott ist in der Lage, mit einem einfachen Pärchen (Poker) das Spiel zu gewinnen, das heißt, er kann jede Situation in ein Siegerblatt wandeln. Er ist Gott.

Ist Gott fähig, Krankheit zu gebrauchen? Ja! Ich habe das unzählige Male erlebt. Familien kommen oft am Sterbebett eines geliebten Menschen zusammen, wo sie sich versöhnen und ihre zerbrochenen Beziehungen wieder kitten. Oftmals beginnen Menschen, die sonst keinen Gedanken an Gott verschwenden, nach geistlichem Beistand zu suchen. Andere fangen an, zu beten. Es ist wunderbar, solche Reaktionen zu sehen. Das alles ist möglich durch einen großen Gott, der durch seine einzigartige Liebe jederzeit jede Situation zu seiner Verherrlichung und unserem Segen zu gebrauchen vermag. Doch Krankheit als seinen Willen zu bezeichnen, würde bedeuten, ihm die Werke des Teufels zuzuschreiben.

Ich zitierte diesen Vers bereits zuvor, doch betrachte noch einmal, wie dieses Thema hier auf wunderbare Weise auf den Punkt gebracht wird:

Jesus von Nazareth, wie Gott ihn mit Heiligem Geist und mit Kraft gesalbt hat, der umherging und wohltat und alle heilte, die von dem Teufel überwältigt waren, denn Gott war mit ihm.

Apostelgeschichte 10, 38

Jesus veranschaulichte den Willen Gottes. Er ging umher, um Gutes zu tun. Dieses Gute wurde als Heilung und Befreiung bezeichnet. Er tat diese Dinge, weil Gott mit ihm war. Die Gegenwart Gottes auf dem Leben eines Menschen bedeutet, dass bestimmte Ergebnisse zu erwarten sind. Heilung und Befreiung sind zwei dieser zu erwartenden Resultate. Solche Dinge werden durch Liebe bewirkt.

Gott ist gut. Der Teufel ist schlecht. Gesundheit und Heilung sind gut. Krankheit und Leiden sind schlecht. Es ist nicht kompliziert.

GEBET

Himmlischer Vater, ich danke dir und preise dich für deine Fähigkeit, alles zu deiner Ehre und unserem Besten zu nutzen. Du erstaunst mich, denn du bist so wunderbar. Hilf mir, stets auf meine Gedanken zu achten, damit ich niemals dir die Werke des Teufels zuschreibe. Doch hilf mir, auch in den weniger guten Umständen niemals deine Hand aus den Augen zu verlieren.

BEKENNTNIS

Gott ist gut, er ist immer gut. Gott ist unendlich groß und fähig, jede Situation zum Besten zu gebrauchen - zu seiner Ehre. Durch Gottes Gnade werde ich ihm niemals die Werke des Teufels zuschreiben. Stattdessen werde ich mein Herz darauf ausrichten, mir in den unmöglichsten Situationen Gottes heilbringende Liebe vor Augen zu halten. Dies werde ich zur Ehre Gottes tun.

55

GLAUBE

Der Glaube erzielt Antworten, doch der ausdauernde Glaube erzielt charakterbildende Antworten.

Eines der aufregendsten Dinge im Leben jedes Glaubenden sind Gebetserhörungen. Und je unlösbarer das Problem erscheint, desto einprägsamer und wirkungsvoller ist die Antwort. Antwort auf Gebet ist das wunderbare Privileg des Nachfolgers Jesu. Sie ist das Produkt der Zusammenarbeit mit Gott, eine Ehre, die unseren Verstand übersteigt.

Gott beantwortet Gebete für jeden Menschen und in jeder Situation unterschiedlich. Doch wenn wir nicht verstehen, wie er handelt, geben wir möglicherweise inmitten eines gewaltigen Durchbruchs frustriert auf. Glaubende brechen den Prozess zur Erhörung ihres Gebets oftmals ab, weil sie nicht verstehen, wie Gott handelt.

Ich wünschte, wir könnten erkennen, wie oft Gott unsere Gebete in dem Moment beantwortet, in dem wir beten – doch oft kommen die Antworten in Form eines Samens anstatt des Endresultats, nach dem wir Ausschau halten. Wir flehen um einen großen Durchbruch und Gott gibt uns stattdessen den Samen für diesen Durchbruch. Wir bitten um eine Eiche, aber Gott gibt uns stattdessen eine Eichel. Diese Wahrheit zu erkennen, ändert sowohl unsere Art zu beten von Grund auf als auch die Art und Weise, wie wir mit den Zeiten umgehen, die wir in Gott haben. Gott schuf Samen, und Samen wachsen durch die richtige Pflege. So hat Gott es bestimmt.

Manchmal ist unser größtes Bedürfnis die Antwort, und manchmal brauchen wir stattdessen den Prozess, der die Antwort hervorbringt. Wir wollen ein schnelles Eingreifen; er möchte, dass die Antwort fest in das Leben des hingegebenen Glaubenden hineingepflanzt wird. Sein Eingreifen wird durch die persönliche Entwicklung des Betenden unterstützt. Mit anderen Worten, er möchte, dass die Antwort einen sicheren Platz im Leben des Glaubenden bekommt, der die Wege des Königs verstanden hat.

Oft beten wir für die richtigen Dinge, doch wenn wir die Antworten immer sofort erhielten, würden sie unser Leben möglicherweise sogar zerstören. Aus diesem Grund ist ausharrender Glaube wichtig für Gott.

Wenn wir die Kunst des fokussierten, anhaltenden Gebets erlernen, wird unser Herz auf die gleiche Weise gestärkt, wie isometrische Übungen unsere Muskeln aufbauen. Unser Charakter wird hier sozusagen zum Muskel, der sich in der Zeit des Wartens auf die Antwort entwickelt. Dabei hören wir nicht auf, beharrlich und fokussiert zu beten. Der Charakter im Leben der Jünger Jesu wird gebildet, wenn die Zeit des Wartens von der Gewissheit der Erhörung des Erbetenen bestimmt ist.

Antworten auf Gebete sind großartig. Antworten auf Gebete, die mit Charakterbildung einhergehen, sind noch großartiger. Gott hat stets das Gesamtbild im Blick. Die Tatsache, dass wir in seinem Bild überhaupt vorkommen, sollte uns alle zum Staunen bringen.

GEBET

Vater, hilf mir, die besonderen Momente mit dir gut zu verwalten. Ich möchte nicht den Samen der Antwort übersehen, den du mir gibst. Ich will auch nicht verpassen, wie sich dieser Same zu der Antwort entwickelt, nach der mein Herz schreit. Ich wünsche mir, dass mein Herz stark wird in dir - zu deiner Ehre.

BEKENNTNIS

Ich bin dazu bestimmt, Antworten auf meine Gebete zu bekommen. Ich akzeptiere die Tatsache, dass Antworten auf unterschiedliche Weise kommen. Aus Eicheln werden Eichen, und ich liebe die Gelegenheiten, bei denen ich erleben darf, wie sich kleine Antworten zu den vollendeten Antworten entwickeln, nach denen ich mich sehne. Ich wurde geschaffen, um Gott zu verherrlichen.

56

HOFFNUNG

Du wirst nichts mehr bedauern, als in einer Haltung des Bedauerns zu leben.

Jeder Augenblick, den ich damit verbringe, irgendetwas zu bedauern, raubt mir die Zeit, die ich sonst darauf verwenden könnte, Einfluss auf die Gegenwart zu nehmen und in die Zukunft zu säen. In einem Zustand des Bedauerns zu leben, ist eindeutig eine Strategie des Teufels, denn dadurch wird unsere Effektivität im Hier und Jetzt geschwächt. Letztendlich wendet er diesen Trick an, damit wir indirekt die wahre Wirkung des Blutes Jesu infrage stellen und um uns daran zu hindern, das volle Potenzial unseres Glaubens zu erkennen.

Bedauern ist etwas Heimtückisches. Die Ursache dafür liegt meist darin begründet, dass wir uns danach sehen, dem Herrn wohlgefällig zu leben. Das Gefühl des Bedauerns rührt von unserem Gewissen. Auf diese Weise erhält es die Erlaubnis, zu bleiben. Das Gewissen ist ein wundervolles Geschenk Gottes, dessen Nutzen sich unter dem Einfluss des Heiligen Geistes entfaltet. Und der Heilige Geist holt unsere

Vergangenheit niemals wieder hervor, wenn sie einmal unter dem Blut Jesu war, um sie erneut zu überprüfen.

Ich bezweifle, dass es irgendeinen Menschen gibt, dem nicht unzählige Dinge in den Sinn kommen, die er gerne anders gemacht hätte. Meine Liste ist lang. Je mehr ich über diese Dinge nachdenke, desto mehr Raum gebe ich der dunklen Wolke, die sich über mir zusammenbraut, um meine Gefühle und Gedanken zu verzerren. Die Hoffnung wird durch eine Atmosphäre des Bedauerns verseucht. Stelle dir vor, du stehst im Gegenwind vor einem Lagerfeuer. Deine Kleider und Haare werden noch lange, nachdem du das Lagerfeuer verlassen hast, nach Rauch riechen. Ebenso ist auch das Bedauern wie Rauch, der alles durchdringt, was wir anpacken. Es hinterlässt einen Gestank, den nur Buße entfernen kann. Wir müssen lernen, Bedauern als Feind zu erkennen und entsprechend zu bekämpfen.

Bedauern raubt uns die Hoffnung. Es disqualifiziert uns in dem Sinn, dass wir nicht mehr an dem Platz sind, wo wir eigentlich sein sollten. Stelle dir einen ausgerenkten Arm vor, der nicht mehr in der Gelenkpfanne sitzt. Er lebt noch und ist eindeutig ein Teil des Leibes, doch er ist nur kaum noch funktionstüchtig. Jede Bewegung ist durch schreckliche Schmerzen stark eingeschränkt. Mit dem Bedauern ist es ähnlich. Die Erinnerungen an vergangene Probleme erzeugen große Schmerzen bei dem Menschen, der den Blick auf das transformierende Werk des Blutes Jesu aus den Augen verloren hat. Ich beobachtete, wie Menschen ihre Hoffnung dadurch verloren, dass sie auf die Vergangenheit schauten, obwohl sie Buße getan und ihre Sünden bekannt hatten. Es schien so, als ob sie in einer Haltung des Bedauerns lebten und hofften, sich selbst davon überzeugen zu können, dass sie ihre Sünden wirklich bereuten.

Wenn das geschieht, verspüren wir den Drang, uns Gottes Vergebung verdienen zu müssen. Ein Geschenk kann man nicht verdienen, sonst wäre es ein Lohn oder ein Verdienst. Vergebung ist ein wunderbares Geschenk Gottes. Und dieses Geschenk ermöglicht uns, die unglaubliche Verheißung hinsichtlich der Dinge zu empfangen, die wir liebend gerne verändern würden: *„Wir wissen aber, dass denen, die Gott lieben, alle Dinge zum Guten mitwirken, denen, die nach seinem Vorsatz berufen sind"* (Rö. 8, 28).

Gott kann die schlimmsten Umstände in unserem Leben zu seiner Verherrlichung nutzen. Dies ist etwas, das ich nicht begreifen kann, doch ich weiß, dass es wahr ist. Er ist ein Meister seines Handwerks, der es schafft, Dinge, die für uns vielleicht keinen Sinn ergeben, in ein Meisterwerk zu verwandeln. Dies ist das herrliche Werk eines vollkommen, liebenden Vaters, der beabsichtigt, all das für jeden von uns zu tun.

GEBET

Lieber himmlischer Vater, ich brauche beständig deine Hilfe, damit ich mein Leben so sehen kann, wie du es siehst. Ich kann es mir nicht leisten, meine Vergangenheit auf eine Weise zu betrachten, die dir nicht gefällt oder dazu führt, dass ich ineffektiv werde und das Leben, das du für mich geplant hast, nicht leben kann. Bitte gib mir die Fähigkeit, meinem Versagen mit großer Zuversicht an deine Verheißungen zu begegnen, damit alles zu deiner Ehre und mir zum Besten dient. Ich vertraue dir in diesen Dingen und preise dich dafür!

BEKENNTNIS

Gott hat mir vergeben, deshalb vergebe ich mir selbst. Ich werde niemanden anklagen, den er nicht anklagt, sogar wenn ich derjenige bin. Meine Vergebung anzunehmen, dient zu seiner Ehre. Bedauern wird nicht länger Teil meines Lebens sein. Ich werde meine Zukunft nicht dem Feind meiner Seele überlassen, der mich an meine Vergangenheit binden will. Jesus hat mich frei gemacht. Und ich werde in der Freiheit Jesu leben - zur Ehre Gottes.

57

LIEBE

Es ist nicht möglich, wahre Grösse im Reich Gottes zu erlangen, ohne die Grösse des anderen zu schätzen.

Der Gedanke an die Szene, wie sich der König aller Könige ein Handtuch über den Arm legt, um seinen Jüngern die Füße zu waschen, erstaunt mich immer wieder. Es ist ein absolut überwältigendes Beispiel für Demut. Demut entspricht dem Reich Gottes; Stolz ist die Wurzel von allem Üblen. Doch das Streben nach Größe ist nicht unbedingt schlecht. Tatsächlich wurde in den Menschen, die viel Zeit mit Jesus verbrachten, ein bislang verborgener Wunsch nach eigener Bedeutsamkeit geweckt. Und Jesus wies seine Jünger nie zurecht, weil sie dieses Verlangen nach Größe hatten. Er definierte lediglich den Begriff neu, indem er auf ein Kind zeigte.

Schau dir noch einmal einen meiner Lieblingsverse zu diesem Thema an: *„Demütigt euch nun unter die mächtige Hand Gottes, damit er euch erhöhe zur rechten Zeit"* (1. Petr. 5, 6). Der Begriff „unter die Hand" kann ein furchterregendes

Bild für jemanden sein, der in einem gewalttätigen Elternhaus aufgewachsen ist. Doch wenn wir begreifen, dass wir uns unter die Hand eines vollkommenen, liebenden Vaters begeben, erkennen wir das große Vorrecht, das dieses Angebot mit sich bringt. Diese Hand ist eine Hand der Geborgenheit und des Schutzes.

Der „Demut-Teil" der Gleichung ist für die meisten von uns in Ordnung. Zumindest finden wir das Konzept akzeptabel, auch wenn uns dessen Umsetzung manchmal schwerfällt. Womit wir aber echte Schwierigkeiten haben, ist Gottes Reaktion auf unsere Demut: „damit er euch erhöhe". Was fangen wir damit an? Viele von uns winden sich oder sagen seltsame Dinge, um die Ehre abzuschwächen, die uns zuteil wird. Doch wenn wir nicht wissen, wie wir Ehre richtig annehmen, werden wir keine Krone haben, die wir zu seinen Füßen niederlegen können.

Doch es ist für uns eine noch größere Herausforderung, wenn anderen Ehre zuteil wird. Viele Christen verstehen Gottes Vorgehensweise nicht und versuchen, diese Beförderung zu untergraben, indem sie diese als unrechtmäßig darstellen. Dieses Phänomen nennt man auch das „Neidsyndrom". Das heißt, wenn jemand mehr geehrt wird oder mehr Verantwortung bekommt als andere, wird er zurückgeschnitten und in seinem Wirkungskreis eingeschränkt. Dies ist ein tragisches, aber häufig auftretendes Vorgehen in einigen christlichen Kreisen – natürlich unter dem Deckmantel der Demut. Es ist das direkte Gegenteil von Liebe. Die Bibel sagt: „Demütigt euch nun" und nicht etwa: „Sorgt dafür, dass alle in eurem Umfeld demütig bleiben".

Ich verabscheue Selbstdarstellung und Eigenwerbung. Sie unterbinden die himmlischen Gelegenheiten für Gottes Beförderungen und ersetzen diese durch eine Fälschung. Der

Glaubende ruiniert seine Beförderung durch Gott in dem Versuch, anerkannt, bemerkt oder geehrt zu werden. Das ist traurig. Doch wenn ich nicht aufpasse, kann es mir passieren, dass meine Abneigung gegenüber Eigenwerbung mich daran hindert, zu erkennen, wenn Gott jemanden befördert oder mich mitzufreuen, wenn er jemanden öffentlich ehrt. Wir dürfen niemals zulassen, dass wir die Menschen kritisieren, die er ehrt.

Letztendlich geht es darum, dass wir schnell eine Theologie der Demut befürworten, aber keine des Segens oder des Erfolges. Vielleicht erkennen wir, dass die Auffassung, „je geistlicher jemand ist, desto höher auch seine Position", in Wirklichkeit eine Lüge ist. Doch die Reaktion auf Irrtum schafft häufig neuen Irrtum. Als Folge davon fühlt sich die Gemeinde sehr viel wohler, wenn Armut, und nicht etwa Reichtum, ein Zeichen von Geistlichkeit ist. Doch weder das eine noch das andere ist wahr.

Das Problem ist nicht, ob jemand einen Segen empfängt; das Problem ist, dass wir eine verdrehte Vorstellung davon haben, was es heißt, demütig zu bleiben, wenn Gott uns befördert und erhebt. Und dann projizieren wir unsere Sichtweise auf das Leben der Menschen, die um uns herum befördert werden.

Beachte die Bedeutung des Wortes erhöhen: „hochheben, groß machen". Eine der Definitionen für das Wort „erhöhen", die uns ein großartiges Nachschlagewerk (Thayer Greek Lexicon) für das Studium der neutestamentlichen Sprache liefert, lautet frei übersetzt aus dem Englischen: „auf den Gipfel des Überflusses und Wohlstandes gelangen". Das ist wahrscheinlich himmelweit von unserem Verständnis der Botschaft des Evangeliums entfernt. Dennoch ist es biblisch korrekt und wahr. Manchmal sind die Aussagen der Bibel so umwerfend, dass wir geneigt sind, zu denken, Gott spricht hier von der Zeit, wenn wir im Himmel sind. Doch das wäre eine sehr armselige Interpretation dieses Verses. Er spricht von vom Hier und Jetzt. Liebe hat kein Problem damit, dies zu glauben, weil sie aufblüht, wenn sie sieht, wie andere von Gott gesegnet werden.

Ich weiß, dass das Internet nicht immer richtig wiedergibt, was in der Gemeinde weltweit geschieht, doch es kann uns einen kleinen Einblick geben. Lass mich dir etwas illustrieren, was ich in den letzten paar Jahren bemerkt habe. Wenn Gott Menschen auf ungewöhnlich klare Weise befördert, dann sehen sich viele im Leib Christi dazu berufen, andere vor diesen gefährlichen, einflussreichen Persönlichkeiten zu warnen. Wenn zum Beispiel ein Christ ein gutes Buch schreibt, von dem ein paar Tausend Exemplare verkauft werden, dann ist das kein Problem. Die Menschen werden diesen Autor normalerweise in Ruhe lassen. Doch wenn sich Millionen Bücher verkaufen, dann werden unzählige Menschen Webseiten und YouTube-Videos kreieren, um zu verkünden, das sei Buch eine Irrlehre. Neid ist ein grausamer Zuchtmeister. Er verzerrt die Wirklichkeit und beraubt uns der Gelegenheit, in den Jubel Gottes über eines seiner Kinder mit einzustimmen. Dies sind unbezahlbare Gelegenheiten, die wir ergreifen und mit denen wir gut umgehen müssen.

Wenn Gott uns segnet, dann müssen wir das Maß der Demut beibehalten und verstärken, das uns an diesen Punkt gebracht hat. Seine Segnungen versetzen uns nicht in die Position, unser eigenes Reich zu bauen. Sie verstärken lediglich unsere Verantwortung, die uns zuteilgewordene Gunst zum Wohle anderer einzusetzen. Auf diese Weise gewinnt das Reich Gottes an Einfluss und Bedeutung.

GEBET

Himmlischer Vater, ich brauche beständig deine Hilfe, damit ich nicht dein Werk im Leben anderer Menschen unterminiere. Es erstaunt mich, dass du überhaupt Menschen ehren möchtest. Hilf mir, frei von Misstrauen zu sein, welches das Leben von so vielen guten Menschen ruiniert. Und hilf mir, zu erkennen, wen du erhebst. Ich will jeden und all das segnen, was du segnest. Mein Herzenswunsch ist es, dass du durch all dies hoch erhoben wirst.

BEKENNTNIS

Ich werde die Menschen feiern, die Gott feiert, ohne auf ihre Schwächen und Fehler hinweisen zu müssen. Ich werde das segnen, was er segnet und ich werde die Gunst, die mir gegeben wurde, zum Wohle anderer nutzen. Gott hat mir Zugang zu seiner Gnade gegeben, damit ich hinsichtlich dieses Anliegens erfolgreich bin - zu seiner Ehre.

58

GLAUBE

WUNDER SIND OFT DIE ANDERE SEITE VON UNANNEHMLICHKEITEN.

Ein Leben voller Wunder ist freudvoll, begeisternd – und frustrierend. Es ist freudvoll und begeisternd aus den offensichtlichen Gründen: Menschen werden freigesetzt und der Name Jesu wird erhoben! Es ist frustrierend, weil die Wunder, die in deinem Dienst geschehen, Menschen anziehen, die ein Wunder brauchen, aber nicht jeder, der zu dir kommt, mit dem erwünschten Ergebnis nach Hause geht.

Wenn kein Wunder geschieht, haben wir zwei Möglichkeiten: Entweder gebe ich mich damit zufrieden, oder ich suche nach Lösungen, Antworten und Einsichten, um noch effektiver in den Dingen zu werden, zu denen Jesus mich berufen hat. Ich entschied mich für Letzteres, was bedeutet, dass ich mich immer in einem Lernprozess befinden werde.

Zu erleben, wie oft Menschen in der Erwartung beten, dass Gott zu ihnen kommt und ihnen das Wunder bringt, gehört dabei zu den ernüchternden Lektionen. Sicherlich gibt es einen biblischen Präzedenzfall für diese Annahme.

Doch wenn wir die Berichte über die Wundertaten Jesu mit offenem Herzen lesen, werden wir bemerken, dass nicht ein Wunder auf dieselbe Art und Weise wie das andere geschah. Und zuweilen war aktives Handeln erforderlich, bevor das Wunder geschehen konnte. Manchmal war es an Jesus, zu handeln, wie beispielsweise auf die Augen des blinden Mannes zu spucken und ihm die Hände aufzulegen (siehe Mk. 8, 23). Als Jesus einen blinden Mann aufforderte, sich im Teich von Siloah zu waschen (siehe Joh. 9, 7) war eine Handlung seitens der Person erforderlich, die geheilt werden wollte. Stelle dir das Ganze einmal bildlich vor. Ist es nicht ein wenig merkwürdig, dass Jesus einen blinden Mann zum Teich von Siloah schickte? Er konnte nicht sehen! Der Weg war für ihn bestimmt nicht einfach zu bewältigen. Und obwohl manche geheilt wurden, wenn sie gleich reagierten, war das bei diesem Mann nicht der Fall. Seine Heilung geschah erst, nachdem er sich entsprechend der Anweisung im Teich gewaschen hatte.

Wenn wir die Geschichten der Wunder Jesu lesen, sehen wir, dass Jesus manchmal das Wunder zu den Menschen brachte, und manchmal mussten die Menschen etwas tun, um das zu empfangen, was sie brauchten. Auch wenn wir wissen, dass sie sich durch ihr Handeln das Wunder nicht verdienen konnten, versetzte ihr Gehorsam sie dennoch in die Lage, das Wunder zu empfangen. Der Weg zu dem Teich war für einen blinden Mann mit Sicherheit nicht leicht zu bewältigen. Doch er war notwendig, damit dieser Mann geheilt werden konnte. Und dies war keine herzlose Prüfung von Gott, um sich über einen blinden Mann lustig zu machen. Alles, was Jesus tat, beruhte auf seiner Weisheit. In diesem Fall erwies sich seine Weisheit in der Ausführung seiner Anweisung.

Bei einer anderen Gelegenheit sprach Jesus mit einer Frau über das Wunder, das ihre Tochter benötigte (siehe Mk. 7, 24-30). Weil Jesus ausgesandt war, um zuerst den Juden zu dienen, war es dieser syrophönizischen Frau damals nicht möglich, ein Wunder zu empfangen. Ihre Herausforderung bestand nicht darin, etwas Bestimmtes zu tun, sondern eine Zurückweisung zu überwinden.

Jesus sagte ihr, dass es nicht richtig sei, das Brot der Kinder zu nehmen und es den Hunden vorzuwerfen. Wow, das klingt aber hart! Manche Gemeindespaltungen geschehen bereits aus viel geringeren Anlässen als diesem. Doch in sämtlichen Begegnungen mit Heiden sehen wir, dass Jesus stets berührt war, wenn er Glauben in ihren Herzen sah, obwohl ihre Zeit erst nach seiner Auferstehung kam. Häufig erkannte Jesus so, wenn der Vater im Leben eines Heiden etwas Übernatürliches wirken wollte. Auf jeden Fall errichtete er eine Hürde zwischen dieser Frau und dem gewünschten Wunder. Wenn sie es über die Hürde der Zurückweisung schaffte, wäre sie in der Lage, das Wunder zu empfangen. Sie schaffte es. Und Jesus machte eine besondere Bemerkung über ihren außergewöhnlichen Glauben.

Letztendlich geht es um Folgendes: Wenn wir glauben, dass Gott immer auf uns zugehen muss, ohne bestimmte Anforderungen zu stellen, ist das eine der arrogantesten Haltungen, die wir Gott gegenüber haben können. Vieles von dem, was wir erflehen, befindet sich auf der anderen Seite von Unannehmlichkeiten. Oft ist es erforderlich, zu lernen, wie wir Zurückweisungen überwinden oder mutige Taten vollbringen, damit wir unser Wunder empfangen können. Es ist Zeit, darauf zu hören, was er tut, damit wir unsere Chance für einen Durchbruch nicht verpassen.

GEBET

Vater Gott, hilf mir, nicht zu denken, ich hätte das Recht, von dir zu erwarten, dass du die Dinge auf meine Weise tust. Ich weiß, dass dein Herz mit zugetan ist. Bitte hilf mir, mich nicht auf die Ängste und Sorgen einzulassen, die mich in meiner Fähigkeit, deine Stimme zu hören, einschränken. Ich empfange deinen Frieden und deine Verheißung und ich bekenne, dass du mit mir bist, um des Sieges willen, der für mich in Christus erzielt wurde. Ich danke dir im Voraus für meinen siegreichen Durchbruch!

BEKENNTNIS

Gott ist immer für mich, nicht gegen mich. Das Blut Jesu hat alles für mich bezahlt und ich bin in der Lage, die Durchbrüche, die Zeichen und die Wunder zu empfangen, die ich benötige. Ich bekenne, dass Gott mir die Fähigkeit gegeben hat, seine Stimme zu hören. Deshalb richte ich mein Herz darauf aus, ein Hörer des Wortes zu sein, damit ich in all das eintreten kann, was Gott für mich vorbereitet hat.

59

HOFFNUNG

ALS JESUS ANKÜNDIGTE, DASS ES KRIEGE UND KRIEGSGERÜCHTE GEBEN WÜRDE, GAB ER UNS KEINE VERHEISSUNG. ER BESCHRIEB DIE UMSTÄNDE, IN DIE ER SEINE ENDZEITARMEE SCHICKEN WÜRDE.

Wie wir bereits zuvor feststellen, werden in der heutigen Zeit viele Menschen dahingehend einer Art Gehirnwäsche unterzogen, dass sie nur noch das Böse sehen und erwarten, dass es zunimmt, um sich dann mit der verheißenen Wiederkunft des Herrn zu trösten. Obwohl seine Wiederkunft großartiger sein wird als alles, was wir uns jemals erhoffen könnten, war sie niemals als Rettungsaktion gedacht. Außerdem - glaubt irgendjemand tatsächlich, dass Jesus uns auf eine aussichtslose Mission oder in eine hoffnungslose Zukunft schicken würde? Das widerspricht allem, was wir in Jesu Geboten und Aufträgen erkennen.

Jesus sagte viele Dinge voraus - auch Katastrophen, die die Erde treffen würden. Er nahm kein Blatt vor den Mund, um es einmal so zu sagen. Er ließ seine Jünger auch wissen, dass sie genau wie er Verfolgung erleiden würden. Das ist einfach ein logischer Teil der Gesamtgleichung. Wenn die religiösen Leiter Jesus nicht mochten, dann würden sie auch die Menschen nicht mögen, die ihm nachfolgten.

Ich bin noch niemandem begegnet, der diese Verheißung von Verfolgung an seinen Kühlschrank geheftet hat. Sie passt nicht zu den Verheißungen, die wir gerne jeden Tag lesen. Dennoch hat Jesus diese Art von Verheißung manchmal direkt neben eine Verheißung gestellt, die wir zu den „guten" zählen würden. Wie in der Situation, als er seinen Jüngern sagte, sie würden hundertmal mehr empfangen, als sie aufgegeben hatten, um ihm nachzufolgen – und sie würden es noch in diesem Leben erhalten. Dann fügte er hinzu, „unter Verfolgungen" (siehe Mk. 10, 28-30). Ich glaube, er sagte dies, damit wir den hundertfachen Segen nicht auf das Tausendjährige Reich verschieben. Wir neigen dazu, die besten Dinge, für die wir wenig bis gar keinen Glauben haben, mit etwas zu verknüpfen, das wir noch weniger verstehen – das Tausendjährige Reich.

Der Auftrag, den Jesus jedem seiner Nachfolger gab, gibt uns Einblick, warum er die kommenden Katastrophen und Schwierigkeiten ankündigte. Sein Auftrag an uns lautete, so zu beten und zu dienen, dass diese Welt hinsichtlich der Werte, der Atmosphäre und der Bestimmung wie der Himmel wird. Genau das tat Jesus, wenn er den Menschen diente. Er sagte einmal, wenn er Dämonen austreibt, dann ist das Reich Gottes zu uns gekommen (siehe Mt. 12, 28). Mit anderen Worten, seine Welt überwältigte alles, was in der Welt, die er befreite, falsch war. Es war das reale Eindringen des Überlegenen in den Bereich des Unterlegenen. Die Finsternis muss immer zurückweichen.

Wir haben die gleiche Aufgabe. Jesus gab seinen Auftrag an uns weiter, mit Ausnahme seines Sühnetodes: Nur Jesus, das gerechte Lamm Gottes, der ewige Sohn Gottes, war dazu in der Lage. Selbst wenn ich meinen gottgegebenen Auftrag nur sehr schlecht erfülle, kann ich ihn nicht verändern und zu etwas machen, das ich gut kann, nur damit ich mich besser fühle. Darum geht es nicht. Ich strebe hinsichtlich meines Auftrags, meiner Gaben und meines Erfolgs nicht nach guten Gefühlen. Sein Wille ist mein Ziel. Und in diesem Prozess finde ich meine Erfüllung.

Kriegsregionen und Katastrophengebiete sind von diesem Sendungsauftrag nicht ausgenommen. Wenn wir dorthin gesandt werden, können wir erwarten, von ihm gebraucht zu werden, um seinen erlösenden Einfluss sowie seinen Frieden, seine Gegenwart und seine Kraft zu bringen. Das ist vergleichbar mit einem Footballspiel, bei dem der Trainer seinem Team mitteilt, was das gegnerische Team machen wird, um sie daran zu hindern, entsprechend ihrer bewährten Spieltaktiken zu spielen. Wir nannten das früher „Schritte hören". Wenn ein Wide Receiver (Passempfänger beim American Football) losrennt, um einen Pass zu fangen, dann will der Verteidiger erreichen, dass er den Ball aus dem Blick verliert und nur noch seine Schritte hört - ein unmissverständlicher Hinweis darauf, dass er jetzt jeden Augenblick umgestoßen werden wird. Auf die gleiche Weise wollen die dunklen Mächte uns dazu bringen, dass wir nur noch Schritte hören und den Ball aus den Augen verlieren. Jesus hingegen sagte uns, dass wir alle Autorität und Macht des Himmels haben, um unseren Auftrag zu erfüllen. Die Kriege und Kriegsgerüchte? Sind nur Schritte. Wir haben den Ball.

GEBET

Himmlischer Vater, ich liebe deine Verheißungen und deine Pläne für unser Leben und für diese Welt. Du bist gut, und alle deine Pläne sind gut. Danke, dass ich Teil davon sein darf. Ich will meine Bestimmung in diesem Leben wirklich erfüllen und mich von den üblichen Ablenkungen nicht davon abbringen lassen. Hilf mir, niemals von den Plänen des Teufels beeindruckt zu sein. Und hilf mir, ausschließlich dafür zu leben, dass deine Absichten auf der Erde erfüllt werden und du in alle Ewigkeit verherrlicht wirst.

BEKENNTNIS

Als Jesus verkündete, dass er alle Autorität besitzt und wir für die große Ernte der Seelen in diese Welt geschickt werden, sagte er damit, dass er den Ball hat. Durch Gottes Gnade werde ich niemals von den Plänen des Teufels beeindruckt sein, denn der Ball ist nicht in seinem Spielfeld. Ich nehme die Bestimmung Gottes für mein Leben an, damit er in alle Ewigkeit verherrlicht wird.

60

LIEBE

MANCHMAL ZEIGT SICH UNSERE LIEBE ZU GOTT AN DEM, WAS WIR HASSEN.

Wenn es Liebe gibt, gibt es auch Hass. Alles zu lieben, sogar die Dinge, die das zerstören, was wir lieben, ist keine Liebe. Das ist Passivität. Emotionslos alles im Namen der Liebe zu tolerieren, hat überhaupt nichts mit Liebe zu tun. Das wäre so, als ob Eltern ihrem Nachbarn erlauben würden, ihre Kinder zu missbrauchen, während sie zuschauten. Sie könnten nicht ernsthaft behaupten, dass sie ihre Kinder lieben. Stattdessen machen sie sich schuldig, weil sie gefühllos sind und verantwortungslos mit ihrem Leben umgehen.

Wenn jemand meine Frau bedrohte und ich stünde tatenlos daneben und würde sagen, dass Gott alle Dinge zu seiner Ehre nutzt, dann könntest du zu Recht meine Liebe zu meiner Frau infrage stellen. Und darüber hinaus auch meine Zurechnungsfähigkeit. Liebe will von Natur aus beschützen. Wenn sich auf der Haut ein Krebsgeschwür bildet, lassen wir es von einem Arzt entfernen. Warum? Weil wir das hassen, was möglicherweise unsere Gesundheit und sogar unser Leben bedrohen könnte. Das ist Liebe. Sie hasst.

Der Psalmist schrieb vor Hunderten von Jahren folgende Worte: *„Die ihr den HERRN liebt, hasst das Böse!“* (Ps. 97, 10). Bitte beachte, dass selbst im Alten Testament der Befehl nicht lautete, Menschen zu hassen. Das wäre eine unzulässige Auslegung dieses Auftrags. Gott liebt Menschen. Gott hasst das Böse. Das Böse zerstört die Menschen, die Gott liebt.

Als Gläubige fürchten wir uns manchmal vor Gefühlen, besonders vor negativen. Doch die Bibel lehrt uns, dass wir zwar zornig werden dürfen, aber ohne dabei zu sündigen (siehe Eph. 4, 26). Die heutigen Umgangsformen haben dies zu einem herausfordernden Gebot gemacht. Man kann diese Umgangsform mit dem Begriff „politische Korrektheit“ überschreiben. Das bedeutet im Wesentlichen, dass wir unsere Werte an das anpassen, was populär ist und von den Medien für richtig erachtet wird. Ansonsten könnten wir möglicherweise Anstoß erregen. Es ist seltsam, dieses Phänomen in der Gesellschaft zu beobachten. Menschen, die politisch korrekt handeln, sind bereit, 40 Prozent der Bevölkerung vor den Kopf zu stoßen, um nicht die 3 Prozent zu verärgern, die als politisch korrekt gelten. Aus Angst, gegen politische Korrektheit zu verstoßen, geben Nationen überall auf der Welt den Dingen einen Ehrenplatz in ihren Städten, die sie eigentlich am meisten bedrohen - alles, damit sie niemanden verärgern. Politische Korrektheit ist eine abscheuliche Sache, weil sie eine werteorientierte Kultur durch eine furchtorientierte Kultur ersetzt. Menschenfurcht ist die Wurzel dieses Problems.

Eine der besseren Aussagen, die in den letzten Jahren in den Vordergrund gerückt wurde, ist Folgende: „Liebt die Sünder, aber hasst die Sünde.“ Wir leben in einer Zeit, in der solche Werte ins Zentrum gerückt werden müssen, denn sie verdeutlichen den Zusammenhang zwischen Liebe und Hass sehr klar. Wie ein Chirurg, der sein Skalpell nur mit größter Sorgfalt verwendet, müssen auch wir darauf bedacht sein, nur das Böse zu hassen, nicht die Menschen. Gott liebt die Menschen ist unermesslich!

Der vielleicht großartigste Vers in der Bibel ist: *„Denn so hat Gott die Welt geliebt, dass er seinen eingeborenen Sohn gab, damit jeder, der an ihn glaubt, nicht verloren geht, sondern ewiges Leben hat.“* (Joh. 3, 16). Gottes Liebe ist aufopfernd. Wahre Liebe erkennen wir daran, dass sie gibt. Und was gegeben wird, kann nicht verdient werden. Jesus lehrte uns, dass es nichts Besonderes ist, wenn man jemandem das gibt, was er verdient. Doch wenn wir geben, obwohl jemand etwas ganz anders verdient, lieben und geben wir tatsächlich auf die richtige Weise. Diese erstaunliche Wahrheit ist untrennbar mit der anderen Seite der Medaille, die Sünde zu hassen, verbunden. Und genau diese erstaunliche Liebe offenbart die Güte Gottes und führt Menschen zur Umkehr.

GEBET

Himmlischer Vater, ich weiß, dass du das Böse hasst. Ich will mich nicht an den Zeitgeist anpassen und meine Leidenschaft für das, was richtig und gut ist, verlieren. Doch ich will auch nicht in die Falle tappen, Menschen zu hassen, auch keine bösartigen Menschen. Bitte hilf mir, dich gut zu repräsentieren, indem ich Menschen liebe und beschenke, lange bevor sie es sich verdienen könnten. Ich richte mein Herz auf dieses Privileg aus, damit du verherrlicht wirst.

BEKENNTNIS

Ich wurde geschaffen, um Gott und die Menschen zu lieben und das Böse zu hassen. Ich werde mich mit nicht dem Zeitgeist verbünden und somit auch nicht meinen Blick für das Herz Gottes verlieren. Ich werde nicht tolerant gegenüber den Dingen sein, die Menschen ihres Lebens berauben. Ich richte mein Herz darauf aus - zur Ehre Gottes.

61

GLAUBE

DIE MEISTEN DINGE, DIE DU IM LEBEN BRAUCHST, WERDEN DIR GESCHENKT. DOCH DAS MEISTE VON DEM, WAS DU DIR WÜNSCHST, MUSST DU DIR HOLEN.

Häufig beobachte ich, dass Menschen den Fehler machen, hinsichtlich eines Wunders darauf zu warten, dass Gott zu ihnen kommt. Sie sagen: „Gott weiß, dass ich mich nach Erweckung sehne. Wenn er sie mir geben will, dann weiß er, wo er mich findet.“ Oder noch häufiger: „Warum sollte ich in diese Stadt reisen oder jene Gemeinde besuchen? Gott ist auch hier. Wenn es sein Wille für uns ist, dass wir eine große Bewegung Gottes erleben, dann weiß er, dass wir bereit sind.“ Einige dieser Aussagen hören sich recht geistlich an, doch in Wirklichkeit sind sie ziemlich arrogant. Es ist dumm, wenn wir von Gott verlangen, dass er uns nachgeht. Jemand sagte einmal: Weise Menschen sind immer auf einer Reise.

Damit wir uns nicht missverstehen, wir alle wurden errettet, weil Gott uns nachging. Das steht außer Frage. Fanden wir Jesus? Vielleicht. Doch nur, nachdem er uns gefunden und sich uns vorgestellt hatte. Bestimmte Dinge kommen im Laufe des Lebens einfach zu uns. Doch wenn wir Gott und allem, was er für uns bereithält, nicht ernsthaft nachjagen, ist es unmöglich, unsere Aufgaben und unsere Bestimmung zu erfüllen. Manche Dinge können nur von denen entdeckt werden, die bereit sind, die Unannehmlichkeiten eines Risikos auf sich zu nehmen. Parallel zu der Verheißung der vollständigen und kompletten Versorgung sind wir aufgefordert, beständig zu bitten, anzuklopfen und zu suchen (siehe Mt. 7, 7).

Wir würden nie auf die Idee kommen, in unserem Wohnzimmer nach Gold zu graben. Wir würden niemals versuchen, in unserem Garten eine Superwelle zum Surfen zu erwischen. Wir kämen nie auf den Gedanken, in unserem Badezimmer Lachse fangen zu wollen. So lächerlich sich diese Beispiele auch anhören, so offenbaren sie doch, dass wir an bestimmte Orte gehen müssen, um das zu finden, wonach wir suchen. Gott erwartet das Gleiche von uns. Häufig ist dazu keine großartige Handlung erforderlich, sondern lediglich ein aktives Zeichen unsererseits, das unseren echten Hunger nach mehr zeigt. Glaube wird durch Taten offenbar.

Jesus gab den Jüngern die Autorität, Dämonen auszutreiben (siehe Mk. 3, 14-15). Dennoch waren sie nicht in der Lage, den Jungen freizusetzen, von dem in Markus 9 berichtet wird. Jesus erklärte, dass Fasten und Gebet notwendig seien. Wenn die Jünger bereits Vollmacht und Autorität hatten, was sollten Fasten und Gebet dann noch bewirken?

Um ihrer selbst willen war es erforderlich. Anhaltendes Gebet, Fasten und permanentes Streben nach Gottes Absichten bewirken, dass wir geformt werden. Diese Dinge verändern uns. Der Ausdruck unseres Hungers verwandelt uns in Gefäße, die das aufnehmen können, was Gott über uns ausgießt. Ohne diese transformierenden Erfahrungen tendieren wir dazu, genau das wieder zu verlieren, was Gott über uns ausgegossen hat.

Das Ergebnis ist ein geläuterter Charakter. Dieser schafft Raum dafür, dass Gott die Gewichtigkeit seines Werkes auf der Erde freisetzen kann. Und das ist seine Herrlichkeit. Ohne einen geläuterten Charakter, der nur durch Beharrlichkeit geformt werden kann, werden wir die Gaben schnell wieder verlieren, die Gott uns gegeben hat. Sprüche 20, 21 warnt uns, dass ein Erbe, das zu schnell empfangen wurde, am Ende nicht gesegnet sein wird. Gott ist der ultimative Geber eines Erbes. Und obwohl er uns durch die Verheißung bereits alles geschenkt hat, haben wir nur durch Glauben Zugriff darauf. Es besteht ein Unterschied zwischen dem, was ich in den Händen halte und dem, was eigentlich auf meinem Bankkonto ist.

GEBET

Papa Gott, ich will niemals davon ausgehen, dass es immer nur an dir liegt, in meinem Leben zu handeln. Ich bin bereit, überall hinzugehen und alles zu tun, damit ich in all den Dingen lebe, die du mir verheißen hast. Hilf mir, ein einfaches und demütiges Leben zu führen und immer bereit zu sein, das zu tun, was nötig ist, um auf das nächste Level zu gelangen. Ich bin hungrig nach mehr. Und ich möchte, dass alles, was du in mein Leben hineingießt, dem Namen Jesu in Ewigkeit Ehre bereitet!

BEKENNTNIS

Jesus hat mir bereits alles gegeben, was notwendig ist, damit ich jetzt und in alle Ewigkeit erfolgreich sein kann. Das tat er auf Golgatha. Ich habe mein Herz darauf ausgerichtet, aus Glauben zu leben und auf die Dinge zuzugreifen, die notwendig sind, um ihn zu verherrlichen, indem ich mich nach allem ausstrecke, was er für mich in diesem Leben vorbereitet hat.

62

HOFFNUNG

WENN MENSCHEN, DIE OHNE GOTT LEBEN, WUNDER TUN KÖNNEN, DANN GIBT ES FÜR JENE, DIE MIT GOTT LEBEN, KEINE ENTSCHULDIGUNG.

In vielen religiösen Lagern wird heiß darüber diskutiert, ob Gott auch heute noch Wunder in unserer Mitte tut. Wir können dankbar sein, dass die Zahl derer, die nicht an Wunder glauben, zusehends schrumpft, da überall auf der Welt Gottes Kraft immer offensichtlicher wird. Tragischerweise werden dennoch viele Menschen von Zweifeln geplagt. Am meisten bin ich um jene besorgt, die neu zum Glauben kommen. Sie wachsen mit Lügen heran und lehnen als Folge dessen die Bestimmung für ihr Leben ab. Sie verpassen die Hoffnung ihrer Berufung, die gegeben wurde, damit sie - unabhängig von ihrer Lebenssituation - ein erfülltes und erfolgreiches Leben führen können.

Da die Bibel keinesfalls lehrt, dass Jesus sich verändert - er ist derselbe gestern, heute und in Ewigkeit (siehe Hebr. 13, 8) - müssen Anti-Wunder-Verfechter Schriftstellen verdrehen, damit sie das aussagen, was sie wollen. Die Verse, die ich in dem Zusammenhang am häufigsten höre, stehen in Matthäus 7,21-23:

Nicht jeder, der zu mir sagt: Herr, Herr!, wird in das Reich der Himmel hineinkommen, sondern wer den Willen meines Vaters tut, der in den Himmeln ist. Viele werden an jenem Tage zu mir sagen: Herr, Herr! Haben wir nicht durch deinen Namen geweissagt und durch deinen Namen Dämonen ausgetrieben und durch deinen Namen viele Wunderwerke getan? Und dann werde ich ihnen bekennen: Ich habe euch niemals gekannt. Weicht von mir, ihr Übeltäter!

Diese Anti-Wunder-Verfechter deuten an, dass wir zu denen gehören, die nicht ins Reich Gottes kommen werden, weil dieser Vers für uns und Menschen wie uns gilt, wenn wir Wunder bezeugen, die wir mit Jesus erlebt haben.

Wir wollen uns jetzt einmal genauer ansehen, was Jesus hier lehrte. Er hob in dieser Rede drei grundlegende Punkte hervor und sprach damit zwei unterschiedliche Menschengruppen an. Die erste Gruppe, die nicht in den Himmel kommt, sind jene, die Jesus einfach nur als Herrn betiteln. Wenn unser Lippenbekenntnis, ihn Herr zu nennen, nicht mit unserem Leben übereinstimmt, indem wir seinen Willen tun, ist es nicht von Bedeutung. Was ist sein Wille? „Wie im Himmel, so auch auf Erden!" (Mt. 6, 10). Jesus Christus illustrierte das auf vollkommene Weise, weil er kam, um den Willen des Vaters zu tun (siehe Joh. 6, 38). Als ein Leprakranker geheilt werden wollte, sagte er zu Jesus, dass er ihn heilen könnte, wenn er wollte. Jesus sagte: „Ich will" (Mt. 8, 3). Es war sein Wille. Immer wieder finden wir in der Bibel, dass er alle heilte und befreite. Du kannst nie falsch liegen, wenn du das tust, was Jesus tat.

Die zweite Gruppe von Menschen, die er in diesem Vers anspricht, tat die Dinge, die der ersten Gruppe fehlten. Sie taten seinen Willen – sie prophezeiten, trieben Dämonen aus und wirkten Wunder. Doch sie taten all das, ohne auf zwei wichtigere Prioritäten in ihrem Leben zu achten. Das Erste, was ihnen fehlte, war die vertraute Beziehung zu Gott. Er sagte, dass er sie niemals kannte. Gott kann alles über uns wissen, doch er kann uns nur in dem Maß auf innige Weise kennen, wie wir uns ihm gegenüber öffnen. Aus diesem Grund ist das Bekenntnis der Beginn unserer Beziehung zu Gott. Dadurch öffnen wir uns für ihn. Zweitens lebte diese Gruppe in Gesetzlosigkeit. Ihr Leben stand im Widerspruch zu den Wundern, die sie taten. Wunder sind Zeichen, die Menschen zu Jesus bringen, was wiederum zu Freiheit führt. Gesetzlosigkeit ist das Gegenteil von Freiheit. Aus diesem Grund müssen diese beiden Menschengruppen von ihm weichen. Es kann keine falschen Propheten geben, wenn es nicht auch echte gibt. Es kann keine falschen Zeichen und Wunder geben, wenn es keine echten gibt, mit denen man sie vergleichen kann. Es gäbe keine Fälschung, wenn nicht zuvor ein Original vorhanden wäre. Es ist äußerst dumm, wenn Menschen, die keine Zeichen und Wunder erleben, dagegen argumentieren. Jedes Feuer ist ein fragwürdiges Feuer für Menschen ohne Feuer. Wenn die Menschen, die gesetzlos leben, Wunder vollbringen, dann müssen jene, die von sich behaupten, auf dem richtigen Weg mit Gott zu sein, erst recht welche vollbringen! Es gibt einfach keine Entschuldigung.

Das Gebet, das - abgesehen von den Gebeten Jesu - am meisten Offenbarung vermittelt, ist das Gebet aus Epheser 1, 18-23. Hier ist ein kleiner Abschnitt daraus: *„Er erleuchte die Augen eures Herzens, damit ihr wisst, was die Hoffnung seiner Berufung […] ist. […] Und alles hat er seinen Füßen unterworfen und ihn als Haupt über alles der Gemeinde gegeben, die sein Leib ist, die Fülle dessen, der alles in allen erfüllt.“* Unsere Hoffnung beruht auf der Tatsache, dass alle Mächte ihm unterstellt sind und die Gemeinde sein Leib ist. Die Demonstration seiner Macht durch Menschen, die offen und ehrlich vor ihm sind und sich von einem Leben der Gesetzlosigkeit abgewandt haben, ist unerlässlich, wenn wir in angemessener Weise als Zeugen Jesu auf der Erde leben wollen.

Und dies, ihr wahren Nachfolger Jesu, ist unsere Berufung.

GEBET

Lieber himmlischer Vater, die Tatsache, dass du der Eine bist, der mir Leben gegeben hat, gibt mir Hoffnung, die all meine Träume und Wünsche übersteigt. Doch nun, da du mich berufen hast, will ich dich erfreuen, indem ich deinen Willen demonstriere. Ich will dein Herz für Menschen erkennen und in dem Bewusstsein leben, dass mit dir nichts unmöglich ist. Ich verpflichte mich, deinen Willen gemäß der in mir wirkenden Gnade zu demonstrieren - zur Ehre Gottes.

BEKENNTNIS

Ich wurde befähigt, den Willen Gottes zu demonstrieren. Es liegt in meiner gottgegebenen DNA, dass ich mich danach sehne, meinen Mitmenschen seinen Willen zu offenbaren. Ich werde mich nicht mit weniger zufriedengeben. Durch seine Gnade werde ich diese Dinge tun, damit er verherrlicht wird und Menschen frei werden.

63

LIEBE

In Bitterkeit auf die Sünden anderer zu reagieren, ist oft schlimmer als deren Sünden.

Diese Aussage ergibt auf den ersten Blick nur wenig Sinn. Im Laufe der Geschichte wurden so viele Gräueltaten verübt, dass es nur schwer vorstellbar ist, dass eine verbitterte Reaktion auf das Böse tatsächlich schlimmer als die eigentliche Tat sein kann. In dieser Hinsicht ist meine Aussage falsch. Doch betrachte es einmal auf folgende Weise: Jesus lehrt uns, dass die Menschen, die Vergebung haben wollen, selbst vergeben müssen.

Das wichtigste Gleichnis, das Jesus in diesem Zusammenhang erzählte, war die Geschichte über einen Mann, dem Schulden in Millionenhöhe erlassen wurden. Doch dieser weigerte sich anschließend, einem anderen Mann die Schulden von etwa 20 Dollar zu erlassen. Der Mann, der ursprünglich dem mit der enormen Schuld vergeben hatte, widerrief seine Entscheidung und ließ ihn stattdessen ins Gefängnis werfen, weil er seinem Nächsten die geringe Schuld nicht erlassen hatte. Der Punkt ist ziemlich eindeutig: Wenn du willst, dass dir vergeben wird, musst du vergeben. Jesus lehrte außerdem, dass auch die Menschen, denen vergeben wurde, gleichermaßen vergeben müssen.

Alle meine Sünden richteten sich gegen einen vollkommenen Gott. Der Einzige, der selbst rein ist, der Einzige, der das absolute Recht hätte, nicht zu vergeben, entschied sich, mir zu vergeben. Die kleinste Sünde, die gegen den Einen begangen wird, der vollkommen ist, ist viel größer als die größte Sünde, die gegen einen anderen Sünder begangen wird. Das ist die Botschaft des Gleichnisses Jesu. Wir müssen dieselbe Vergebung im Umgang mit anderen zeigen, da uns selbst schreckliche Sünden vergeben wurden, die wir gegen einen heiligen und vollkommenen Gott begangen haben. Das ist ein Muss.

Wenn jemand gegen uns eine Sünde begeht, hat das einen zerstörerischen Einfluss auf unser Leben. Was könnte das noch schlimmer machen? Wenn wir dem Menschen nicht vergeben, der gegen uns gesündigt hat. Vielleicht hast du die folgende Aussage schon einmal gehört: „Nicht zu vergeben, weil man hofft, dass der andere dann leidet, ist so, als ob man Gift trinkt, in der Hoffnung, dass jemand anders daran stirbt." Das ist das Wesen von Bitterkeit und Unvergebenheit. Diese Dinge wirken einfach zerstörerisch.

Eine sehr ernüchternde Aussage der Bibel zu diesem Thema finden wir in Hebräer 12, 15 (EÜ): *„Seht zu, dass niemand die Gnade Gottes verscherzt, dass keine bittere Wurzel wächst und Schaden stiftet und durch sie alle vergiftet werden."* Diese eine Sünde hat die Kraft, viele andere zu vergiften und anzustecken. Als Folge davon werden unschuldige Menschen verunreinigt. An anderer Stelle spricht Jesus darüber, dass es besser wäre, mit einem Mühlstein um den Hals ins Meer geworfen zu werden, als ein Stolperstein für andere zu sein (siehe Mk. 9, 42). Bitterkeit verunreinigt und verursacht Kollateralschaden.

Meine Unvergebenheit stellt mich auf dieselbe Stufe mit der Sünde, die ich verabscheue. In diesem Moment werde ich genauso wie die Person, die ich verurteile. Diese Herzenshaltung verblendet unseren Blick auf den Zustand unseres eigenen Herzens, ansonsten würden wir niemals erlauben, dass so eine Verunreinigung in unser Leben kommt. Wenn ich vergebe, lege ich das Recht auf Anklage und Verurteilung ab und gewähre dem anderen dieselbe Gnade, die ich von Gott erhalten möchte. Anderen zu vergeben, ist eine Investition in meine eigene Zukunft, denn die Barmherzigen werden Barmherzigkeit empfangen (siehe Mt. 5, 7).

Liebe vergibt, weil Liebe oftmals in die Freiheit von Menschen investiert, bevor sie sich Vergebung wünschen oder erkennen, dass diese überhaupt möglich ist und sie Vergebung brauchen. Ich nenne das eine Investition, weil mit Sicherheit etwas zurückkommt - Menschen werden frei. Menschen, denen vergeben wird, lange bevor sie es selbst wollen oder die Notwendigkeit erkennen, werden sehr viel wahrscheinlicher die Vergebung Gottes entdecken. Das gehört zu den schönen Seiten des Lebens: Wir sind in der Lage, andere in die Vergebung Gottes hineinzuführen.

GEBET

Lieber himmlischer Vater, danke, dass du mir vergeben hast. Ich weiß, es gibt nichts, was ich jemals tun könnte, um so ein unbezahlbares Geschenk zu verdienen. Bitte hilf mir, frei von Bitterkeit zu bleiben, indem ich selbst umgehend vergebe. Und hilf mir, dieses Privileg niemals zu vergessen, damit ich dieses Geschenk an andere weitergeben kann und du verherrlicht wirst.

BEKENNTNIS

Gott hat mir vergeben. Ich habe mir die Vergebung nicht verdient, doch ich kann und werde sie weitergeben. Als Repräsentant seines Reiches werde ich das Geschenk der Vergebung, das ich erhalten habe, umsonst weitergeben. Ich richte mein Herz darauf aus, schnell zu vergeben und verzichte auf mein Recht, andere wegen ihrer Sünden verurteilt zu sehen. Ich beabsichtige, auf diese Weise zu leben, damit Gott durch mich verherrlicht wird.

64

GLAUBE

Das Spielfeld unseres Glaubens ist so gross wie unsere Erkenntnis der Güte Gottes.

Der Glaube erforscht die Bereiche, die durch die Verheißungen Gottes erschlossen wurden und uns durch Jesus Christus zuteilwurden. Diese Verheißungen beinhalten einige der großartigsten Offenbarungen der Menschheit. Sie offenbaren das Wesen und das Herz Gottes. Dies ist ein Gebiet, das bisher am wenigsten erforscht ist. Es ist unendlich groß und so unendlich breit gefächert, dass wir es zeitlebens nicht vollständig erforschen könnten. Das ist das nächste große Abenteuer und es währt die ganze Ewigkeit.

Die Menschen, die nichts mit der Güte Gottes anfangen können, leben in beständiger Angst vor der nächsten Tragödie. Dieser Kampf erzeugt jedes Mal unnötige Konflikte, wenn sie versuchen, den Ursprung eines Problems zu erkennen. Viele schreiben Gott die Werke des Teufels zu, weil sie tatsächlich glauben, dass Gott schlechte Dinge zu unserem Besten geschehen lässt. Mit anderen Worten: Der Zweck heiligt die Mittel. Wir würden solche Mechanismen in keinem anderen Bereich unseres Lebens akzeptieren. Dennoch ist diese Lehre für viele zum Selbstverständnis geworden, und zwar aus dem einfachen Grund, weil sie den Eckstein der wahren Theologie nicht kennen: Gott ist wirklich gut ist. Ich würde wegen Kindesmissbrauch verhaftet werden, wenn ich meine Kinder so behandeln würde, wie es ihm zuweilen unterstellt wird. Dies zeigt uns, dass es sich hier um einen Trugschluss handelt. Es ist nicht so kompliziert, wie es oft dargestellt wird. Die Güte Gottes ist im Himmel mindestens genauso gut wie hier auf der Erde. Wenn die Frage hinsichtlich der Güte Gottes geklärt ist, wird auch unser Auftrag um sehr vieles deutlicher. Es gibt viele Möglichkeiten, diese Wahrheit zu illustrieren. Wenn jemand von ganzem Herzen glaubt, dass Gott gut ist, erschließen sich ihm Erkenntnisse und Einsichten, die bisher verborgen waren. Bislang ungeahnte Möglichkeiten müssen erforscht werden. Und das ist die Freude und das Vergnügen eines Lebens im Glauben – die Welt der Möglichkeiten zu erforschen, die durch Gottes Güte verfügbar ist. Anstatt auf Probleme zu reagieren und auf Durchbrüche und Lösungen zu hoffen, leben wir proaktiv und suchen nach Gelegenheiten, um Gottes Liebe und Güte erfahrbar zu machen.

Ich beobachte täglich, wie unsere Gemeindefamilie förmlich nach Problemen sucht, um sie in seinem Namen zu lösen. Und es ist wirklich erstaunlich, was geschieht, wenn Christen Gottes Möglichkeiten erforschen, anstatt eine defensive Haltung einzunehmen, um das zu beschützen, was sie von Gott bekommen haben. Denke an die Geschichte, die Jesus über den Mann erzählte, dem ein Talent (eine bestimmte Summe Geld) gegeben wurde, um es sinnvoll zu investieren (siehe Mt. 25, 24-26). Doch es war absolut keine gute Idee, das zu aufbewahren, was er bekommen hatte. Dies ist ein dynamisches Königreich und erfordert somit eine Vorwärtsbewegung. Ich behaupte Folgendes: *Wir schreiten ge-*

mäß unseres Verständnisses und unserer Überzeugung der vollkommenen Güte Gottes im Glauben voran. Das bringt uns zur Herausforderung der Stunde: Ist es möglich, Gottes manifeste Güte an Orten nachzujagen, wo sie nie zuvor offenbar war? Ist es möglich, nach Problemen zu suchen in dem Wissen, dass Gottes Absicht Befreiung und nicht Bedrängnis ist? Ist es möglich, unseren Glauben an seine Güte so zu aktivieren, dass wir Hunger danach bekommen, die Dinge zu verändern, die sich auf arrogante Weise gegen die Erkenntnis von Jesus Christus erhoben haben?

Meine Antwort auf all diese Fragen lautet: „Ja". Es ist jetzt an der Zeit, die Fragen zum Thema Güte Gottes ein für alle Mal zu klären. Aus dieser Überzeugung heraus können wir jetzt nach Gelegenheiten suchen, in denen unser Glaube die Grenzen der Güte erforschen kann, die sehr viel weiter gesteckt sind als wir uns vorstellen können.

GEBET

Vater, ich sehne mich danach, jemand zu sein, der von deiner uneingeschränkten Güte vollkommen überzeugt ist. Ich bin es leid, eine der fundamentalsten Grundlagen der Schrift in Frage zu stellen oder zu verunreinigen: deine Güte. Heile mein Herz hinsichtlich dieser Wahrheit. Ich will zu den Menschen gehören, denen du alles anvertrauen kannst, was nötig ist, um der Welt deinen Charakter zu zeigen. Die Welt sehnt sich danach. Und diese Welt soll erkennen, wer du wirklich bist: ein vollkommener Vater, der unermesslich gut zu uns ist.

BEKENNTNIS

Ich bekenne mit meinem Mund und glaube mit meinem Herzen, dass Gott vollkommen gut ist - zu jeder Zeit. In ihm gibt es keine Bosheit und keine Dunkelheit. Es gibt keine versteckte Agenda, wonach Gott doch Gefallen daran haben könnte, die Menschheit zu bestrafen oder leiden zu lassen. Deshalb ergreife ich die Berufung, die Güte Gottes täglich zu demonstrieren und nach Problemen Ausschau zu halten, die ich in seinem Namen angehen kann, damit er verherrlicht wird.

65

HOFFNUNG

ANBETER SIND VON GOTT BERUFEN, GANZE NATIONEN IN IHRE BESTIMMUNG HINEINZURUFEN.

Die Psalmen sind Anbetungslieder. Die Besonderheit dieser Form der Anbetung, wie David sie beschreibt, findet man auf beiden Seiten des Kreuzes. Sie wurde beim ersten Konzil in Jerusalem (Apostelgeschichte 15) bekräftigt, und sie formt mehr als nur die Stilrichtung unserer Musik. Sie definiert unser Wesen als Gläubige – wir sind in erster Linie Anbeter.

Die Psalmen sind mehr als nur eine Ergänzung zu den anderen Büchern der Bibel: Sie enthalten mehr Offenbarungen als wir ihnen meines Erachtens zubilligen. Es sind Lieder, die in der Herrlichkeit Gottes geschrieben wurden. Sie enthalten Einsichten und Erkenntnisse, die wir sonst nirgendwo in der Schrift finden. Sie halten unsere Hoffnung für Dinge wach, die wir sonst aus den Augen verlieren könnten. Gottes Sichtweise über die Nationen ist eine dieser großen Überraschungen, die man in den Psalmen findet. Und auch wenn in diesem Buch viele Aussagen über Gericht getroffen werden, die sicherlich der damaligen Zeit entsprachen, gibt es auch viele Lieder zu Themen des Neuen Bundes, die prophetisch über die kommende Zeit gesungen wurden – über unsere Zeit. Diese Lieder sollten wir besonders wertschätzen, weil sie den Verlauf der Weltgeschichte formen können.

Hier sind ein paar Verse, die das Herz Jesu für die Nationen widerspiegeln:

„Es werden daran gedenken und zum HERRN umkehren alle Enden der Erde; vor dir werden niederfallen alle Geschlechter der Nationen.“ (Ps. 22, 28). Dieser Vers hat eine äußerst hohe Bedeutung für uns, weil Psalm 22 einer der wichtigsten messianischen Psalmen ist. Hier finden wir viele Details über die Kreuzigung Jesu. Es scheint nur logisch, dass man darin auch sehen kann, wie Jesus den Lohn für sein Leiden erntet – durch Nationen, die aus hingegebenen Familien bestehen, die ihn anbeten. *„Es sollen sich freuen und jubeln die Völkerschaften; denn du wirst die Völker richten in Geradheit, und die Völkerschaften auf der Erde - du wirst sie leiten“* (Ps. 67, 5). Der Kontext dieses Verses ist die Errettung der Nationen. Diese Freude über ihre Erlösung führt sie in ihre göttliche Bestimmung. Doch die Offenbarung dieses großartigen Ereignisses wurde jenen gegeben, die Gott als einen liebenden Vater kennen und sich danach sehnen, seine Kinder zu segnen (siehe Ps. 67, 2-4).

„Alle Nationen, die du gemacht hast, werden kommen und vor dir anbeten, Herr, und deinen Namen verherrlichen“ (Ps. 86, 9). Nationen werden ihre Bestimmung finden. Ihre Bestimmung offenbart sich in ihrer Erlösung und sie kommen als Anbeter zum Ausgangspunkt zurück, dann schließt sich der Kreis, denn sie beten an. Diese Erkenntnis empfingen Menschen in der Herrlichkeit Gottes, lange bevor es den Neuen Bund überhaupt gab.

„Die Nationen werden den Namen des HERRN fürchten, alle Könige der Erde deine Herrlichkeit“ (Ps. 102, 15). Die Nationen werden gemeinsam mit ihren Anführern eine wahre Furcht des Herrn entwickeln, bevor das Ende naht. Diese Furcht ist der Beginn von Weisheit, und Weisheit hat reformatorische Auswirkungen. Dieses Bild von Reformation wurde Menschen in der Herrlichkeit Gottes offenbart, als sie dem Herrn im Lobpreis dienten.

„Ich will dich preisen unter den Völkern, HERR, ich will dir spielen unter den Völkerschaften“ (Ps. 108, 4). Dies ist eine wunderbare Beschreibung der Völker der Welt, die Gott aufrichtig und von Herzen preisen und ehren. In diesem Fall bestehen die Nationen aus Menschen, die sich vollkommen ihrem liebenden Gott hingegeben haben.

„Lobt den HERRN, alle Nationen! Rühmt ihn, alle Völker!“ (Ps. 117, 1). Dieser Vers illustriert meine Aussage zu Beginn dieses Kapitels sehr deutlich. Es ist das Bild von Anbetern, die die Nationen zu Gott versammeln.

Diese Lieder entstanden buchstäblich in der Herrlichkeit Gottes. Dieser Ort der Gegenwart Gottes, dieser Ort der unbefleckten Anbetung war die Geburtsstätte der Offenbarungen über das Herz Gottes für die Nationen. In seiner Gegenwart finden wir heraus, was unsere Verantwortung ist – die Bestimmungen und Absichten Gottes für die Nationen zu besingen und zu verkünden.

So wichtig gesunde Theologie auch ist, die Absicht hinter dem Singen und Verkünden dieser prophetischen Lieder geht weit über das hinaus, was wir als biblisch korrekt empfinden. Es ist vielmehr der Aufruf an die Nationen, ihre Bestimmung zu erfüllen, und diese Aufforderung ergeht direkt aus dem Thronsaal Gottes. Das ist das Privileg und die

Verantwortung der Anbeter. Aus der Herrlichkeit und mit einem Herzen voller Hoffnung verkünden wir über den Nationen, was der Vater sagt.

GEBET

Himmlischer Vater, danke, dass du uns die große Ehre zuteilwerden lässt, dich mit reinem Herzen anzubeten. Du hast das ermöglicht. Und danke, dass du uns dabei fühlen lässt, was auf deinem Herzen ist. Ich sehne mich danach, das zu verkünden, was du sagst und die Nationen in ihre Bestimmung hineinzurufen. Hilf mir, dies effektiv zu tun – zu deiner Ehre.

BEKENNTNIS

Ich nehme das Privileg an, das Herz Gottes für die Nationen und für alle Menschen auf der Welt in mir zu tragen. Und weil Gottes Gnade in mir wirksam ist, werde ich den Nationen der Welt verkünden, was Gott für sie auf dem Herzen hat, damit das Lamm Gottes den Lohn seiner Leiden empfängt. Dies tue ich zur Ehre Gottes.

66

LIEBE

Es ist unmöglich, unser volles Potenzial zu erlangen, wenn wir nicht lernen, wie wir uns selbst dienen.

Eine der wichtigsten Lektionen in unserem Leben ist, zu lernen, wie wir uns selbst „dienen". Das ist für uns von entscheidender Bedeutung. Für Gott ist es so wichtig, dass er sogar die Augen und Ohren unserer engsten Freunde verschließt, damit wir an den Punkt kommen, an dem wir das wiederentdecken, was er uns bereits gelehrt hat und das wir aus den Augen verloren haben. Das ist keine Strafe, sondern vielmehr seine Güte, die uns zurück zu unserer gottgegebenen Stärke führt. Oftmals schafft diese Art Liebe die Voraussetzungen für unsere größte Beförderung.

Die Kunst, uns selbst zu dienen, basiert auf dem, was Gott über uns sagt. Wenn wir uns selbst dienen, empfangen wir direkt aus dem liebenden Herzen Gottes. Durch das Wort Gottes empfangen wir Stärke, Verständnis oder ganz einfach Glauben, wenn wir uns schwach oder verwirrt fühlen.

Biblische Meditation scheint in weiten Teilen der Gemeinde eine verloren gegangene Kunst zu sein. Der Grund dafür ist möglicherweise Furcht vor der Fälschung - der ostasiatischen Art von Meditation. Diese kultische Version, die Menschen anweist, ihre Gedanken zu entleeren, macht sie empfänglich für Einflüsse, die in den meisten Fällen dämonischer Natur sind. Bei der biblischen Meditation füllen wir unseren Sinn mit dem, was Gott sagt. Wir erwägen diese Worte immer wieder in unserem Herzen und in unseren Gedanken, bis die Erkenntnis in unserem Innern wächst. Das hört sich vielleicht seltsam an, aber häufig begreift unser Herz früher als unser Verstand. Mein Herz kann vor Begeisterung springen über eine Wahrheit, die ich noch nicht richtig in Worte fassen kann. Das ist in Ordnung, der Prozess hat begonnen. Es ist ein göttlicher Prozess. Es sollte uns nicht überraschen, wenn wir feststellen, dass unser Geist göttliche Wahrheiten früher erkennt als unser Verstand.

Es gibt etwas unglaublich Heilendes und Erfrischendes, das nur der Gegenwart des Herrn entspringt. Dankbarkeit und Lobpreis helfen uns, in seine Gegenwart zu gelangen. In unserem Herzen geschieht etwas, wenn wir uns entscheiden, ihn trotz Niederlagen, Problemen oder Schwächen zu preisen. Wenn wir ihn preisen, richten wir unsere Aufmerksamkeit nicht länger auf uns, sondern auf ihn. Und das ist immer eine gute Idee. Besonders viel Kraft bekomme ich, wenn ich ihn für die Dinge preise, die ich vielleicht aufgrund der Probleme, mit denen ich mich auseinandersetzen muss, anzweifle. Wenn ich zum Beispiel gegen eine Krankheit stehen muss, dann preise ich ihn als den Gott, der mich heilt. Bitte beachte, dass dies nicht nur symbolisch gemeint ist. Ich habe sogar festgestellt, dass je dunkler die Wolke über mir ist, desto überzeugender muss ich mein Herz für ihn zum Ausdruck bringen. Das ist ein echtes Opfer, denn es ist ein Schritt heraus aus der Komfortzone. An diesem Punkt ist Jubeln das Letzte, was ich natürlicherweise tun würde. Doch ich weigere mich, innerhalb der Begrenzungen des Natürlichen zu agieren und deshalb entscheide ich mich dafür, in den übernatürlichen Bereich einzutreten – in den Bereich des Glaubens. Hier kann ich nur jubeln, jubeln, jubeln. In der Welt kommt Freude vor dem Jubel, doch im Reich Gottes geht Jubel oftmals der Freude voran.

Der letzte Teil meines persönlichen Krafttrainings hat mit den Menschen zu tun, mit denen ich Gemeinschaft habe. Ich suche ganz bewusst die Gemeinschaft mit Menschen, die großen Glauben, große Hoffnung und große Liebe haben. Manche Menschen laugen dich aus. Wenn du in deinem Glauben gerade etwas angeknackst bist, musst du besonders darauf achten, von wem du dich beeinflussen lässt. Das nennt man Weisheit, und Weisheit ist besonders dann notwendig, wenn unser geistliches Immunsystem geschwächt ist. Auch wenn es nicht so aussieht, als ob ich mir in dieser Situation selbst diene, so tue ich es doch, indem ich mir das Umfeld auswähle, in dem ich leben möchte. Das ist ein Beitrag zu einer ausgewogenen Gesundheit.

Vielleicht verstehen einige diesen Punkt als Aufforderung zu Unabhängigkeit und Rebellion, doch in Wirklichkeit verschlimmern diese Dinge das eigentliche Problem. Gott beschreibt uns als Glieder, die zusammengehören - als Glieder seines Leibes auf Erden. Dieses Bild ist wunderschön und übersteigt unseren Verstand. Ich widersetze mich jeder Lehre, die darauf abzielt, Menschen in Unabhängigkeit und Rebellion zu führen. Die Trennung vom Leib hat schon bei vielen Menschen großen Schaden verursacht.

David ist in dieser Hinsicht mein Held. Er erlebte eine Reihe von Zurückweisungen: von Saul, von seinen Brüdern, von den Philistern, denen er gedient hatte und von den mächtigen Männern, deren Leben er vor Selbstzerstörung bewahrt hatte. Jede dieser Situationen schien ihn immer weiter weg von der Berufung Gottes zu führen - König von Israel zu werden. Er ahnte nicht, dass das, was ihn scheinbar immer weiter vom Thron wegführte, in Wirklichkeit zur Hintertür des Thronraums führte. Doch der Schlüssel, der diese Türe öffnete, war, dass er sich im Herrn stärkte (siehe 1. Sam. 30, 6). Zu lernen, sich selbst zu dienen, war die entscheidende Lektion, die ihn in seine göttliche Bestimmung brachte – der König von Israel zu sein.

GEBET

Lieber himmlischer Vater, ich will von dem, was ich nicht verstehe oder kontrollieren kann, nicht überwältigt sein. Stattdessen will ich durch deine Augen sehen. Du siehst mich anders als ich mich selbst sehe, und ich bin derjenige, der sich verändern muss. Bitte hilf mir, zu erkennen, was du über mich sagst, damit meine Abhängigkeit zu dir intensiviert wird und meine Freude zunimmt. Dies soll zu deiner Ehre geschehen.

BEKENNTNIS

Gottes Kraft ist mein Teil und gehört zu meinem Erbe, denn er ist meine Stärke. Ich werde seine Stärke demonstrieren, damit er Ehre empfängt, weil ich in seine Bestimmung für mein Leben eintrete. Und möge die Gnade Gottes auf meinem Leben ihm für alle Zeiten Ehre bringen.

67

GLAUBE

Der Glaube erforscht das, was die Offenbarung offenbart.

Stell dir vor, du erbst ein mehrere Tausend Hektar großes Stück Land. Und dann stell dir vor, wie du auf einem Hügel stehst und der Notar auf einen weit entfernten Bergrücken zeigt und sagt: „Sie besitzen alles, was zwischen hier und diesem Bergrücken liegt." Dann stell dir vor, wie er in eine andere Richtung zeigt und erklärt, dass du all das Land bis zu jenem Fluss besitzt. Und er führt seine Beschreibungen weiter aus, indem er auf die Teile der Landschaft zeigt, die die Grenzen deiner Erbschaft markieren. Er verkündet, dass dies alles dir gehört. Das wären doch sicher großartige Nachrichten. Ich kann natürlich nicht für dich sprechen, aber ich würde jede Ecke des Landes erkunden wollen, das ich gerade geerbt habe. Es nur aus der Ferne zu betrachten und damit zufrieden zu sein, dass ich der Besitzer bin, wäre eine Beleidigung derer, die einen hohen Preis bezahlt haben, mir etwas zu hinterlassen, an dem ich mich erfreuen kann.

Genauso ist es im Reich Gottes. Was Jesus uns gab, kostete ihn alles, und es muss sorgfältig erforscht werden. Unser Glaube ist das Mittel, mit dem wir uns auf dieses große Abenteuer begeben.

So viele Gläubige verbringen ihr Leben damit, auf dem Hügel zu stehen und zu bekennen, was ihnen gehört, doch sie erleben es nicht wirklich aus erster Hand. Die Behauptung, sie seien die Besitzer, enthält nach etlichen Bekenntnissen mit der Zeit sogar eine Spur von Stolz, wenn sie ihre große Autorität und Bestimmung verkünden. Es ist in Ordnung, wenn das am Anfang der Fall ist, doch es ist eine große Tragödie, wenn es so bleibt. Die Dinge, die Gott für uns bereitgestellt hat, sind nicht dazu gedacht, auf ein bloßes Bekenntnis reduziert zu werden. Stattdessen ist es eine Einladung, unser Erbe zu erforschen, anzuwenden und zu genießen! Es ist eine Einladung zu einem Abenteuer, zu der ultimativen Reise – denn alles, was Jesus gehört, gehört uns, damit wir es genießen. Die Dimensionen dieses Erbes sind grenzenlos und können in diesem Leben niemals vollständig erforscht werden. Doch das ist keine Entschuldigung, um müßig herumzusitzen. Dieses Königreich muss genossen werden.

An diesem Punkt zahlt sich meine persönliche Zeit mit Gott im Verborgenen aus. Wenn ich allein mit Gott bin, habe ich die Verantwortung und das Privileg, meine Anliegen äußerst spezifisch vorzubringen. Wenn ich ständig jemanden treffe, der bankrott ist, habe ich in dieser Hinsicht einen Auftrag. Wenn ständig Menschen mit Diabetes meinen Weg kreuzen, ist das ein Hinweis auf meinen Auftrag. Wenn ich mitbekomme, dass in meinem Umfeld Ehen in die Brüche gehen, muss ich für die nötige Erkenntnis und Salbung flehen, um den Menschen zu helfen, in diesen Situationen den Sieg zu erringen.

Der Herr nutzt häufig die Nöte der Menschen in meinem Umfeld, um mich darauf aufmerksam zu machen, was mir zur Verfügung steht, damit ich mich um ihretwillen ernsthaft danach ausstrecke. Ich glaube nicht, dass der Herr will, dass ich lediglich ihre Lasten trage. Natürlich ist es äußerst wichtig, Barmherzigkeit und Gnade zu zeigen, aber die Antwort auf die entsprechenden Nöte zu haben, ist ebenso wichtig. Jesus war nicht dafür bekannt, dass er die Menschen in ihren Problemen tröstete und sie dann mit ihren Fragen sich selbst überließ. Im Hoheitsgebiet des Königs - im Reich Gottes - ist die Antwort für jedes Problem, das die Menschheit jemals haben wird. Und jenen, die *„zuerst nach seinem Reich trachten" (Mt. 6,33)*, werden die erforderlichen Antworten anvertraut, um Umstände und Menschen zu verändern.

Dies ist das herrliche Privileg derer, die die unermessliche Weite ihres Erbes entdecken. Durch Glauben können wir in Gott Bereiche erkunden, zu denen wir sonst niemals Zutritt hätten.

GEBET

Vater, ich bin absolut überwältigt von all dem, was du mir in Jesus Christus gegeben hast. Es übersteigt meine Vorstellungskraft. Und wenngleich mein Erbe so unermesslich ist, bete ich um die Gabe einer heiligen Unzufriedenheit über den gegenwärtigen Zustand. Ich will nicht mit Theorien zufrieden sein, anstatt die Realität deiner Welt zu schmecken, die mein Leben und das Leben meiner Mitmenschen für alle Ewigkeit verändern könnte. Bitte öffne mir die Augen, damit ich sehe, was du mir gegeben hast und ich mich nach diesen Dingen ausstrecke. Zeige mir, was du mir gegeben hast, damit ich es ergreife und mich daran erfreue. Mein Herzensschrei ist, dass dein Name erhoben wird und Menschen durch das frei werden, was ich bei dir finde. Du bist wahrhaftig gut - allezeit. Danke.

BEKENNTNIS

Ich weigere mich, mit Theorien und Lehrbuch-Idealen zufrieden zu sein. Ich muss schmecken und sehen, dass der Herr gut ist. Mein Erbe ist gewaltig und übersteigt meinen Verstand. Doch es übersteigt nicht meine Fähigkeit, es zu schmecken und zu sehen. Ich widme deshalb mein Leben der Erforschung meines Erbes, damit Gott verherrlicht wird und die Menschen Jesus in mir erkennen.

68

HOFFNUNG

Wenn Gott Nein sagt, kommt ein besseres Ja.

Jemand, der beständig mit einem Verständnis der überfließenden Güte Gottes lebt, interpretiert die alltäglichen Belange des Lebens ganz anders als andere Menschen. Gebet ist eines dieser notwendigen Elemente im Leben des Gläubigen und ist zuweilen genauso schmerzlich, wie es erfreulich sein kann. Ich gebe ehrlich zu, dass mir mein Lebensstil des Gebets oft Grund zu unglaublicher Freude gab, aber auch mit großen Enttäuschungen einherging.

Zu dieser frustrierenden Reise gehörte auch, zu lernen, wie ich mit einem „Nein" von Gott umgehen sollte. Aber manchmal war es noch schlimmer, wenn Gott schwieg. Für mich ist das schmerzlicher als ein „Nein". Ich habe gelernt, Trost in den Psalmen zu finden, denn der Psalmist spricht oft über seine Frustration wegen Gottes Schweigen. Wir müssen lernen, sowohl mit dem Nein als auch mit dem Schweigen umzugehen. Das ist ein enorm wichtiger Teil des Reifeprozesses, der auch Mündigkeit genannt wird. Es wäre nicht richtig, zu sagen, Gott würde mich ignorieren oder sich nicht um mich kümmern. Selbst wenn ich mich so fühle, muss ich mich an die Wahrheit halten und die Tatsache erkennen, dass er ein vollkommener, liebender Vater ist, der meine kühnsten Träume und Vorstellungen von einem Vater übersteigt - er ist mein Papa. Mehr als ich selbst sorgt er sich um jedes meiner Anliegen oder Träume. Er ist so unglaublich gut!

Wenn Gott schweigt, bedeutet das häufig, dass er mir bereits Weisung, Erkenntnis oder Kraft für die jeweilige Situation gegeben hat. Du hast bestimmt schon einmal die Aussage gehört, dass jemand den anderen „mit Schweigen straft". Dies ist die Art und Weise, wie der andere bestraft werden soll. Gottes Schweigen ist jedoch nie eine Strafe. Nur in der Stille werde ich das entdecken, was er bereits in mein Herz gelegt hat. Im Stillesein kommen Dinge an die Oberfläche, die ich sonst nicht gehört hätte. Es ist so, als ob Gott aus der Tiefe seines Herzens zu meinem Herzen spricht (siehe Ps. 42, 8; NeÜ) und das an die Oberfläche bringt, was sonst unerschlossen geblieben wäre. Das ist schmerzhaft, aber notwendig.

Ich finde das „Nein" Gottes faszinierend - besonders im Hinblick auf die Tatsache, dass Jesus seinen Jüngern immer wieder sagte, sie könnten alles haben, worum sie bitten. Es ist interessant, dass Jesus sie dennoch rügte, als Jakobus und Johannes um Erlaubnis baten, Feuer auf die Samaritaner herabzurufen (siehe Lk. 9, 54-56). „Nein" ist Gottes Trumpfkarte, die er anwendet, wenn ein besseres „Ja" bereitsteht oder wenn ein „Ja" seine ewigen Absichten untergraben würde.

Eine der großartigsten Geschichten in diesem Zusammenhang steht in Johannes 11. Lazarus ist krank und liegt im Sterben. Maria und Marta senden eine Botschaft zu Jesus, die besagt: *„Der, den du lieb hast, ist krank!"* (Vers 3). Mit anderen Worten: Jemand, zu dem du bereits eine Beziehung hast, braucht Hilfe. Er sollte dir wichtiger sein, als deine Verpflichtung gegenüber den Fremden, denen du gerade dienst. Jesus sagte nur, dass die Krankheit nicht zum Tode sei und blieb noch zwei Tage, wo er gerade war. (Verse 4-6). Zuerst wird Jesu Liebe für diese Familie betont, und dann heißt es, dass er noch zwei weitere Tage blieb, ohne auf ihr Anliegen einzugehen. Nur sehr wenige von uns würden sein Fernbleiben in einer Krisensituation als Liebe interpretieren. Doch genau das tat der Gott der Liebe.

Wenn Jesus sofort losgegangen wäre, um Lazarus zu dienen, hätte mit Sicherheit eine Heilung stattgefunden. Weil er wartete, gab es eine Auferstehung. Das „Nein" des einen Tages wurde an einem anderen Tag zu einem größeren „Ja".

Die Hoffnung, die im Wesen und den Verheißungen Gottes verankert ist, ermöglicht uns, die Fülle Gottes, unseres Vaters, zu entdecken und nicht in Panik zu verfallen. Wenn wir unsere Herzen gut verwalten, leben wir in dem Wissen, dass die Dinge am Ende besser ausgehen werden, als wenn es nach unserer eigenen Vorstellung gegangen wäre.

GEBET

Lieber himmlischer Vater, danke für deine Güte, die alles Verstehen übersteigt. Ich ruhe in dem Wissen, dass du mit dem liebenden Herzen eines Vaters auf mich aufpasst. Hilf mir, wenn ich dazu neige, in Panik zu geraten, weil die Dinge nicht so laufen, wie ich es mir vorstelle. Vergib mir, dass ich manchmal schon dachte, du würdest dich nicht um mich kümmern. Ich weiß, dass dies nicht möglich ist. Bitte gib mir die Gnade, dass ich mich nie wieder so verhalte. Ich bete dies zu deiner Ehre.

BEKENNTNIS

Gott ist immer gut. Er ist ein vollkommener, liebender Vater, der immer das Beste für mich im Sinn hat. Statt ihn anzuklagen, dass er sich nicht um mich kümmert, werde ich mein Herz stillen, um in verwirrenden Situationen seine Absichten zu entdecken. Ich erkläre, dass ich den Willen Gottes liebe und mich seinen Absichten unterstelle, damit er verherrlicht wird - zu seiner Ehre.

69

LIEBE

Die reinste Form der Evangelisation fliesst aus Anbetung.

Diese beiden Themen sind ihrem Wesen nach untrennbar miteinander verwoben, und zwar wesentlich stärker, als wir auf den ersten Blick erkennen können. Der einzige Unterschied liegt in ihrer Dringlichkeit: Anbetung, auch wenn sie jetzt absolut angebracht und notwendig ist, wird bis in alle Ewigkeit bestehen bleiben, während Evangelisation auf dieses Leben beschränkt ist.

Vielleicht sind deshalb manche Menschen der Auffassung, Evangelisation sei die höchste Priorität im Leben eines Christen. Schließlich hat die Errettung von Seelen Priorität, solange wir noch auf diesem Planeten sind. Zumindest solange, bis wir erkennen, dass unsere evangelistischen Bemühungen an Effektivität, Kraft und Gegenwart Gottes zunehmen, wenn wir zuerst danach trachten, Gott zu lieben und dies durch verschiedene Nuancen und Ausdrucksformen bekunden.

Unsere Liebe zu Gott und unsere Liebe für Menschen sind eng miteinander verknüpft. Evangelisation wird oft darauf reduziert, dass Menschen zu reinen Projekten gemacht werden, und die Menschen hassen es, das ehrgeizige Projekt eines anderen zu sein. Wer will schon das Projekt irgendeines religiösen Eiferers sein, damit dieser sich hinsichtlich seiner Hingabe an Gott gut fühlen kann? Niemand will lediglich als weitere Trophäe auf dessen Erfolgsliste verbucht werden. Das ist vielleicht einer der Gründe, warum man dem Thema Evangelisation so kritisch begegnet.

Dennoch ist Evangelisation richtig und notwendig. Sie ist ein leidenschaftliches Anliegen unseres Vaters. Er wünscht sich, dass alle Menschen Teil seiner Familie werden. Ein vorrangiges Thema der neutestamentlichen Botschaft von Jesus Christus war, dass wir einander lieben sollen. Mit „einander" meinte Jesus nicht nur unsere Familien oder die Gemeindefamilie. Für Jesus gehörte auch der Mann dazu, der ausgeraubt und halb tot liegen gelassen wurde, bis der barmherzige Samariter ihn rettete. Für Jesus war dies der Steuereintreiber, der auf den Baum kletterte, um ihn besser sehen zu können. Oder die Frau, die beim Ehebruch ertappt wurde. Für Jesus gehörte auch Pilatus dazu, der sich weigerte, ihn freizulassen; ebenso der Dieb, der neben ihm am Kreuz hing und die religiösen Oberhäupter, die seinen Absichten entgegenstanden. „Einander" steht für die Menschen, für die er sterben würde.

Es kann keine größere Liebe in unserem Herzen geben als unsere Liebe für Gott. Alles, was wir mehr lieben als ihn, ist Götzendienst. Doch unsere Liebe zu Gott, die sich in leidenschaftlicher Anbetung zeigt, gibt unserer Liebe für Menschen neue Nahrung und Bedeutung. Die Liebe zu Menschen wird durch die Liebe zu Gott verstärkt.

Ich erinnere mich an ein Gespräch mit einem jungen Mann aus Schweden, der seine Freundin sehr liebte. Er hatte Angst, sich Christus zu übergeben, weil er glaubte, sie dann nicht mehr so lieben zu können wie bisher. Neben dem offensichtlichen Problem, dass er ihr und nicht Gott den ersten Platz in seinem Leben einräumte, übersah er, in welch wunderbarer Weise alles andere beeinflusst würde, wenn er Gott zuerst liebte. Ich habe bei mir festgestellt, dass ich meine Frau viel mehr lieben kann, als wenn sie die Nummer eins wäre. Das ist einer der offensichtlichen Widersprüche, die das Leben im Reich Gottes mit sich bringt. Es funktioniert nach dem gleichen Prinzip: Wir leben, indem wir unser Leben verlieren; wir werden erhöht, wenn wir uns demütigen. Ebenso kann ich meine Frau mehr lieben, wenn ich Gott zuerst liebe.

Dieses Prinzip gilt auch im Hinblick auf Evangelisation. Wenn Gott an erster Stelle steht und wir ihn leidenschaftlich lieben, werden wir freigesetzt, die Menschen authentischer und wirkungsvoller zu lieben. Dann wird unsere Liebe zu Gott die Motivation für Evangelisation. Als Jesaja den Herrn hoch und erhaben auf dem Thron sitzen sah, erlebte er auch erwartungsgemäß die überwältigende Gegenwart Gottes (siehe Jes. 6). Doch der Teil, der mich am meisten bewegt, ist Jesajas Reaktion.

Gott fragte: *„Wen soll ich senden?"*

Jesaja antwortete: *„Sende mich!"*

Jeder, der Gott wahrhaftig anbetet, erkennt Gottes Herz. Und jeder, der wahrhaftig Gottes Herz erkennt, wird eine ähnliche Reaktion zeigen wie dieser große Prophet: *„Sende mich!"* Evangelisation bedeutet, in die Erntefelder Gottes gesandt zu werden und ist am wirkungsvollsten, wenn sie aus dem Herzen eines Anbeters kommt, der in der Anbetung das wahre Herz Gottes erkannt hat.

GEBET

Mein Vater und mein Gott, ich liebe Dich. Ich liebe es, dich anzubeten und dich zu ehren. Du bist würdig, alle Herrlichkeit, alle Ehre und alles Lob zu empfangen. Dies ist meine Freude. Ich sehne mich leidenschaftlich danach, dein Herz auf eine Weise zu berühren, die dich verherrlicht. Doch bitte hilf mir, mich hinsichtlich meiner Liebe zu dir niemals auf Kosten derer zufriedenzugeben, die noch nicht Teil deiner Familie geworden sind. Verstärke meinen Eifer für Anbetung, damit meine Leidenschaft für die Verlorenen wächst. Das bete ich, damit der Name Jesu zu höchsten Ehren gelangt.

BEKENNTNIS

Ich wurde geboren, um Gott anzubeten. Alles an mir ist ein Ausdruck für Gottes perfektes Design, das mich befähigt, ihn richtig anzubeten. Er hat mich ausgerüstet, damit ich ihm effektiv dienen kann. Ich nehme dies als einen privilegierten Lebensstil an, damit Gott verherrlicht wird – sowohl durch meine Anbetung, als auch durch die Menschen, die durch meine Liebe zu ihm gezogen werden.

70

GLAUBE

JESUS HAT NIE JEMANDEN KRITISIERT, GERÜGT ODER ZURECHTGEWIESEN, DER SICH NACH SEINEN GABEN AUSSTRECKTE.

Es ist inzwischen eine allgemein üblich gewordene Redensart, dass man Gottes Angesicht und nicht seine Hand suchen soll. Ich verstehe, was damit gemeint ist, denn die Beziehung zu Gott ist viel wichtiger als ein physisches Wunder. Doch in keinem der Gespräche Jesu, die in der Schrift dokumentiert sind, finden wir eine solche Aussage. Bei dieser Metapher steht Gottes Angesicht für die Beziehung zu ihm, seine Hand repräsentiert das, was er uns geben kann. Doch für mich ist das eigentlich schon zu viel des Guten. Ich ermuntere die Menschen, die bisher seine Hand und nicht sein Angesicht gesucht haben, einfach mal nach oben zu sehen. Hand und Angesicht sind nicht so weit auseinander. Eins führt zum anderen, das ist die Aussage Jesu.

Manchmal bekommen Menschen, die ein Wunder brauchen, die sonderbarsten Ratschläge von Menschen, denen es selbst an Erfahrung mangelt. Mangelnde Vollmacht bringt die Menschen oftmals auf törichte, religiöse Ideen. Der blinde Bettler Bartimäus schrie laut nach Jesus und rief: *„Jesus, Sohn Davids, erbarme Dich meiner!“* (Mk. 10, 47). Er wollte unbedingt geheilt werden. Jesus tadelte ihn nicht, indem er sagte, es sei wichtiger, den Heiler kennenzulernen. Natürlich ist das wahr, doch das war nicht der Ansatz, den Jesus wählte, als er Bartimäus oder anderen diente. Warum sollten wir es anders machen? Wahrscheinlich, weil die Augen eines „Bartimäus“ allzu oft noch blind sind, nachdem wir für ihn gebetet haben.

Ein mir nahestehendes Ehepaar fand gerade diese Woche heraus, dass ihr neugeborenes Baby vollkommen taub ist. Das war sowohl für sie als auch für uns eine niederschmetternde Nachricht. Natürlich gab es jemanden, der glaubte, ihnen hinsichtlich dieser Herausforderung helfen zu können, indem er darauf hinwies, was für ein Segen es sei, taub zu sein. Taube Menschen würden andere Bereiche ihres Lebens stärker entwickeln, um das zu kompensieren, was ihnen durch ihre Taubheit entgeht. Obwohl das zutrifft, ist es doch eine törichte Argumentation. Auf solche Gedanken kann man nur kommen, wenn es an Wundern mangelt. Jesus hat uns ein Beispiel gegeben, dem wir nachfolgen – die Autorität, durch die wir Zugang zu derselben Kraft aus der Höhe haben, um unseren Auftrag zu erfüllen. In mancherlei Hinsicht liegt der Rest an uns.

Jesus sah die Sache so: *„Wenn ich sie aber tue, so glaubt den Werken, wenn ihr auch mir nicht glaubt, damit ihr erkennt und versteht, dass der Vater in mir ist und ich in dem Vater!“* (Joh. 10,38). Jesus hatte kein Problem damit, dass sie nicht an ihn glaubten (was sich wirklich sehr seltsam anhört), solange sie den Werken glaubten, die er tat. Wenn sie an die Werke, also an die Wunder glaubten, konnten sie erkennen, dass der Vater in ihm war und er im Vater.

Das ist eine erstaunliche Erkenntnis. Jesus kam, um den Vater zu offenbaren, und das konnte ohne Wunder nicht in angemessener Weise geschehen. Und es störte ihn auch nicht, wenn die Menschen ihn hinterfragten, solange sie nicht die Wunder infrage stellten. Die Wunder offenbarten den Vater. Als natürliche Folge dieser Erkenntnis würden sie auch an Jesus glauben.

Mit anderen Worten: Was aus seiner Hand kommt, führt zu seinem Angesicht.

GEBET

Himmlischer Vater, bitte hilf mir, keinerlei Entschuldigungen und Argumente zu entwickeln, die Menschen den Mut rauben könnten, nach dir zu rufen. Bekleide mich immer wieder neu mit Kraft aus der Höhe. Bitte hilf mir, den Vater durch ein Leben voller Wunder zu offenbaren und den Menschen mit praktischen Lösungen zu helfen, so, wie das jeder gute Vater tun würde. Hilf mir, auf diese Weise zu leben - zur Ehre Gottes.

BEKENNTNIS

Jesus vollbrachte alles, was notwendig war, damit ich in seinen Fußstapfen folgen kann. Und auch wenn meine Bemühungen nicht an seine heranreichen, weigere ich mich, die Erwartungen, die ich an mein Leben stelle, auf eine akzeptable Norm zu reduzieren. Ich nehme das Privileg an, den Vater durch Zeichen und Wunder zu offenbaren. Ich tue das zur Ehre Gottes.

71

HOFFNUNG

GOTT MÖCHTE, DASS WIR EINEN ERNEUERTEN SINN HABEN, DAMIT UNSER WILLE GETAN WERDEN KANN.

Ich weiß, dass sich diese Aussage ein wenig seltsam anhört, doch denke einmal ernsthaft darüber nach. Ich bin mehr denn je davon überzeugt, dass genau das der Herzenswunsch Gottes für jeden von uns ist.

Es geht hier nicht darum, unsere Rechte einzufordern. Es ist keine neue Lehre darüber, „wie wir bei Gott unseren eigenen Willen bekommen". Im Gegenteil! Der Allmächtige verändert uns, damit wir unser Umfeld verändern können. Das Letzte, was wir brauchen, sind noch mehr eigenwillige Christen, die für das kämpfen, was sie durchsetzen wollen und ihrer Meinung nach auch verdient haben. Ein selbstzentriertes Evangelium entspricht ganz und gar nicht dem Evangelium, denn es ist nicht die gute Nachricht, die es vorgibt, zu sein.

Wir wissen mittlerweile auch, dass Gott nicht daran interessiert war, Roboter zu erschaffen, die automatisch alles tun, wofür er sie programmiert hat. Das wäre leicht gewesen. Bewusste Partnerschaft hat bei Gott oberste Priorität. Besonders, wenn wir bedenken, dass die Menschheit der einzige Teil der Schöpfung ist, der nach Gottes Bild erschaffen wurde. Unsere Bestimmung im Leben besteht darin, mit ihm zusammenzuarbeiten, um dazu beizutragen, das Wesen unserer Welt in das Spiegelbild seiner Welt zu verwandeln.

Als Gott uns errettete, stellte er uns dahingehend wieder her, mit ihm zusammenzuarbeiten und mitherrschen zu können. Ich glaube, das ist bei uns noch nicht so recht angekommen. Doch die Hoffnung unserer Berufung ist damit verknüpft, dass wir in Christus sind, und nur hier, in seiner Gegenwart, haben wir Autorität über jeden Namen und jede Macht, die jemals existiert hat. Paulus betete dafür, dass wir das verstehen. Schau dir diese Verse genau an: *Er erleuchte die Augen eures Herzens, damit ihr wisst, was die Hoffnung seiner Berufung […] und was die überragende Größe seiner Kraft an uns, den Glaubenden, ist, nach der Wirksamkeit der Macht seiner Stärke. Die hat er in Christus wirksam werden lassen, […] Und alles hat er seinen Füßen unterworfen…*
Epheser 1, 18-22

Wie du dir vorstellen kannst, werden wir uns um alles andere wesentlich weniger Sorgen machen, wenn wir wissen, was die Hoffnung unserer Berufung ist.

Unser gesamtes Leben zielt darauf ab, dass wir lernen, zu herrschen. Der Zweck von Gebet, Disziplin und Hingabe besteht darin, dass wir lernen, zu herrschen. Der Grund, warum wir göttliche Ordnung im Hinblick auf Familie, Arbeit Gesundheit und Wohlergehen im Allgemeinen brauchen, ist, dass wir lernen, zu herrschen. Der Apostel Paulus beschrieb das, als er sagte, dass wir *„im Leben herrschen durch den einen, Jesus Christus."* (Rö. 5,17). Die englische Passion Translation der Sprüche hat diesen Gedanken vom „Herrschen im Leben“ Seite für Seite sehr gut eingefangen. Sie begeistert mich! Niemand, der den Plan Gottes wirklich erkennt, kann hochmütig oder arrogant werden. Ich glaube nicht, dass das möglich ist. Hier geht es um die überwältigende Erkenntnis der unverdienten Gnade, durch die uns die Zuneigung Gottes in der Anbetung zuteil wird. Das ist eins der größten Privilegien.

Jesus selbst stellte die Grundregeln auf. Er wandte sich an seine Jünger und bot ihnen den Deal ihres Lebens an. Bedenke, er sagte unzählige Male, dass sie alles haben können, worum sie bitten. Doch diese Verheißung war an Bedingungen geknüpft. In einer der Verheißungen sagte er zum Beispiel: *„Wenn ihr in mir bleibt und meine Worte in euch bleiben, so werdet ihr bitten, was ihr wollt, und es wird euch geschehen.“* (Joh. 15, 7). Jesus fuhr fort und sagte, dass dieser Prozess eine Möglichkeit ist, um den Vater zu verherrlichen. Denke einmal darüber nach – der Vater wird verherrlicht, wenn sein Plan funktioniert, was bedeutet, dass du das bekommst, wofür du gebetet hast. Das ist erstaunlich! Jede Antwort, die wir auf unsere Gebete erhalten, ist ein Zeugnis dafür, dass Gottes Plan der Mit-Arbeit und der Mit-Herrschaft tatsächlich funktioniert.

Vielleicht wird das auch in Epheser 3, 10 angedeutet: *„... damit jetzt den Gewalten und Mächten in der Himmelswelt durch die Gemeinde die mannigfaltige Weisheit Gottes zu erkennen gegeben werde.“* Es versteht sich von selbst, dass die ganze Schöpfung Gottes Größe erkennt. Gott will, dass die himmlische Welt von den Erlösten lernt, die sein Herz in allen Angelegenheiten gut repräsentieren. Dies ist das Zeugnis der Weisheit Gottes. Sein Plan funktioniert.

Letztendlich läuft es auf Folgendes hinaus: Unser Denken muss erneuert sein, damit wir diese unverdiente Position der Autorität und Verantwortung zu seiner Ehre ausfüllen können. Sie muss mit seinem Herzen, seinen Idealen und seinen Absichten übereinstimmen. Er sehnt sich nach einer Generation, die um alles bitten kann, was sie will, weil es hundertprozentig mit seinem Plan für den Planeten Erde übereinstimmt. Und dadurch wird er verherrlicht.

GEBET

Himmlischer Vater, ich muss lernen, größer zu denken. Deine Pläne und Absichten für mein Leben sind so viel größer, als ich mir jemals vorstellen kann. Bitte lehre mich, was und wie du denkst. Ich möchte mein Leben dafür einsetzen, deine Weisheit allen Mächten in der Himmelswelt zu demonstrieren. Danach sehne ich mich, damit du geehrt und verherrlicht wirst.

BEKENNTNIS

Ich habe von Gott eine Position empfangen, die ich mir nie hätte verdienen können. Ich werde nicht zulassen, dass sie mich von meinem gottgegebenen Auftrag abhält. Es geht nicht um mich; es geht um ihn. Er muss durch alles, was existiert, verherrlicht werden, weil sich sein Plan, mit seinen Kindern zusammenzuarbeiten, als weise erwiesen hat. Ich lebe dafür, dass Gott für immer und ewig Ehre zuteil wird.

72

LIEBE

Falsche Demut hält uns von unserer Bestimmung ab, aber wahre Demut macht sie erst möglich.

Falsche Demut sehen wir häufig in Form von Selbsterniedrigung, Selbstkritik oder Selbstverdammnis. Das Wort „Selbst" in jedem dieser Begriffe weist uns darauf hin, um was für eine Art Demut es sich handelt – es ist eine verfälschte Demut. Sie ist die gefährlichste Form von Stolz, denn sie wird als geistliche Tugend betrachtet, und aus diesem Grund kann sie sich halten. Sie wird bewacht und beschützt, als ob sie eine göttliche Eigenschaft wäre.

Jesus lehrte uns, unseren Nächsten zu lieben wie uns selbst. Dies ist eine Herausforderung für alle, die den selbstlosen Lebensstil Jesu nachahmen wollen. Das hört sich beinahe widersprüchlich an. Doch das ist es nicht. Es ist eines jener scheinbaren Paradoxien der Schrift, die entscheidend für unser Wohlergehen sind. Wir bleiben nur dann in einer gesunden Ausgewogenheit, wenn wir beide Aspekte annehmen.

Uns selbst so zu lieben, wie Jesus es beschrieb, führt nicht zu Selbstzentriertheit oder Selbstsucht. Stattdessen hält es uns hinsichtlich der Dinge Gottes gesund und stark. Jesus lehrte dies als das zweitgrößte Gebot (siehe Mt. 22, 39) und Paulus spricht davon, unser Fleisch zu nähren und zu pflegen (siehe Eph. 5,29). Das tun wir in vielerlei Hinsicht ganz automatisch, wenn wir emotional gesund sind.

Ich bin vorsichtig im Umgang mit Menschen, die sehr selbstkritisch sind. Jemand, der mit sich selbst sehr streng ins Gericht geht, wird vermutlich bei der nächsten Gelegenheit genauso mit anderen verfahren. Wir neigen dazu, andere auf dieselbe Weise zu „lieben" wie uns selbst.

In der Bibel heißt es: *„Es rühme dich ein anderer und nicht dein eigener Mund, ein Fremder und nicht deine Lippen!"* (Spr. 27, 2). Eigenlob ist keine gute Eigenschaft. Sich selbst zu rühmen, ist eine abscheuliche Angewohnheit, sofern es nicht von einem Dreijährigen kommt. Das ist vielleicht ganz süß. Reife bedeutet jedoch, einzusehen, dass die Welt sich nicht nur um uns dreht. Stattdessen sollten wir danach trachten, das Beste für die Welt im Fokus zu haben. Ich denke, wir verstehen sehr wohl die Bedeutung dieses Verses. Den meisten von uns wäre es ohnehin unangenehm, sich selbst zu loben, sollten wir zuweilen auf die Idee kommen. Wir wissen einfach, dass ein solches Verhalten im Umgang miteinander nicht angemessen ist. Dennoch hat mich der erste Teil des Verses eines Tages sehr getroffen. *„Es rühme dich ein anderer."* Ganz ehrlich, so etwas ist mir äußerst unangenehm. Doch es ist ein Gebot, und wir müssen lernen, damit umzugehen.

Menschen ehren den Künstler, wenn sie die Qualität seines Gemäldes würdigen. Das Gemälde ist ein Ausdruck des Künstlers und empfängt die Ehre, die eigentlich dem Künstler zusteht. Der Künstler wird nicht geehrt, wenn sich das Bild selbst kritisiert, falls dies möglich wäre. Auf ähnliche Weise ehren wir Gott, indem wir Menschen ehren. Er nimmt das persönlich. Das bedeutet, wenn jemand mich ehrt, habe ich eine Verantwortung vor Gott. Zunächst einmal danke ich Gott für das Privileg, in seinem Namen geehrt zu werden. Zweitens erkenne ich, dass die Ehre, die mir zuteil wird, unverdient ist, weil alles Gute ursprünglich nicht von mir stammt. Drittens, ich muss diese Ehre an ihn weitergeben, weil er in Wahrheit der Eine ist, der sie verdient. Ich sollte jedoch niemals demjenigen, der mir Komplimente macht, antworten: „Oh, das war ich nicht. Das war Jesus." Wenn ich seine Bemühung, Gott zu ehren, indem er mir ein Kompliment macht, abweise, dann entehre ich diesen Menschen, Gott und mich selbst. Ehre – wir müssen lernen, sie zu akzeptieren und zu genießen, ohne uns den Verdienst anzurechnen, um sie letztendlich an den rechtmäßigen Besitzer weiterzugeben.

Wir alle müssen Gottes Gnadenwerk in unserem Leben anerkennen, damit wir tiefer in seine Bestimmung hineinwachsen können. Diese Zuversicht sieht man immer wieder im Leben des Apostel Paulus. Und zweifellos würde niemand von uns sagen, er wäre arrogant oder selbstzentriert gewesen. Seine Zuversicht in Gottes Gnade ehrte Gott und gab ihm selbst Stabilität. Jemand sagte einmal:

„Wahre Demut bedeutet nicht, gering von sich zu denken; es bedeutet, weniger an sich zu denken."

Unsere Bestimmung wird uns zu Menschen führen, die durch ihr Vertrauen in Gottes Gnade an Orte geführt werden, wo andere aus Furcht nicht hingehen würden.

GEBET

Himmlischer Vater, ich weiß, dass du die Quelle und der Urheber alles Guten in meinem Leben bist. Dafür danke ich dir. Hilf mir, nicht der in christlichen Kreisen akzeptierten Gewohnheit der Selbstkritik zu verfallen. Ich weiß, dass dir das letztendlich keine Ehre bereitet. Ich möchte einfach nur mit meinem ganzen Leben dich verherrlichen. Ich preise dich als den Einen, der alle Dinge gut macht, auch dein Werk in mir. Danke.

BEKENNTNIS

Ich weigere mich, Selbstkritik als geistliche Tugend zu betrachten und werde stattdessen sein Werk der Gnade in mir anerkennen. Wenn mir Ehre zuteil wird, werde ich Gott dafür die Ehre geben, denn alles Gute in meinem Leben kommt von ihm. Durch Gottes Gnade werde ich die Ehre nicht ausschlagen, die mir zuteil wird, sondern ich werde der Person, die mich ehrt, Respekt entgegenbringen, damit Gott erhoben wird. Ich tue diese Dinge zur Ehre Gottes.

73

GLAUBE

WENN WIR DIE DINGE GOTTES DEM MENSCHLICHEN DENKEN UNTERORDNEN, SIND UNGLAUBE UND RELIGION DAS RESULTAT. WENN WIR DAS MENSCHLICHE DENKEN DEN DINGEN GOTTES UNTERORDNEN, DANN SIND WUNDER UND EIN ERNEUERTES DENKEN DIE FOLGE.

In der Schrift finden wir mindestens an zwei Stellen die Aussage, dass Gott im Himmel sitzt und lacht. Der Grund dafür ist in beiden Fällen, dass er sieht, welche Pläne der Teufel gegen seinen Gesalbten und dessen Bestimmung geschmiedet hat. Offensichtlich belustigt Gott die Vorstellung, dass endliche Wesen denken, sie könnten sich mit ihm messen und eine effektive Strategie gegen ihn entwickeln – mit Sicherheit eine lächerliche Vorstellung.

Wie wahr ist es doch, dass nur ein Narr sagen kann, es gäbe keinen Gott (siehe Ps. 14,2). Und es ist - milde ausgedrückt - recht amüsant, dass heutzutage einige der vermeintlich größten Denker solche Aussagen machen. Ich finde es interessant, dass Menschen ihr Leben lang studieren können, wie das Universum, der Körper oder das Leben beschaffen ist und dann zu dem Schluss kommen, es gäbe keinen Schöpfer. Ohne Designer gibt es auch kein Design. Das atheistische Denken beeinflusst zuweilen auch die Gemeinden. Ich meine damit nicht, dass Christen zu dem Schluss kommen, es gäbe keinen Gott. So weit geht das nicht. Ich spreche davon, dass Menschen anfangen, die Probleme des Lebens auf die gleiche Weise anzugehen wie ihre atheistischen Nachbarn, ohne zu bemerken, dass sich ihr Denkprozess kaum noch von dem atheistischen unterscheidet. Für uns sollte aber der Unterschied deutlich sein. Und auch wenn unsere Theologie Atheismus nicht zulässt, so spricht unser Lebensstil manchmal eine andere Sprache. Es ist nicht recht, den Gott, der das Unmögliche möglich macht, nicht im Zentrum und Fokus unseres Lebens zu haben. Es ist einfach nicht in Ordnung – nicht für jemanden, der Jesus als seinen Herrn bekennt.

Ich beobachte häufig, dass Menschen von einem echten Wunder erst noch überzeugt werden müssen. Röntgenbilder und Arztberichte werden angefordert, bevor sie es glauben können. Ich verstehe dieses Bedürfnis, da im Laufe der Geschichte Wunder oftmals vorgetäuscht wurden. Daher scheint die Forderung nach Beweisen sinnvoll zu sein. Doch sie sollte nicht notwendig sein – nicht für jemanden, der sich zu Christus bekennt.

Verstehe mich nicht falsch: Der Arztbericht, der ein Wunder bestätigt, ist immer eine Ermutigung. Wir dürften uns über die Bestätigung der Werke Gottes durch die medizinische Welt freuen. Doch es ist kein Zeichen von intellektueller Stärke, wenn wir sie brauchen, um glauben zu können, sondern ein Zeichen von Schwäche. Es ist ein Hinweis darauf, dass der Gedanke „Es gibt keinen Gott“ tief in unserem Herz verwurzelt ist. Statt nach Durchbrüchen zu streben, die Tausende oder sogar Millionen ins Reich Gottes bringen, wollen wir Beweise, dass er tatsächlich der ist, der er sagt, dass er ist: derselbe - gestern, heute und in Ewigkeit. Er existiert, doch viele denken, er sei lediglich eine Kraft ohne Persönlichkeit, Interesse oder Intention. Nichts könnte der Wahrheit ferner sein. Er ist Gott - Vater Gott. Er ist ein echter Vater, der die Menschen liebt – der sie wirklich liebt.

Gott dieser tendenziell atheistischen Denkweise unterzuordnen, funktioniert nicht, denn so neigen wir dazu, von Gott Dinge zu verlangen, zu denen wir kein Recht haben. Er hat uns genug Beweise seines Wesens und seines Herzens hinterlassen, um uns anzuspornen, die Welt zu verändern – im wörtlichen Sinne. Wenn wir jedoch unser Denken dem unterordnen, was Gott tut, werden wir staunen! Dann werden wir verwandelt. Es ist herrlich, mit anzusehen, wenn jemand unter den Einfluss des Heiligen Geistes kommt. Es kommt zu einer Veränderung, die letztendlich seine Vortrefflichkeit bezeugt. Auch wenn Glaube nicht aus dem Verstand kommt, ist es doch wunderbar, zu sehen, wie der Glaube durch den Verstand verdeutlicht und verstärkt wird.

GEBET

Lieber himmlischer Vater, bitte hilf mir, mich niemals von Menschen einschüchtern zu lassen, deren intellektuelle Fähigkeiten größer sind als meine. Bitte hilf mir, den Einfluss meines Glaubens auf mein Denken zu erkennen. Ich will dich gut repräsentieren und zeigen, wie du über mein Leben denkst. Das soll zu deiner Ehre geschehen.

BEKENNTNIS

Der erneuerte Sinn ist mein Anteil, mein Erbe in Christus. Ich verkünde, dass es dem Vater gefällt, mich zu lehren, wie er denkt. Und indem er das tut, wird er mir helfen, kindlich zu bleiben – zu seiner Ehre.

74

HOFFNUNG

Gott diszipliniert uns, damit uns seine Segnungen nicht zerstören.

Für die meisten von uns ist das wahrscheinlich nur schwer vorstellbar, doch Gott will uns tatsächlich viel mehr segnen, als wir gesegnet werden wollen. Freude, Liebe und Schönheit sind Dinge, die er geschaffen hat. Das sind alles seine Ideen. Und ihre Bedeutung für unser Leben kann man nicht genug betonen. Sie verkörpern auf großartige Weise sein Wesen und sein Wort. Die Segnungen Gottes sind ein kleiner Vorgeschmack des Himmels auf Erden.

Im Reich Gottes sind Segnungen gleichgesetzt mit Verantwortung. Doch nicht auf eine bestrafende Weise. Vielmehr verstärkt eine Segnung Gottes unser Bewusstsein für sein Wesen und das verstärkt unsere Fähigkeit, uns an ihm zu erfreuen.

Was bedeutet es, wenn er sagt, dass wir dafür beten sollen, dass sein Wille geschieht, wie im Himmel so auch hier auf Erden. Bedeutet das vielleicht, dass bestimmte Dinge hier auf der Erde eigentlich gar nicht existieren sollten? Ich glaube schon. Und wir haben die Autorität und Verantwortung, sie loszuwerden. Im Himmel gibt es keine Krankheit und deshalb sollte sie auch hier nicht existieren. Was passiert also, wenn jeder Krebskranke, für den ich bete, geheilt wird? Was würde mit mir geschehen? Würde das als Segen angesehen werden? Zuerst einmal würde ich innerhalb von etwa dreißig Tagen überall auf der Welt bekannt sein. Auf unserem lokalen Flughafen würden täglich Privatjets mit Menschen landen, die mich mit viel Geld überreden wollten, sie zu begleiten und für ihre Lieben zu beten, die für die Reise zu krank sind.

Angenommen, ich wäre nicht käuflich und keine Summe Geld könnte mich von dem abhalten, wozu Gott mich berufen hat. Dann hätte ich aber immer noch ein Problem: Wann immer ich für jemanden bete, muss ich feststellen, dass es für jedes Ja tausend Neins gibt. Die Medien wären mir zweifellos eine Zeit lang zugetan, weil sie mit den wunderbaren Geschehnissen glänzen könnten. Doch innerhalb kürzester Zeit würden sie anfangen, mein Leben nach Schwachstellen zu durchforsten. Sie würden in meinem Müll wühlen, um einen ungedeckten Scheck oder vielleicht den Beschwerdebrief eines verärgerten Gemeindemitglieds zu finden. Oder sie würden mit ehemaligen Schulkameraden sprechen, um irgendwelche alten Geschichten aufzubauschen. Wir wissen, dass die Medien von Skandalen leben, und in dieser Branche werden brisante Geschichten bei Bedarf auch gerne erfunden.

Und dann gibt es noch eine Versuchung, von der die meisten Menschen wahrscheinlich annehmen, dass sie damit kein Problem hätten – die Versuchung, zu denken, ich sei etwas Besonderes. Immerhin wollen Menschen aus der ganzen Welt eine Audienz bei mir, weil ich die Gabe besitze, Krebs zu heilen. Der Druck, sich Tag für Tag damit auseinanderzusetzen zu müssen, ist für die meisten viel zu groß.

Glaubst du, es ist der Wille Gottes, jemandem diese Art Gabe zu geben? Ich glaube, die Antwort ist eindeutig Ja. Jesus handelte so. Doch wenn Gott sie mir geben würde, bevor ich reif dafür wäre, würde die Gabe mich zerstören. Mit anderen Worten, die Last einer solchen Verantwortung würde meine Fähigkeit übersteigen, sie treu zur Ehre Gottes zu tragen. Die Gnade steht uns also zur Verfügung, um das tun zu können, was Jesus tat. Und genau das ist der Zweck seiner Erziehungsmaßnahmen. Damit stellt er sicher, dass mein Herz geläutert ist, um die Last dessen zu tragen, wofür ich gebetet habe, denn Segnungen bringen Verantwortung mit sich. Er diszipliniert uns, damit wir seine Segnungen unbeschadet überstehen können.

GEBET

Lieber himmlischer Vater, bitte hilf mir, stets deine Liebenswürdigkeit zu erkennen, wenn du mich durch dein Wort disziplinierst. Ich will dir Freude bereiten. Ich sehne mich danach, zu wachsen und eine felsenfeste Stabilität zu erlangen, damit ich gewichtige Dinge tragen kann. Ich will, dass du erhoben wirst für die Gaben und Segnungen, mit denen du mich beschenkst. Gib mir Gelingen - zu deiner Ehre.

BEKENNTNIS

Gottes Sehnsucht, mich zu segnen, ist größer als meine Sehnsucht, gesegnet zu werden. Selbst dann, wenn er mich korrigiert, geschieht das nur aufgrund seiner leidenschaftlichen Liebe zu mir. Deshalb nehme ich die Haltung eines Kindes Gottes ein, das sich wahrhaftig an seinem himmlischen Vater erfreut, damit er durch das, was er in mir tut, verherrlicht wird.

75

LIEBE

SCHMEICHELEI IST DIE FÄLSCHUNG VON EHRE. SIE IST HÖCHST EIGENNÜTZIG, DENN SIE SCHMÄLERT UNSER VORRECHT, DIE GRÖSSE EINES ANDEREN ZU ERKENNEN.

Einem anderen Menschen Ehre zu erweisen, ist sowohl für den Betreffenden als auch für Gott eine der kostbarsten Ausdrucksformen von Liebe, die wir erbringen können. Wenn ich ein schönes Bauwerk sehe, dann lobe ich nicht das Gebäude. Ich würdige seine Schönheit, doch mein Lob gilt dem Architekten und dem Erbauer. In gleicher Weise geben wir Gott Ehre, wenn wir den anderen ehren. Es ist ein großes Privileg für jeden Christen, das großartige Werk Gottes in anderen Menschen anzuerkennen. Echte Anerkennung muss aus einem aufrichtigen Herzen kommen und sollte auch nicht auf der Hoffnung auf Gegenleistung beruhen. Der Apostel Paulus lehrt uns, dass wir Gottes Kunstwerk sind, sein Gebilde (siehe Epheser 2,10). Von diesem Wort stammt das Wort Poesie, im Griechischen poiesis (das Machen, Verfertigen, Dichten, Dichtkunst). Wann immer wir jemandem Ehre zuteilwerden lassen, lesen wir die göttliche Poesie, das Meisterwerk, das Gott im Leben dieses Menschen schreibt. Dieser wird ermutigt, wir erfüllen unsere Aufgabe, den anderen zu stärken und Gott wird verherrlicht. Ehre ist etwas Wunderbares.

Schmeicheleien dagegen sind von Natur aus unaufrichtig, leichtfertig, irreführend und hoffen auf eine Gegenleistung. Manchmal greifen Menschen, die sich diese Art Ehrerbietung wünschen, aber selbst keine Wertschätzung für andere haben, auf diese Fälschung zurück, um ihr Gewissen zu beruhigen. Doch dieser Versuch ist inhaltslos und vergeblich und kann nicht das erzielen, was nur wahre Ehre erreicht.

Ehre erfordert ein gewisses Unterscheidungsvermögen und prophetische Begabung, um wirklich effektiv zu sein. Übrigens ist beides Teil der geistlichen DNA jedes Glaubenden. Es ist bereits in uns und wir sind dazu fähig.

Wir sollen Menschen in vielerlei Hinsicht ehren. Zuerst einmal aufgrund ihrer Position und ihres Titels. Es ist für uns wichtig, zu erkennen, dass sie ihre Position haben, weil Gott Menschen erhebt und erniedrigt. Es ist töricht, die Menschen nicht zu ehren, die Gott ehrt. Es trifft aber auch zu, dass der Charakter einer Person manchmal nicht mit seiner Position übereinstimmt. Wenn beispielsweise ein Polizist versucht, mich wegen zu schnellen Fahrens zu stoppen, kann ich ihn nicht ignorieren, nur weil ich zufällig weiß, dass er zu viel trinkt. Ich muss aus Respekt vor seiner Dienstmarke anhalten. Die Ehre kommt der Person und ihrer Position zu.

Wir ehren Menschen auch aufgrund ihrer Leistungen. Wir zollen ihnen Beifall, weil sie Gott auf wunderbare Weise gehorchen, oder weil sie sich hervorragend in ihrer Salbung bewegen, oder weil sie sich etwas hart erkämpft haben. Das ist ein wunderbarer Bestandteil des Lebens. Ich glaube, Gott erfreut sich an solchen Momenten, denn er ist der Eine, der solche Leistungen möglich macht. Er ist ein Vater, der sich an allem freut, was seine Kinder erreichen.

Ich liebe diesen Vers: „Das Ross wird gerüstet für den Tag der Schlacht, doch der Sieg steht beim Herrn" (Spr. 21, 31; EÜ). Hier werden unsere Bemühungen mit der Fähigkeit des Herrn verknüpft und wir werden in ein Geheimnis eingeweiht: Gott ist an unseren Siegen beteiligt, deshalb geben wir ihm letztendlich alle Ehre. Wir haben das Privileg, zu erkennen, was Gott tief im Herzen eines Menschen tut. Diese Ehre gilt der Person selbst, ihrer wahren Identität. Es geht um ihr Wesen. Das kann man nicht auf den ersten Blick erkennen. Nur die Menschen, die in der Lage sind, Gottes Werk im anderen zu feiern, werden das erkennen können.

Eine der wichtigsten „Poesie-Lesungen" meines Lebens kam von einem lieben Freund, der mit mir über die Dinge sprach, die Gott in meinem Inneren in Form eines geistlichen Embryos entstehen ließ. Er las die Poesie in mir, die ich nicht selbst lesen konnte. Mit anderen Worten, diese Dinge existierten bereits, doch sie waren noch nicht durch Titel oder Leistungen offensichtlich. Weil sie nicht sichtbar waren, geriet ich auch nicht in Versuchung, loszugehen und dieses Wort umzusetzen. Stattdessen beschloss ich, Glaube und Hoffnung als Brutstätte für dieses in Liebe gegebene Wort zu verwenden. Heute bewege ich mich in dem, was vor etwa dreißig Jahren in dem Wort meines Freundes beschrieben wurde.

GEBET

Mein Vater und mein Gott, ich lobe dich für alles, was du in mir getan hast und immer noch tust. Bitte verstärke meine Fähigkeit, das zu sehen, was du in anderen tust, damit ich dich ehren kann, indem ich sie feiere. Ich will das Meisterwerk verlesen, die Poesie, die du in ihr Leben schreibst, damit sie ermutigt und gestärkt werden und du erhoben wirst für dein großartiges Werk. Ich bitte dich darum zu deiner Ehre!

BEKENNTNIS

Ich werde andere ehren. Ich werde dies tun, weil es als Jünger Jesu zu meinen Befähigungen gehört. Ich werde es nicht zu meinem Vorteil tun, sondern damit andere, geehrt, gestärkt und ermutigt werden - zur Ehre Gottes.

76

GLAUBE

MENSCHEN, DIE NICHT BEREIT SIND, OPFER ZU BRINGEN, SIND KEINE GEFAHR FÜR DEN TEUFEL.

Jesus wurde arm, damit wir reich würden. Er bezahlte den vollen Preis, um uns den Weg ins ewige Leben zu sichern. Wir können uns durch nichts in der Welt seine Liebe, seine Gunst oder unsere Erlösung verdienen. Alles ist ein Geschenk, das jeder von uns durch den Verdienst des Opferlamms - Jesus Christus - umsonst empfangen hat. Die Erlösung wurde uns aus dem einfachen Grund zuteil, weil wir glauben, dass Jesus den wegen unserer Sünde notwendigen Forderungen des Vaters nachgekommen ist.

Kein noch so großes Opfer meinerseits, keine Bemühung, für meine eigenen Sünden zu bezahlen, könnte mich jemals dazu berechtigen, meine Erlösung von Gott zu erwirken. Nur Jesus konnte diesen Preis bezahlen. Dennoch können Bequemlichkeit und Opferbereitschaft nicht nebeneinander existieren. Als glaubensvolle Glaubende sind wir auf eine höhere Ebene berufen, weil Gott Gefallen an uns hat.

„Wir lieben, weil er uns zuerst geliebt hat“ (1. Joh. 4, 19). Die Liebe, die wir von ihm empfangen, rüstet uns dazu aus, das Gleiche zu tun wie er. Er legte fest, wie Liebe sich zeigt. Unsere Reaktion sieht so aus: Was er für uns tat, tun wir ebenfalls. So, wie er alles für uns gab, geben wir alles für ihn. Doch das ist kein Versuch, uns einen Teil unserer Errettung zu verdienen. Ich gebe ihm alles, weil ich Gunst habe. Wie könnte ich anders reagieren, nachdem ich ein Geschenk empfangen habe, für das ich mich nie qualifizieren würde?

Ich habe viele Glaubenshelden, und fast täglich kommen neue hinzu. Sie verfügen über einige Eigenschaften, die charakteristisch für echte Weltveränderer sind. Zum Beispiel ist jeder von ihnen opferbereit, doch keiner lässt sich von seinem Opfer beeindrucken. Paulus lehrte uns, unseren Leib als lebendiges Opfer darzubringen. Er bezeichnete das als vernünftige Art der Anbetung (siehe Rö. 12, 1). Interessanterweise ist es im Reich Gottes ein vernünftiges Handeln, unseren Körper als Opfer darzubringen. Dieses Opfer dient nicht dazu, Sünde zu sühnen; dieses Opfer geben wir, weil für unsere Sünden bereits gesühnt wurde. Es ist eine sinnvolle Reaktion. Der Druck, sich bei Gott etwas verdienen müssen, ist durch das Werk Jesu genauso fern wie der Osten vom Westen. Es ist ein Geschenk.

Ich treffe oft Menschen, die glauben, es sei in Ordnung, keine Opfer zu bringen, weil Jesus alles für uns vollbracht hat. Sie denken, das wäre nicht mehr nötig, weil Jesus es ja bereits getan hat. Das stimmt nur zum Teil. Ich kann Vergebung nicht verdienen. Doch kann ich Liebe empfangen und im Gegenzug nicht lieben? Kann ich von Gott begünstigt sein und nichts mit dieser Gunst anfangen? Die Frage, die wir uns stellen müssen, lautet: Was kann ich hier und heute für ihn erreichen, da ich berechtigt bin, so zu leben, als hätte ich nie gesündigt?

Was die Mächte der Finsternis am meisten zum Zittern bringt, sind Menschen, die bereit sind, jeden Preis zu bezahlen und alles Erdenkliche zu tun, damit Gottes Absichten auf der Erde umgesetzt werden. Die Macht der Lügen des Feindes kann jene nicht mehr beeinflussen, die den Tod nicht fürchten. Der furchtlose Lebensstil der Opferbereiten stellt einen neuen Maßstab für das Leben mit Jesus auf. Er stellt einige der Richtlinien wieder her, die in der modernen Welt irgendwie verloren gegangen sind.

Ich bin dankbar, dass wieder Glaubenshelden aufstehen, die nicht an ihr eigenes Leben denken, sondern nur für die Absichten und zur Ehre Gottes leben. Vor Jahren schrieb ich diese Parole auf, um mich daran zu erinnern, wie ich mein Leben führen will: „Fürchte keinen Menschen, fürchte nur Gott und liebe dein Leben nicht bis in den Tod." Ich denke, diese Einstellung erschreckt die Mächte der Finsternis zu Recht, weil das Volk Gottes so tatsächlich wie das Volk Gottes leben und die Welt verändern kann – zu seiner Ehre.

GEBET

Lieber himmlischer Vater, ich brauche deine Hilfe, denn sonst kann es leicht passieren, dass ich versuche, mir das zu verdienen, was bereits durch das Blut deines Sohnes Jesus erkauft wurde. Aufgrund dieses unbezahlbaren Geschenkes gebe ich mich nicht damit zufrieden, ein bequemes Leben zu führen. Ich gebe mich dir heute und an jedem folgenden Tag als lebendiges Opfer hin. Es ist mein Verlangen, dass du durch das verherrlicht wirst, was ich für Jesus erwirken kann.

Das ist meine Antwort auf den Preis, den er für mich bezahlt hat. Mein Gott, sei für immer verherrlicht!

BEKENNTNIS

Es ist mein Privileg, alles zur Ehre Gottes zu geben. Sein Opfer für mich definiert neu, wie wahre Liebe aussieht. Wie sollte ich ihn im Gegenzug nicht lieben? Deshalb gebe ich mich selbst als Opfer hin, damit er für immer verherrlicht wird!

77

HOFFNUNG

Wenn Gott dein Diener ist, wird er dich immer enttäuschen. Wenn du sein Diener bist, wird er stets deine grössten Erwartungen übertreffen.

In den letzten Jahren, da die Gemeinde ihre Bestimmung auf Erden entdeckt, habe ich beobachtet, dass ein Teil des Leibes äußerst getrieben ist, bestimmte Dinge zu leisten, um die damit verknüpften Erwartungen zu erfüllen. Teilweise ist ihre die damit einhergehende Lehre und Praxis machbar und bedenkenswert. Doch es gibt ein Problem: Menschen, die getrieben sind, arbeiten hart, um das zu erreichen, was sie als ihre Rechte im Reich Gottes ansehen. Letztendlich werden sie enttäuscht und desillusioniert sein. Beides kann tödlich enden.

Ich bin so sehr auf das Auswendiglernen und Meditieren der Verheißungen Gottes fokussiert, dass sie mich zuweilen bei klarem Verstand und am Leben erhalten haben. Ich wache jeden Morgen hoffnungsvoll auf. Wenn ich jedoch diese Verheißungen als mein gutes Recht ansehe, werde ich augenblicklich ein wenig fordernd. Meine Bestimmung gleicht nicht länger einer Reise auf der Suche nach den Verheißungen Gottes. Stattdessen nehme ich das in Besitz, was mir als Kind Gottes zusteht. Merkwürdigerweise verstehe ich sogar jetzt, während ich dies schreibe, die Argumentation erwähnter Personengruppe, weil ein Kind Gottes tatsächlich Rechte hat. Natürlich ist es richtig, das in Besitz zu nehmen, was uns verheißen ist. Vielleicht ist es die Herzenshaltung, die mich beunruhigt. Man erkennt Menschen, die eher getrieben als geleitet sind, immer dann, wenn Dinge nicht so laufen, wie sie gedacht, gebetet oder geplant haben. Die Getriebenen beginnen zu fragen, wo der Fehler im System liegt. Eigentlich müsste man doch nur die Schritte eins bis drei umsetzen, dann sollte die entsprechende Antwort erfolgen.

Die Bibel ist jedoch kein Mathematik- oder Chemiebuch, das uns ermöglicht, eine Formel Tausende Male anzuwenden und stets dasselbe Ergebnis zu erhalten. Wenn wir es lediglich mit den Prinzipien des Reiches Gottes zu tun hätten, würde es auf diese Weise funktionieren. Doch das ist nicht der Fall. Wir haben es mit einer Beziehung zum König zu tun, der nach bestimmten Eigenschaften und Merkmalen der Söhne und Töchter sucht, die darauf vorbereitet werden, mit ihm zu herrschen. Die Beziehungskomponente verändert alles. Menschen, die getrieben sind, Ziele zu erreichen und diese über die Beziehung zu Gott stellen, werden ständig frustriert sein. Und wenn sie ehrlich sind, müssen sie sich eingestehen, dass sie von Gott enttäuscht sind. Er wird uns enttäuschen, wenn wir wollen, dass er für uns arbeitet.

Doch wenn wir seine Diener sind, dankbar für die Möglichkeit, in seinem Reich zu dienen, ist alles anders. Unsere Perspektive ist eine andere. Jeder kleine Segen ist ein echter Segen. Nichts ist selbstverständlich. Und nicht nur das, wir stellen auch fest, dass dieser wunderbare König uns tatsächlich zur Seite nimmt und uns sagt, dass er uns als Freund betrachtet. Wow! Ein unglaubliches Resultat! Der König der Herrlichkeit nennt uns seine Freunde. Alles, was er für uns oder durch uns tut, ist nun ein Bonus. Er enttäuscht uns nie, denn unsere Erwartung liegt darin, ihn besser kennenzulernen. Und wenn die Dinge nicht so laufen, wie wir gebetet, geplant oder erwartet haben, kommen wir zu ihm in dem Wissen, dass wir nur bei ihm Heilung für unser verletztes Herz finden.

Gott antwortet auf unser Rufen. Er dient uns, wie Jesus mit dem Handtuch über dem Arm es tat, als er den Jüngern die Füße wusch. Doch er bleibt der König der Herrlichkeit. Wenn ich das Privileg verstehe, in seinen Vorhöfen dienen zu dürfen, und nun sogar als vertrauter Freund, wird er mich niemals enttäuschen. Nein, er enttäuscht nie.

GEBET

Lieber Vater und Gott, ich liebe deine Verheißungen so sehr. Sie sind meine Nahrung. Durch sie wächst die Hoffnung in meinem Herzen. Bitte hilf mir, sie niemals gegen dich zu verwenden, um meinen Willen durchzusetzen. Stattdessen will ich sie dafür einzusetzen, dass deine Absichten in mir zum Tragen kommen. Das bete ich, damit du verherrlicht wirst, weil ich ein Freund Gottes bin.

BEKENNTNIS

Ich bin ein Diener des höchsten Gottes. Auch wenn ich ein Kind Gottes und ein Freund des Königs bin, werde ich ihm immer dienen und ihn ehren. Ich nehme die Verheißungen Gottes an, nicht als persönliches Recht, sondern als

Einladung zu einer Partnerschaft, damit seine Absichten in mir erfüllt werden. Und dies tue ich zur Ehre Gottes.

78

LIEBE

Wenn der Glaube durch die Liebe wirkt,
verstummt die Furcht.

Glaube und Liebe sind die beiden Eigenschaften, die im Leben eines Glaubenden unbedingt wirksam sein sollten. Ohne Glauben können wir Gott nicht gefallen (siehe Hebr. 11, 6) und die größte Gabe, die wir von Gott bekommen haben, ist die Liebe (siehe 1. Kor. 13, 13). Glaube ist mit dem Aspekt „geistliche Kraft“ verknüpft, und Liebe repräsentiert den Aspekt des Charakters. Sowohl Vollmacht als auch Charakter sind notwendig, um in diesem Leben so effektiv zu sein wie Gott es geplant hat. Beides sollte nie voneinander getrennt werden. Es sind die beiden Beine, auf denen wir stehen. Es sind die zwei Seiten derselben Medaille, denn Charakter sollte immer das Instrument sein, durch das Vollmacht wirksam wird.

Und dann gibt es das Gebot der Schrift, das öfter als jedes andere wiederholt wird: Fürchte dich nicht. Es sollte uns nicht überraschen, dass die Mächte der Finsternis auf unsere oberste Bestimmung abzielen – in Liebe zu wandeln und seine Kraft zu demonstrieren.

Furcht lähmt. Wir alle wissen das. Furcht bringt uns aus dem Gleichgewicht, sie verzerrt unseren Wandel. Sie beginnt für gewöhnlich mit einem negativen Gedanken, dem wir zu lange nachhängen. Dabei hilft uns nur selten die Erkenntnis, dass solche Gedanken absurd sind, denn Furcht ist geistlicher Natur - Furcht ist oftmals ein Geist. Mit anderen Worten, hier sind finstere Mächte involviert, die der Furcht dahingehend Kraft verleihen, dass sie uns möglicherweise umbringen, bestehlen oder zerstören könnte, wenn wir uns darauf einlassen (siehe Joh. 10, 10).

Furcht verwirrt. Je länger ich auf die Furcht höre, desto konfuser werde ich hinsichtlich der Verheißungen Gottes für mein Leben. Wenn ich mich fürchte, vergesse ich, was Gott mich gelehrt hat. Ich verliere nicht nur die Schlüssel, die er mir gegeben hat, aus den Augen, sondern auch die Berufung, die Gott mir verheißen hat. Natürlich gebe ich nicht Gott die Schuld dafür. Ich personalisiere lediglich meine Furcht so sehr, dass ich das Gefühl habe, ich sei für die Bestimmung Gottes nicht mehr qualifiziert. In diesem Gemütszustand kann es sehr leicht passieren, dass ich glaube, ich sei nicht geistlich genug oder ich hätte zu wenig Glauben.

Furcht macht blind. Es ist merkwürdig, doch das kann tatsächlich soweit führen, dass ich mich kaum noch an das erinnern kann, was Gott in meinem Leben getan hat. Furcht ist ein Instrument des Teufels und soll bewirken, dass ich mich den Mächten der Finsternis unterlegen fühle, obwohl das Gegenteil der Fall ist.

Furcht kann nur dann Erfolg haben, wenn sie meine Aufmerksamkeit von Gott weg auf mich oder meine Probleme lenkt. Dann geht es nur noch bergab. Doch Furcht kann sehr leicht überwunden werden. *„Furcht ist nicht in der Liebe, sondern die vollkommene Liebe treibt die Furcht aus, denn die Furcht* *hat es mit Strafe zu tun. Wer sich aber fürchtet, ist nicht vollendet in der Liebe.* " (1. Joh. 4, 18). Die Antwort finden wir in der Liebe Gottes. Es gibt Zeiten, in denen ich aufhöre, für die Dinge auf meiner Liste zu beten. Ich höre auch auf, die wunderbaren Lieder zu singen, die ihn ehren, und ich beende alle anderen Aktivitäten, die für einen Glaubenden von großer Bedeutung sind. Stattdessen tue ich nur noch eines: Ich sitze in Gottes Gegenwart und sage etwas wie: „Ich bin hier, ganz still, um mich von dir lieben zu lassen." Dann richte ich meine ganze Zuneigung auf ihn und warte. Seine Liebe zu uns ist so besonders, dass er von unserem Stillesein, von unserer Haltung der bewussten Passivität angezogen wird.

Es geschieht etwas, wenn wir einen anderen Weg einschlagen als den anfangs von mir erwähnten – wenn ich nicht auf die Gedanken des Teufels eingehe; wenn ich nicht darüber nachdenke, was schiefgehen könnte; wenn ich Menschenfurcht nicht zulasse, sondern einfach mein Herz auf den Gott meines Glaubens ausrichte. Wenn das geschieht, dann habe ich dem Feind meiner Seele große Schwierigkeiten bereitet. Paulus ermutigt uns, zu stehen: *„… und euch in nichts von den Widersachern erschrecken lasst, was für sie ein Beweis des Verderbens ist, aber eures Heils, und das von Gott her!"* (Phil. 1,28). Durch meine Furchtlosigkeit wird der Teufel daran erinnert, dass er verdammt, erledigt und auf ewig verurteilt ist. Er muss mit der Tatsache leben, dass ich einer der Erlösten bin, gerettet durch das kostbare Blut Jesu und gesegnet mit dem grenzenlosen Segen eines liebenden Gottes.

Furchtlosigkeit bringt mir Lohn und den Mächten der Finsternis Pein. Ich wäre schon mit einem dieser Ergebnisse glücklich. Doch beide zu haben, ist natürlich ein Bonus!

GEBET

Himmlischer Vater, hilf mir, zu erkennen, wenn der Feind versucht, mich von deinen Verheißungen und deiner Gegenwart wegzuziehen. Ich verpflichte mich einem Glauben, der durch Liebe tätig wird, damit du für immer erhoben wirst.

BEKENNTNIS

Sowohl Glaube als auch Liebe sind aufgrund der Tatsache, dass ich ein Kind Gottes bin, Teil meiner Natur. Ich werde dem Teufel widerstehen, weil ich weiß, dass er von mir fliehen wird. Ihm graut vor mir, weil ich einen Platz im Herzen Gottes habe. Ich werde durch die Liebe im Glauben leben - zur Ehre Gottes.

79

GLAUBE, HOFFNUNG UND LIEBE

„DENN SO HAT GOTT DIE WELT GELIEBT, DASS ER SEINEN EINGEBORENEN SOHN GAB, DAMIT JEDER, DER AN IHN GLAUBT, NICHT VERLOREN GEHT, SONDERN DAS EWIGE LEBEN HAT.“ (JOHANNES 3,16)

Dies ist das Zitat aller Zitate und die Aussage aller Aussagen. Sie enthält den Kern all dessen, was ich in diesem Buch angesprochen habe – Glaube, Hoffnung und Liebe. All diese Elemente werden in diesem einen Vers wunderschön zum Ausdruck gebracht.

Liebe gibt – der vollkommene Vater gab uns seinen Sohn. Glaube empfängt das Geschenk des Vaters, seinen einzigen Sohn. Indem wir an Jesus glauben, erben wir das ewige Leben und bleiben für immer in vollkommener Harmonie mit Gott. Hoffnung wird durch die Verheißungen Gottes genährt, sowohl für das jetzige als auch auf das ewige Leben. Durch Jesus haben wir Erlösung für Körper, Seele und Geist empfangen. Das ist die Gute Nachricht in ihrer einfachsten Form.

Dieser Vers offenbart zutiefst das Herz Gottes, des liebenden Vaters. Wenn es darum geht, durch unsere Gebete den Himmel auf die Erde zu bringen, sollten wir uns zuerst diese Dinge vor Augen halten: Gott liebt Menschen und Menschen reagieren auf Gott. Und wann immer wir auf ihn eingehen, ist sein Königreich gegenwärtig.

Der Herrschaftsbereich des Allmächtigen kann nur durch Hingabe ergründet werden. Unsere Hingabe besteht darin, uns von Sünde und Tod abzuwenden und stattdessen Gerechtigkeit und Leben anzunehmen. Es ist der Transfer vom Reich der Finsternis in das Reich des Lichts. Dieses Königreich hat einen Vater, was bedeutet, dass das ganze Reich Gottes wie ein Familienunternehmen funktioniert. Alles, darin ist gesund, aufstrebend und hat Zukunft. Doch eines dürfen wir nicht vergessen: Gott liebt die Welt - die ganze Welt! Es geht nicht darum, ein paar Seelen zu versammeln, die das Glück haben, die gute Nachricht zu hören.

Dieser Vers impliziert auch bestimmte Aufträge. Denn wie könnten wir untätig bleiben, nachdem wir gehört haben, dass das ewige Leben für jeden ist, der glaubt? Wir wurden beauftragt, das zu tun, was Jesus tat: Die Werke des Teufels zu zerstören, zu verkünden, dass das Reich Gottes nahe ist und zu demonstrieren, wie sich das Reich Gottes manifestiert, wenn zerbrochenen Menschen damit in Berührung kommen.

Wir tun diese Dinge, indem wir in der Liebe bleiben, stets glauben und an unserer Hoffnung festhalten, ganz gleich, wie die Umstände auch sein mögen. Dieses wunderbare Privileg wurde allen gegeben, die glauben. Das ewige Leben beeinflusst das gegenwärtige Leben mit dem gleichen Werkzeug, durch das wir auch das ewige Leben bekommen:

Glaube. Glaube wächst in einer Atmosphäre der Hoffnung und wird durch Liebe zum Ausdruck gebracht.

Nimm die Herausforderung, die Einladung und den Ruf des allmächtigen Gottes, unseres Vaters, an, wenn er sagt: Reich Gottes, komm!

GEBET

Wunderbarer himmlischer Vater, ich empfange das Geschenk deines Sohnes Jesus Christus und ich erfreue mich an meiner Erlösung. Hilf mir, stets in der Hoffnung auf ewiges Leben verwurzelt zu bleiben. Und hilf mir, meinen Glauben allezeit durch Liebe zu demonstrieren. Ich will auf diese Weise leben, damit dein Reich kommt und dein Wille auf der Erde genauso wie im Himmel geschieht. Das bete ich, damit du für immer verherrlicht wirst.

BEKENNTNIS

Ich liebe Gott von ganzem Herzen, weil er mich zuerst geliebt hat. Mein Glaube ruht vollständig auf Jesus, denn er ist treu. Ich führe mein Leben auf diese Weise, damit seine Absichten erfüllt werden –„wie im Himmel, so auch auf Erden“ (Mt. 6, 10). Denn es ist mein größter Wunsch, dass Gott in mir und durch mich verherrlicht wird.

Über den Autor:

Bill Johnson ist Hauptpastor der Bethel-Gemeinde in Redding, Kalifornien. Als Pastor in fünfter Generation mit einem reichen Erbe in der Kraft des Heiligen Geistes schrieb er diverse Bestseller, unter anderem Und der Himmel bricht herein. Bill und seine Frau Beni dienen einer wachsenden Anzahl von Gemeinden durch ein apostolisches Netzwerk, das über die Denominationsgrenzen hinweg Erweckung als erklärtes Ziel hat. Die beiden leben in der Nähe von Redding, Kalifornien.